Internet

Bild für Bild

D1683621

Internet

Sehen und Können

IGNATZ SCHELS

Markt+Technik

Bibliografische Information der Deutschen Nationalbibliothek
Die Deutsche Nationalbibliothek verzeichnet diese Publikation in der
Deutschen Nationalbibliografie; detaillierte bibliografische Daten
sind im Internet über http://dnb.d-nb.de abrufbar.

Die Informationen in diesem Produkt werden ohne Rücksicht auf einen
eventuellen Patentschutz veröffentlicht.
Warennamen werden ohne Gewährleistung der freien Verwendbarkeit benutzt.
Bei der Zusammenstellung von Text und Abbildungen wurde mit größter
Sorgfalt vorgegangen.
Trotzdem können Fehler nicht vollständig ausgeschlossen werden.
Verlag, Herausgeber und Autoren können für fehlerhafte Angaben
und deren Folgen weder eine juristische Verantwortung noch
irgendeine Haftung übernehmen.
Für Verbesserungsvorschläge und Hinweise auf Fehler sind Verlag und
Herausgeber dankbar.

Alle Rechte vorbehalten, auch die der fotomechanischen Wiedergabe und der
Speicherung in elektronischen Medien.
Die gewerbliche Nutzung der in diesem Produkt gezeigten Modelle und Arbeiten
ist nicht zulässig.

Fast alle Hardware- und Softwarebezeichnungen, die in diesem Buch erwähnt werden,
sind gleichzeitig auch eingetragene Warenzeichen oder sollten als solche betrachtet werden.

Umwelthinweis:
Dieses Buch wurde auf chlor- und säurefreiem PEFC-zertifiziertem Papier gedruckt.
Um Rohstoffe zu sparen, haben wir auf Folienverpackung verzichtet.

10 9 8 7 6 5 4 3 2 1

12 11 10

ISBN 978-3-8272-4656-1

© 2010 by Markt+Technik Verlag,
ein Imprint der Pearson Education Deutschland GmbH,
Martin-Kollar-Straße 10–12, D-81829 München/Germany
Alle Rechte vorbehalten
Umschlaggestaltung: Marco Lindenbeck, webwo GmbH, mlindenbeck@webwo.de
Lektorat: Birgit Ellissen, bellissen@pearson.de
Korrektorat: Petra Kienle, Fürstenfeldbruck
Herstellung: Martha Kürzl-Harrison, mkuerzl@pearson.de
Satz: text&form GbR, Fürstenfeldbruck
Druck und Verarbeitung: Firmengruppe APPL, aprinta druck, Wemding
Printed in Germany

Liebe Leserin, lieber Leser,

willkommen bei Bild für Bild Internet + Web 2.0. Kommen Sie mit, ich lade Sie ein auf eine fantastische Reise durch das weltweite Netz der Netze. Sie werden erfahren, wie das Internet entstand, welche Entwicklungen und Trends es gibt und wie das Web 2.0 die Welt verändert. Werden auch Sie Teil der großen Community, ich zeige Ihnen die wichtigsten Web 2.0-Applikationen und die besten Webseiten. Schutz und Sicherheit werden groß geschrieben, lernen Sie die besten Surftipps für sicheres Surfvergnügen kennen.

Ich freue mich, wenn Ihnen dieses besondere Buch gefällt, und wünsche Ihnen viel Spaß im Web 2.0!

Ihr Autor
Ignatz Schels

1 Einführung ins Internet — 11

Kurze Geschichte des Internets 12
Die Struktur des Internets 16
Domains, Adressen, Protokolle 18
Wer verwaltet das Internet? 20

2 So gehen Sie online — 23

Die Hardwareausstattung 24
Software für das Internet 26
Der Online-Provider 28
Internetverbindung mit WLAN-Router herstellen 30
Internetverbindung in Windows 7 32
Die statische IP-Adresse 36
Mit Handy und PDA ins Internet 38
Hilfe, meine Verbindung streikt! 40

3 Der Internet Explorer — 43

Internetbrowser starten und einrichten 44
Startseite(n) einrichten 46
Register 48
Adressen und Links 50
Favoriten 54
Allgemeine Einstellungen 56
Internetoptionen 58
Datenmüll entfernen 60

Inhaltsverzeichnis

4 Schutz und Sicherheit — 63

Computerviren 64
Der perfekte Virenschutz 66
Sicherheitseinstellungen in Windows 7 68
Sicherheitseinstellungen im Internet Explorer 70
Cookies und Popups 72
Smartscreen-Filter 74
Kinder- und Jugendschutz 76

5 Web 2.0 – die weltweite Community — 79

Das neue Internet 80
Infos und Linksammlungen zu Web 2.0 82
Bloggen 84
RSS-Feeds 86
Bookmarking 88
Instant Messaging und Chat 90
Internettelefonie mit Skype 92
Newsgroups und Diskussionsforen 94
Newsreader und Netiquette 96
Communitys und Chatrooms 100
Twitter 104
mySpace 106

6 Fotos, Videos und Mashups — 109

Fotos im Internet 110
Photosharing mit Flickr 114
Videos im Internet 116
Videokonferenzen und Webcams 118
Internet-TV 120
YouTube 122
myVideo, sevenload und Clipfish 124
Mashups 126

Inhaltsverzeichnis

7 Musik, Radio, Podcasts — 129

MP3 – das Musikformat im Internet 130
Reinhören, Abspielen, Downloaden 132
Musikbörsen 134
Musikprojekte im Internet 136
Webradio – das Ohr am Internet 138
Last.fm – die Online-Musikcommunity 140
Radiosendungen mitschneiden 142
Podcasting 144

8 Google & Co — 147

Suchmaschinen im Internet 148
Suchdienst einstellen im Internet Explorer 150
Schnell und treffsicher: Google 152
Suchmaschinen und Webportale 156
Spezialsuchmaschinen 158
Tipps und Trick für Suchmaschinen 160

9 Webshopping & Homebanking — 163

Online kaufen, online bezahlen 164
Bücher, CDs und DVDs online kaufen 166
Ihr persönlicher Internetshop 168
Homebanking 170

10 eBay – Bieten, Kaufen, Verkaufen — 173

Erste Schritte – eBay kennen lernen 174
Das Auktionsprinzip 176
Anmelden bei eBay 178
Suchen, Bieten, Kaufen 180
Verkaufen bei eBay 184
Service, Hilfe und Support 186

Inhaltsverzeichnis

11 E-Mail   189

Die elektronische Post 190
Webmail – kostengünstig mailen im Internet 192
Software für E-Mail 194
Windows Mail – ein Mailkonto einrichten 196
Windows Mail – wichtige Einstellungen 200
Windows Mail – E-Mails 202
Windows Mail – Bilder und Dateien versenden 206
Windows Mail – E-Mails verwalten 208
Windows Mail – Newsgroups 210

12 Die eigene Homepage   213

Präsent im Internet 214
Die eigene Adresse, die eigene Domäne 216
Private Homepages kostenlos 218
Homepage-Gestaltung mit HTML 220
Homepage-Editoren und Webwerkzeuge 222
Webdesign im Web 2.0 224

13 Gute Seiten, schlechte Seiten   227

Aktuelles und Neues 228
Business und Finanzen 230
Sport im Internet 232
Wissenschaft, Forschung, Technik 234
Literatur, Klassik und Kunst 236
Internet für Kinder 238
Internet für Senioren 240
Internet für Männer und Frauen 242
Wikipedia – das Online-Lexikon 244
Schlechte Seiten 246

Lexikon   249

Stichwortverzeichnis 270

Inhaltsverzeichnis

1

Einführung ins Internet

12 Kurze Geschichte des Internets

Start

1 1969

2 1972

3 1972
Quelle und ©: BBN Technology

1 1969: Es beginnt mit dem ARPANET, einem Forschungsnetz, das vier Universitätscomputer in den USA miteinander verbindet.

2 1972: Mit dem ARPA-Netz rüsten die US-Militärs im Kalten Krieg gegen einen Atomschlag der UdSSR. 40 Computer sind im Netz: Militärs, Wissenschaft und Firmen.

3 1972: Ray Tomlinson erfindet die E-Mail und benutzt zum ersten Mal das Zeichen, das weltweit zum Symbol für elektronische Kommunikation wird.

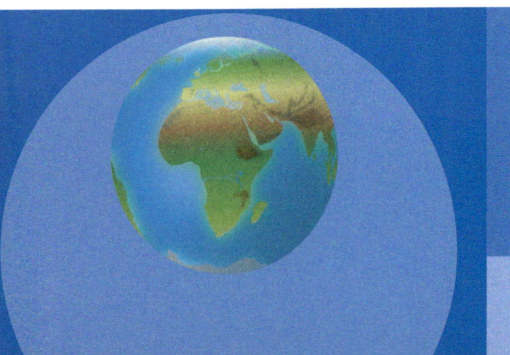

Das Geburtsjahr des Internets ist das Jahr 1969. Das weltweite Netz, das 2007 fast eine Milliarde Menschen nutzen, begann mit der Vernetzung von vier amerikanischen Universitätscomputern. Das Internet ist ein weltweites Netz von Netzen, es gibt keine zentrale Stelle und keine Organisation, die es kontrolliert.

WISSEN

1 Einführung ins Internet   13

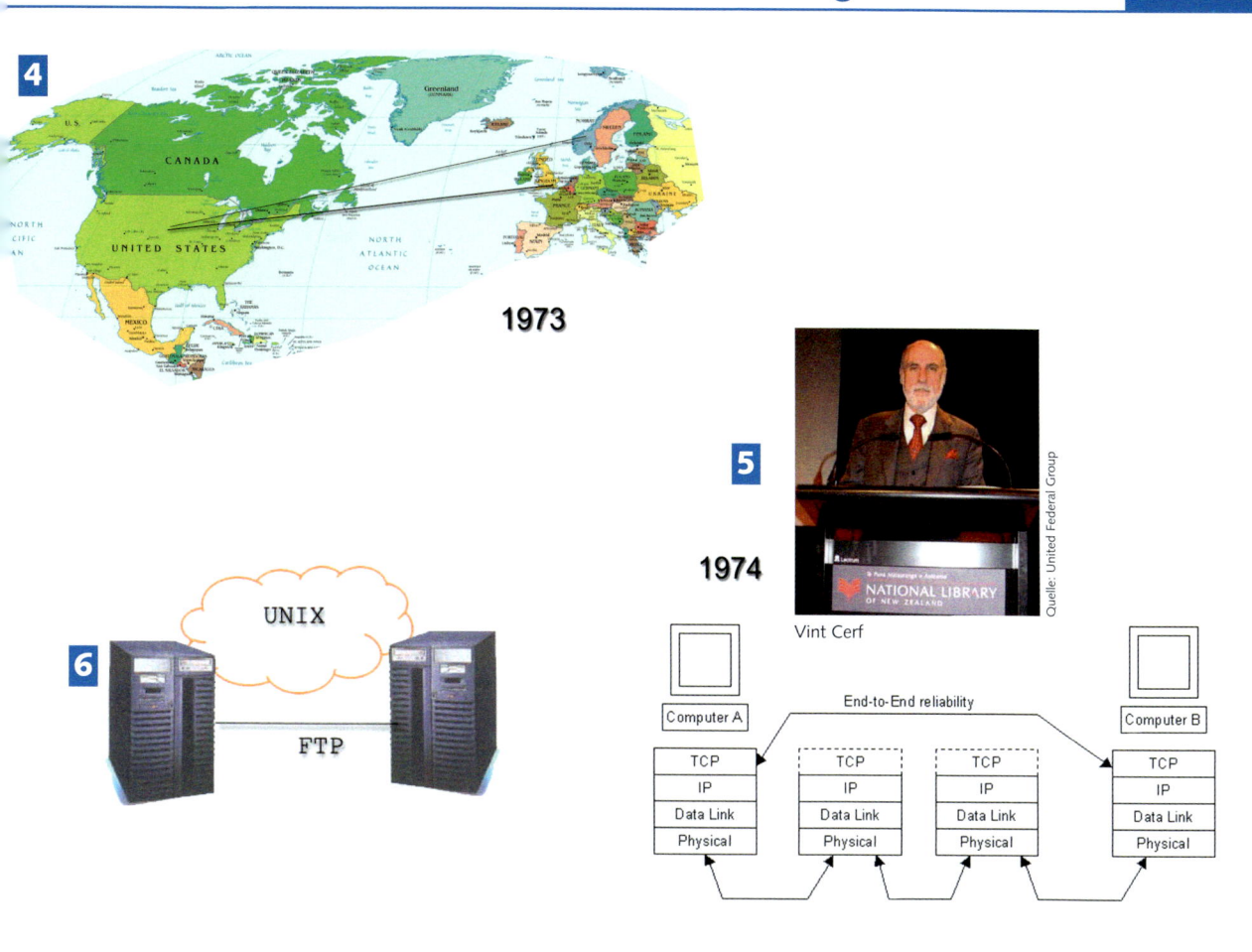

1973

1974

Vint Cerf

1973: Europa geht ans Netz: Die ersten Internetanschlüsse gehen nach London und Norwegen.

1974: Vint Cerf und Robert Kahn erfinden TCP, das Transmission Control Protocol, das zum Standard im Internet wird.

1974: Das FTP-Protokoll wird zum Standard, es sorgt für den Datentransfer zwischen den Rechnern im Netz. UNIX ist das Betriebssystem der ersten Stunde.

RPA (Advanced Research roject Agency) war ein Projekt des US-Verteidigungsinisteriums, um bei einem omschlag die Kommunition sicherzustellen.

1973 gab es 35 „Knoten" im ARPANET, 1984 waren bereits 1.000 Rechner im Netz, 1989 schon 100.000. Das ARPANET wurde 1989 aufgelöst.

Protokolle sind Vereinbarungen, die eine Datenübertragung zwischen unterschiedlichen Computerbetriebssystemen ermöglichen.

IPP   **HINWEIS**   **FACHWORT**

Kurze Geschichte des Internets

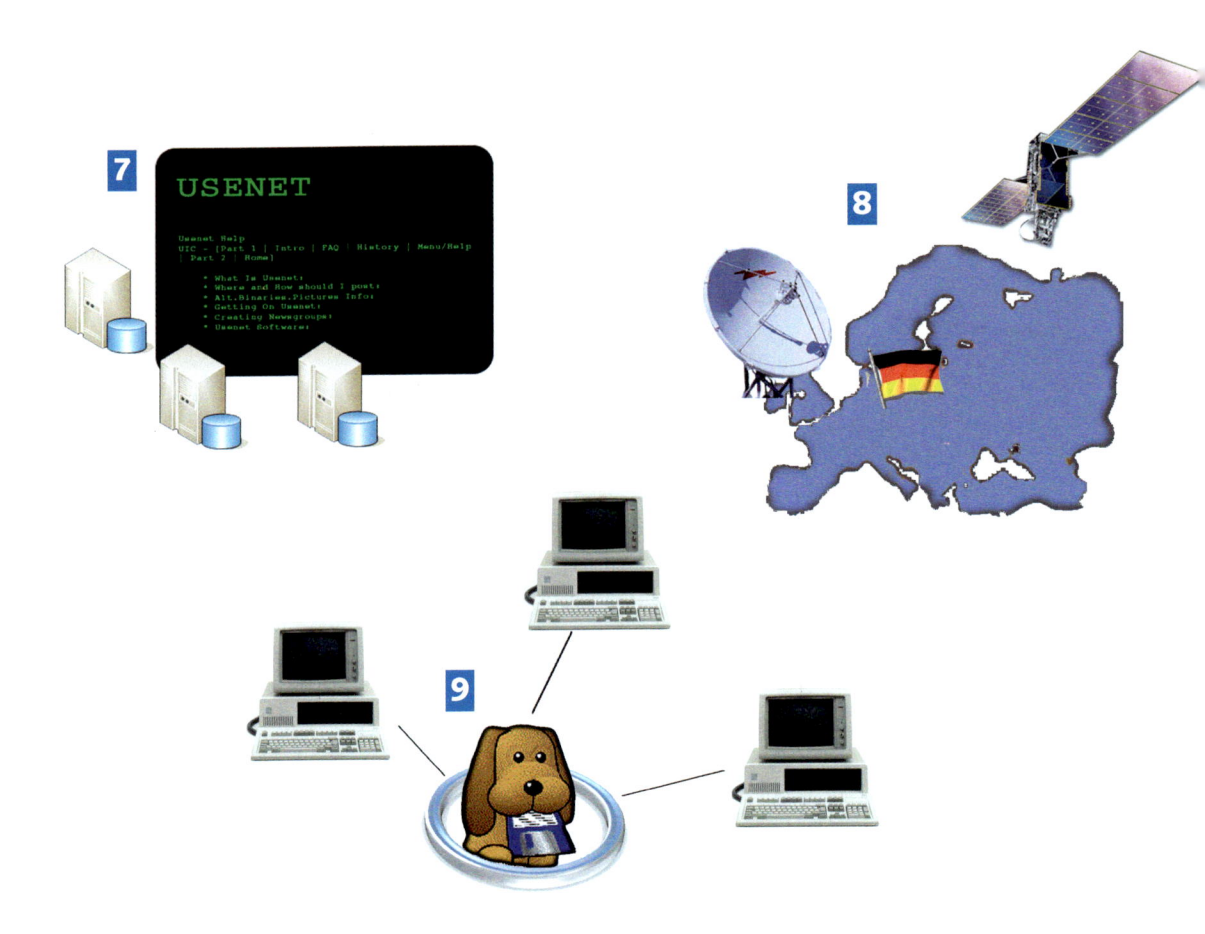

7 1979: Das USENET, erfunden von Jim Ellist und Tom Truscott, ermöglicht erstmals Diskussionen in Newsgroups.

8 1983: Das Internet wächst durch Kabel- und Satellitenverbindungen immer schneller. Deutschland kommt mit einem ersten Knoten in Stuttgart ans Netz.

9 1984: Die ersten Personal Computer kommunizieren über FidoNET mit dem Internet. Fido heißt der Hund des Erfinders Tom Jennings.

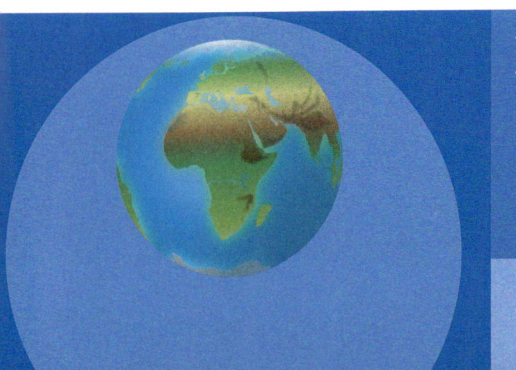

Vor dem Internet gab es mehrere kleine Netze wie UUNET, TELNET (erstes öffentliches Netz), BITNET, CSNET (Universitätsnetze), EUNet und EARN (Europa), UNET (Japan). Mit HTML hat das World Wide Web eine eigene Sprache. Ab 1985 gibt e Länderdomänen (.us, .uk, .de …).

WISSEN

1 Einführung ins Internet

Tim Berners-Lee © Copyright CERN

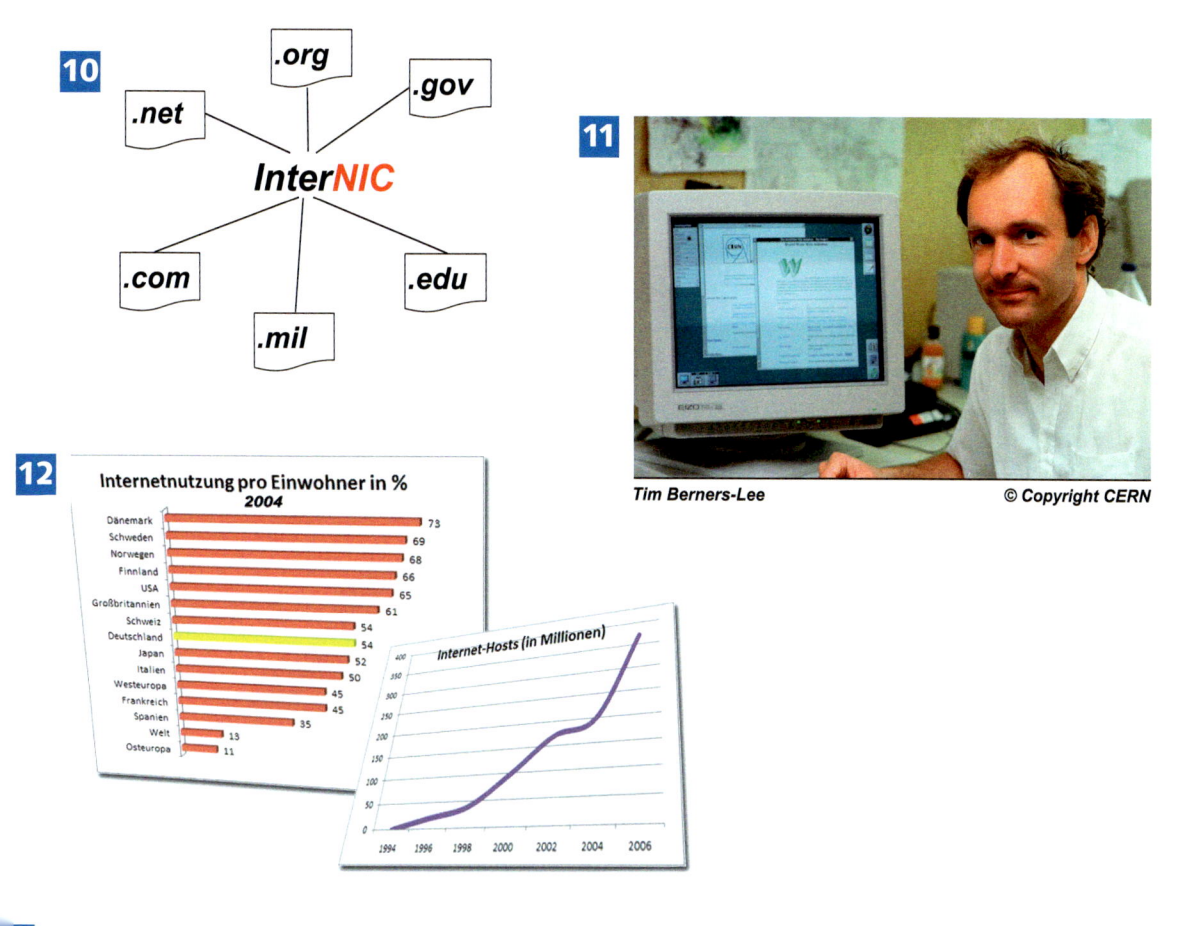

0 1991: Das Domain Name System (DNS) sorgt für Ordnung bei der Namensvergabe. Jeder Host (Großrechner) bekommt einen eindeutigen Namen im Internet.

1 1993: Tim Berners-Lee erfindet im CERN in Genf das World Wide Web. HTML, Browser und Multimedia-Anwendungen bestimmen jetzt den Datenverkehr im Internet.

2 2007 sind 16,9% der Weltbevölkerung (6,6 Mrd.) im Internet. 68% der Deutschen nutzen es, in den USA sind es 75%. Das Internet wächst jährlich um 2 bis 3%.

Ende

HINWEIS
as erste Virus legt 980 das ARPANET hm, 1988 infiziert der ste Internetwurm 000 von 60.000 omputern im Netz.

HINWEIS
Das WWW (world wide web) ist nicht das Internet, sondern nur einer von vielen Diensten, wird aber aufgrund seiner Größe oft als das Internet bezeichnet. Mit dem WWW wächst das Internet in einem Jahr um das Dreifache.

HINWEIS
Microsoft steigt erst 1996 in das Internet ein, nachdem Bill Gates ein Jahr zuvor öffentlich erklärt hatte, seine Firma würde sich niemals am Netz der Netze beteiligen.

Die Struktur des Internets

Start

Backbone

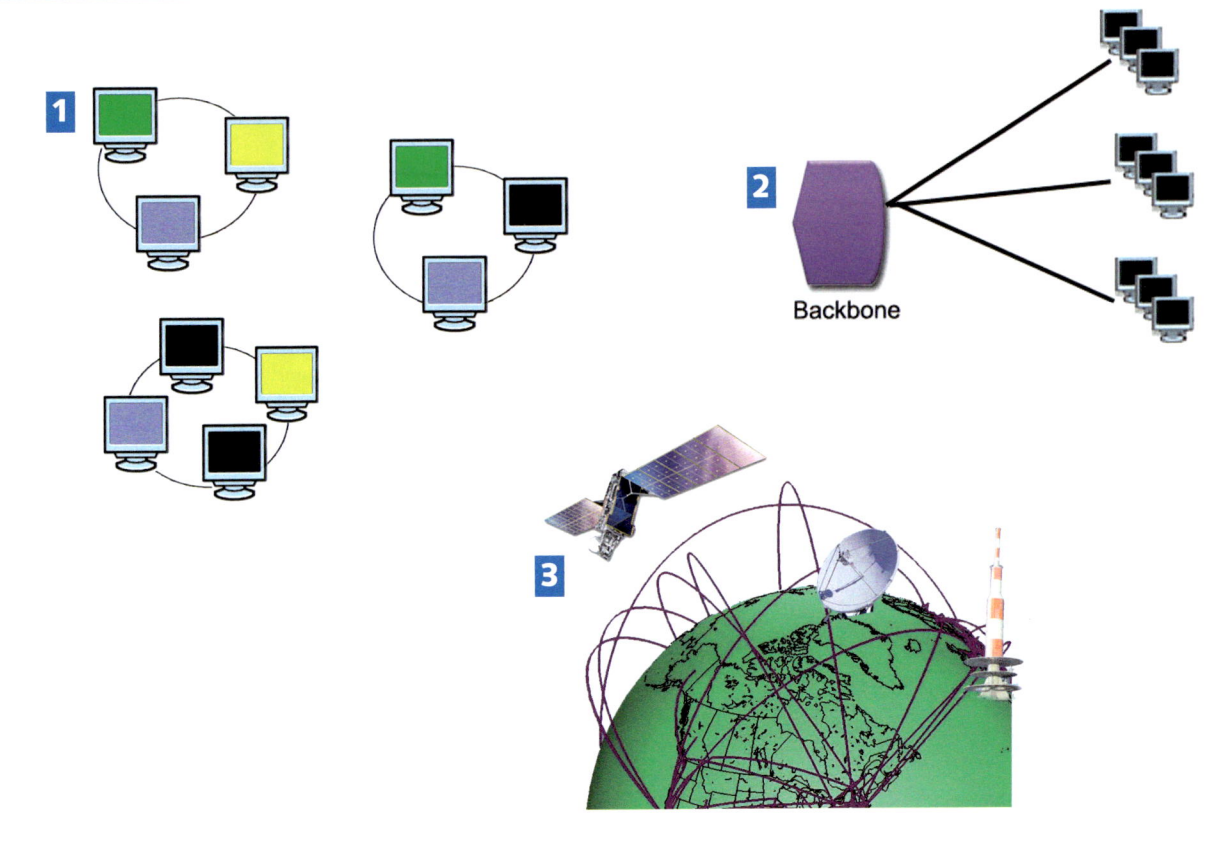

1 Das Internet besteht aus einzelnen Netzen (Firmennetzen, Providernetzen, Universitäts- und Forschungsnetzen).

2 Diese Netze sind über Knoten miteinander verbunden, leistungsstarke Backbones können Hunderte von Netzen versorgen.

3 Internet-Service-Provider (ISP) verteilen die Daten über verschiedene Kommunikationswege.

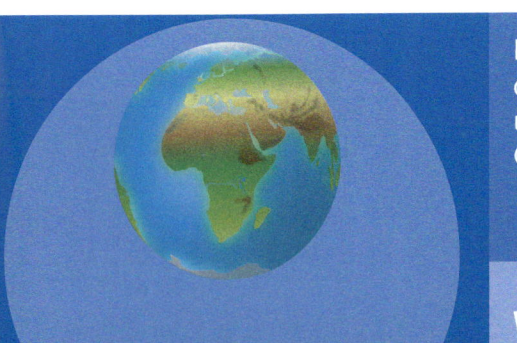

Das Internet besteht aus vielen Tausend kleinen Netzwerken, die an Netzwerkknoten zusammenlaufen. Die Daten werden über alle bekannten Kommunikationswege – vom Telefon über Glasfaserkabel bis zu Funk und Satelliten – übertragen.

WISSEN

1 Einführung ins Internet

Intranet Proxy-Server — **Firewall**

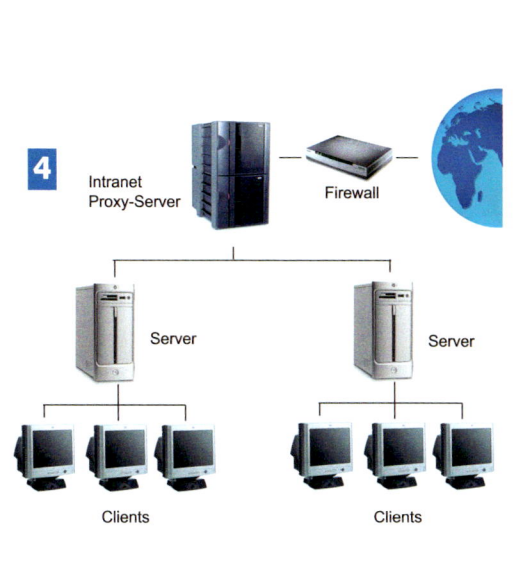

Server — Server

Clients — Clients

Supercomputer CRAY — UNIX IBM VMS Sun — WAP-Handy — Windows-PC & Notebook — Apple Mac — Mobile PDA

Die Computer einer Firma sind in einem internen Netz zusammengeschlossen. Internetanfragen und -eingänge werden über Proxy-Server geleitet.

Private Anwender melden sich über Router und DSL-Modem bei ihrem Serviceprovider (Telekom, AOL etc.) an und erhalten von diesem einen Zugang zum Internet.

Das Internet verbindet Computer aller Art vom WAP-fähigen Handy bis zum Supercomputer mit den unterschiedlichsten Betriebssystemen.

Ende

---

rmen setzen häufig *Intraets* ein, das sind Netzerke, in denen die Interettechniken und Protoolle für die interne Veretzung genutzt werden.

Router: Gerät oder Computer für den Aufbau der Internetverbindung.
Backbone: Zentraler Teil eines Netzknotens.
Provider: Bietet seinen Kunden die Dienste an, die für die Internetnutzung benötigt werden (IP-Adresse, Mail, Speicher für Homepage).

IPP — **HINWEIS**

18 Domains, Adressen, Protokolle

Start

1 212 . 184 . 190 . 202
Netzadresse — Rechneradresse

2 www.mut.de? → DNS-Server → 62.245.190.21

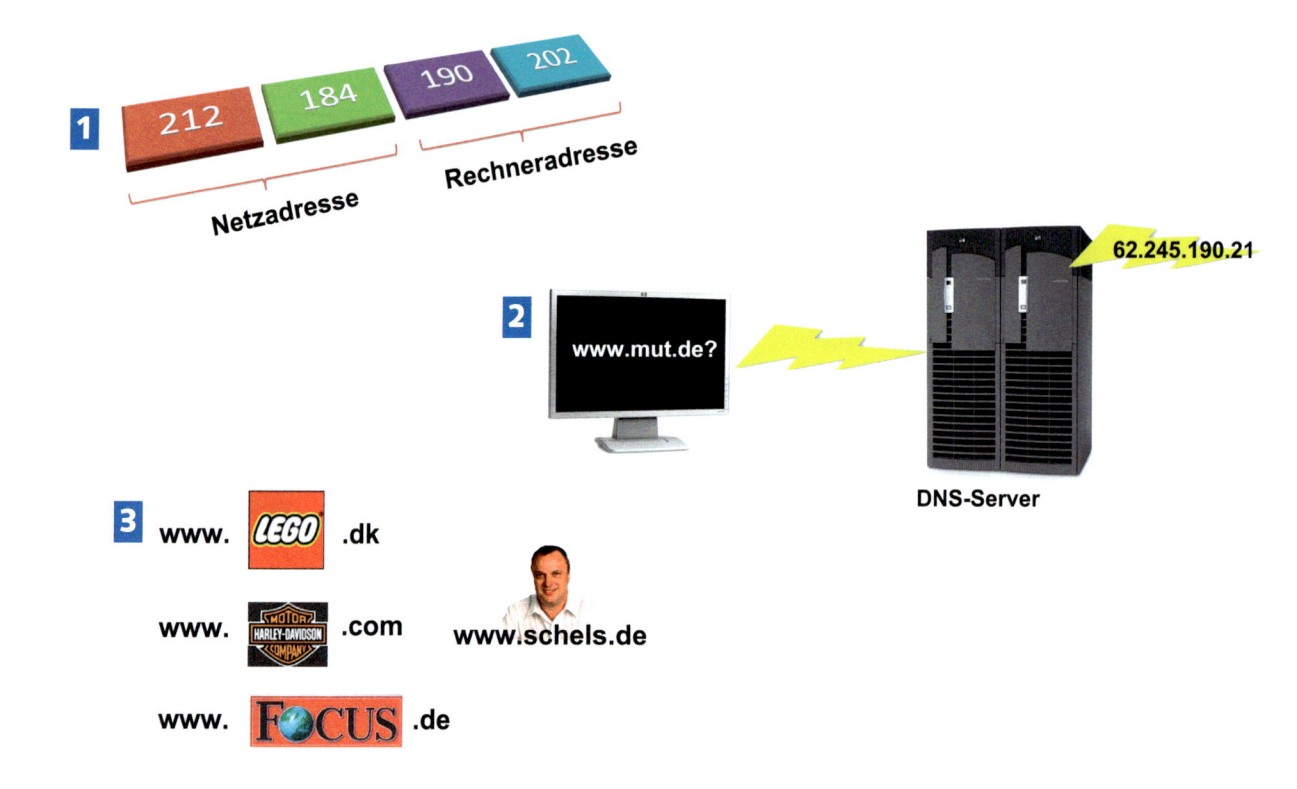

3 www.LEGO.dk

www.HARLEY-DAVIDSON.com   www.schels.de

www.FOCUS.de

1 Jeder Computer ist im Internet durch eine eindeutige Adresse aus 4 Blöcken (Werte 0 bis 255) identifizierbar.

2 Da sich niemand diese Zahlenmonster merken kann, wurde der DNS (Domain Name Server) eingeführt, eine Datenbank, in der jede IP einem Namen zugeordnet ist.

3 So kann jede Firma und Organisation ihre eigene Adresse pflegen, auch Privatpersone dürfen sich ihre »Domäne« registrieren.

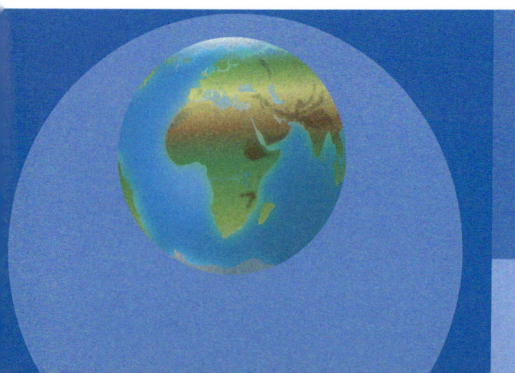

Die IP-Adresse ist das technische Identifikationsmerkmal für Computer im Internet. Sie sind mit richtig lesbaren Domänennamen gekoppelt, die von Tausenden von DNS-Servern weltweit beim Transfer blitzschnell übersetzt werden.

WISSEN

1 Einführung ins Internet

.de Deutschland
.fr Frankreich
.br Brasilien
.ua Ukraine

5
.com (commercial) — Firmen international
.org (organisation) — Organisationen, Vereine
.net (network) — Netzwerke
.gov (government) — Regierungen
.mil (military) — Militär
.edu (education) — Bildungseinrichtungen

6 http://
HyperText-Dokumente (HTML)

https:// 
HyperText, sichere Übertragung

ftp:// 
File-Transfer (Datenübertragung)

An der Domänenendung erkennt man, wo die Adresse herkommt. Jedes Land hat seine eigene Länderdomäne.

Die Domäne kann aber auch einem speziellen Bereich zugeordnet sein, der ihre Bedeutung sofort klassifiziert.

Vor der Adresse wird das Protokoll angegeben, damit der Computer weiß, in welcher Form die Daten zu übertragen sind.

Ende

---

bersicht über alle Länderdomänen:
ww.wiki.csoft.at/index.php/
p_Level_Domains
it diesem Link checken Sie Ihre
erzeitige IP-Adresse:
tp://checkip.dyndns.org

TIPP

Im Word Wide Web sind die meisten Adressen angesiedelt. Wenn kein Protokoll angegeben wird, gilt das Standardprotokoll http://.

HINWEIS

IP-Adressen sind nur bei größeren Netzwerken statisch (fest zugewiesen). Die meisten Computer erhalten vom DNS-Server eine dynamische IP-Adresse, die nur für die Dauer der Verbindung gilt.

HINWEIS

20 Wer verwaltet das Internet?

Start

1 Im Internet kommuniziert jeder mit jedem, und jeder Weltbewohner kann Informationen annehmen, preisgeben und seine Meinung äußern.

2 Viele Regierungen zensieren Inhalte oder Nachrichten und blockieren Webseiten zum Beispiel oppositioneller Gruppen.

3 Die Internet Society (ISOC) ist eine nichtstaatliche Organisation (150 Mitglieder aus 170 Ländern), die für Pflege und Weiterentwicklung des Internets sorgt.

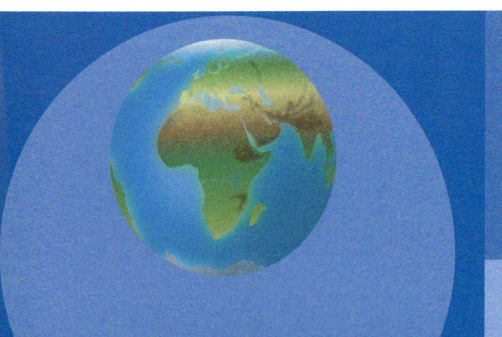

Das Internet wird nicht zentral verwaltet oder kontrolliert. Es gibt natürlich nationale Vorschriften und Gesetze, die regeln, was veröffentlicht werden darf. Dass das Netz der Netze funktioniert und weiterentwickelt wird, dafür sorgen verschiedene Organisationen.

WISSEN

1 Einführung ins Internet

4 ICANN

5 [Screenshot W3C-Website]

6 [DENIC-Banner]

Die ICANN (Internet Corporation For Assigned Names and Numbers) stellt die Zuteilungsregeln für Domänen und IP-Adressen auf.

Die Standards für das World Wide Web werden vom W3C (World Wide Web Consortium) entwickelt und definiert.

Für die regionalen Namenszuteilungen sind die NICs (Network Information Center) verantwortlich. Bei DENIC werden .de-Addressen beantragt.

Ende

TIPP

ENIC ist ein Verein, in dem alle eutschen Provider zusammengehlossen sind. Hier finden Sie eine phabetische Providerliste: tp://www.denic.de/de/denic/mitiedschaft/mitgliederliste/index.jsp

TIPP

Links:
ICANN: www.icann.org
Internet Society: www.isoc.org
W3C: www.w3.org
DENIC: www.denic.de

HINWEIS

Das W3C regelt auch, was die Internetprogrammiersprachen wie HTML und Java können müssen und dürfen.

2

So gehen Sie online

24 Die Hardwareausstattung

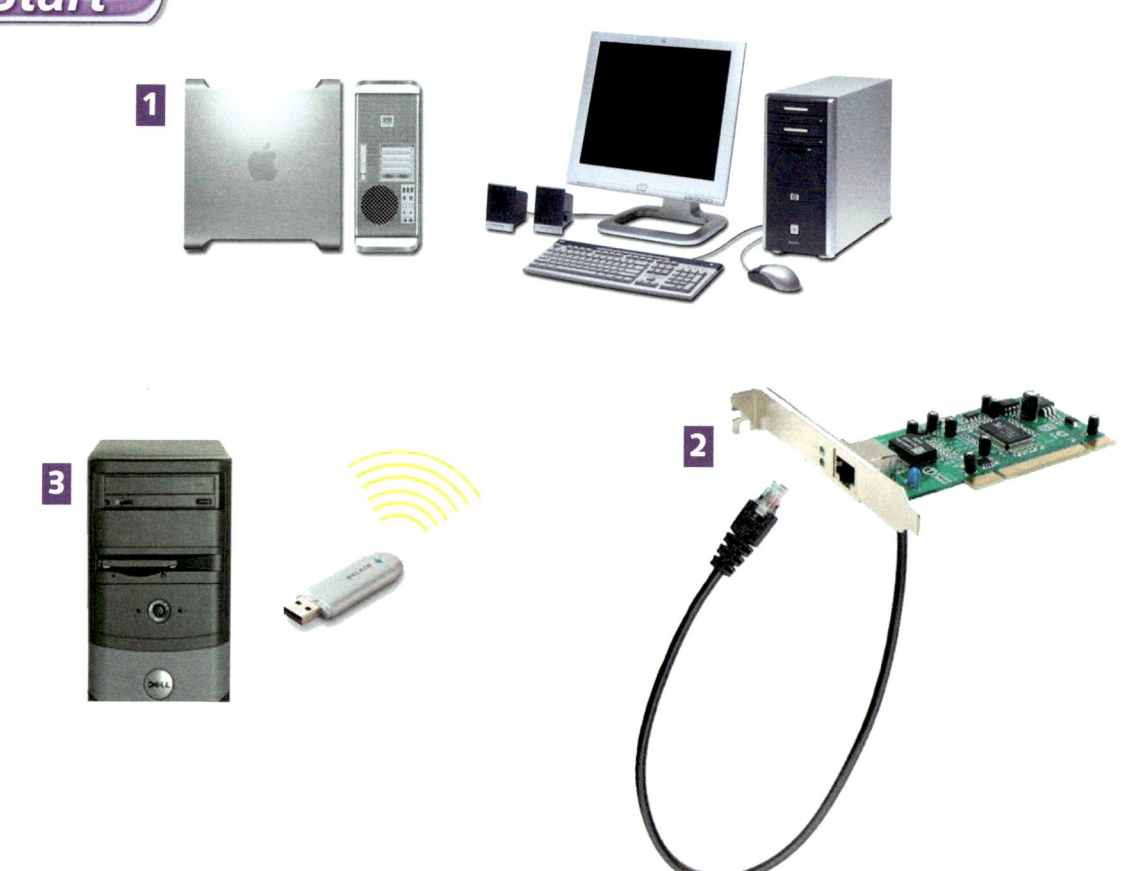

Start

1 Für den Zugang zum Internet brauchen Sie zunächst einen Computer mit Maus und Tastatur. Meist ist das ein PC (Personal Computer), der Apple Mac ist teurer.

2 Mit einem LAN-Adapter stellen Sie eine Kabelverbindung zum Internet her.

3 Besser ist ein WLAN-Adapter für kabellose Datenübertragung per Funk. Es gibt sie als Steckkarte oder als USB-Stick.

Sie wollen teilhaben am Netz der Netze, am weltweiten Internet? Besorgen Sie sich die richtige Hardware: Computer, WLA und DSL-Modem. Die Einrichtung ist ganz einfach.

WISSEN

2 So gehen Sie online   25

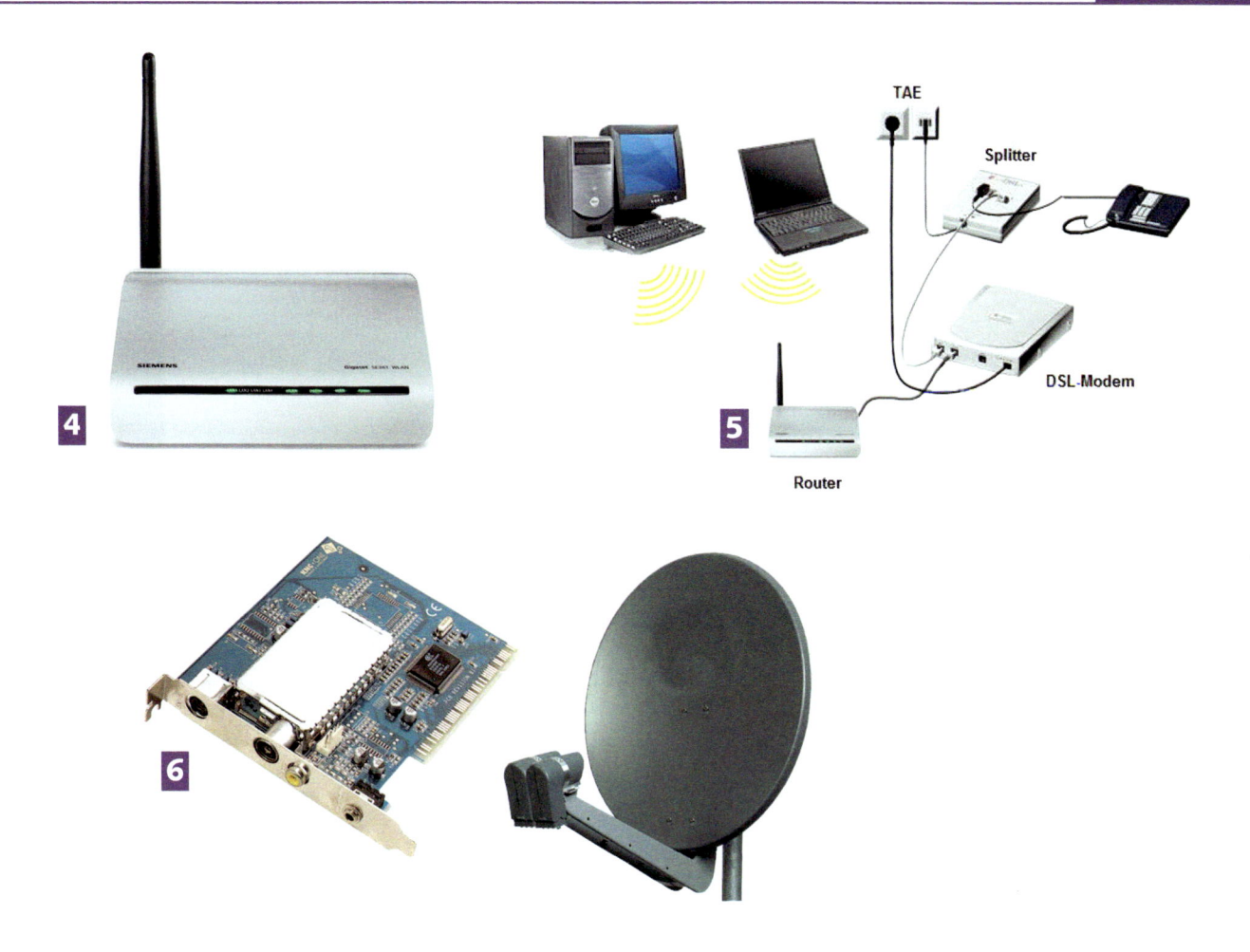

4 Damit mehrere Computer oder Netze gleichzeitig online gehen können, wird ein Router eingesetzt. Der Router regelt den Datenverkehr nach außen und innen.

5 Die Verbindung zum Internet stellt das DSL-Modem her. Es wird über den Splitter mit der Telefonbuchse verbunden.

6 Die Alternative ist Internet via Satellit, dazu brauchen Sie eine TV-SAT-Karte und einen Digitalreceiver mit SAT-Schüssel.

Ende

Alles über Router, Hersteller, Adressen etc.: www.router-faq.de	ISDN, das digitale Leitungsnetz, ist bereits seit den 1980er Jahren in Betrieb. DSL erreicht unabhängig von der Leitungsart höhere Geschwindigkeiten und wird via DSL-Modem direkt am PC betrieben.	**LAN:** Local Area Network, ein lokales Netzwerk **WLAN:** Wireless LAN, kabelloses lokales Netzwerk **DSL:** Digital Subscriber Line, Datenübertragung bis zu 50 Mbit/s
TIPP	**HINWEIS**	**FACHWORT**

26 Software für das Internet

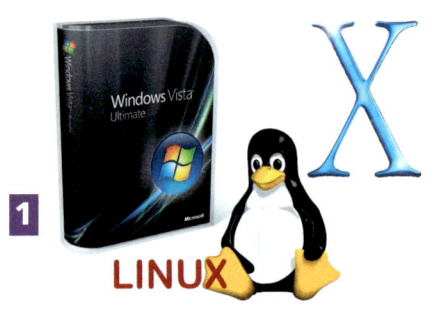

Start

1 Voraussetzung für Online-Aktivitäten auf dem Computer ist ein Betriebssystem. Windows 7 ist aktuell für PCs, das Apple-Betriebssystem heißt OS, Linux ist eine Alternative.

2 Mit dem Browser werden die Internetseiten abgeholt. Der Internet Explorer wird bei Windows Vista mitgeliefert. Starten Sie ihn aus dem Startmenü.

3 Der Browser präsentiert nach dem Aufruf seine Startseite. Für weitere Seiten klicken Sie auf Links oder geben Adressen in die Adresszeile ein.

Ohne Software geht nichts im Internet, aber hier müssen Sie nicht groß investieren. Der Internetbrowser ist bereits installiert, wenn Sie einen Computer kaufen, und mehr brauchen Sie nicht.

WISSEN

2 So gehen Sie online

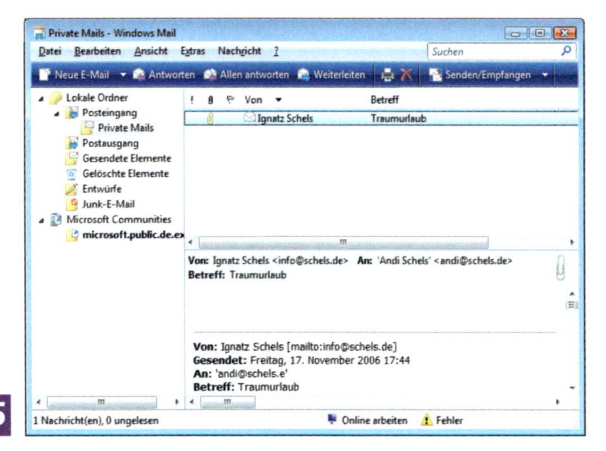

4 Firefox ist ein kostenloser Browser für Windows, Mac oder Linux. Unter www.firefox.de finden Sie den Download.

5 Auch andere Browser wie Opera, Safari (Apple), Neoplanet, Bolima und Amaya (von W3C) sind kostenfrei zu haben.

6 E-Mails können auch mit dem Browser abgeholt werden, besser ist ein Mailprogramm wie Windows Live Mail (Windows 7) oder Outlook (in Microsoft Office).

Stellen Sie sicher, dass Sie mit der neuesten Version des Browsers arbeiten. In Windows starten Sie zur Überprüfung *Windows Update*.
Für LINUX eignet sich am besten der Konqueror, ein Open-Source-Browser.

Browser: von engl.: to browse = blättern.

Wie Sie Ihren Browser einrichten und bedienen, lesen Sie in Kapitel 3. Kapitel 11 zeigt, wie E-Mails funktionieren.

TIPP   **FACHWORT**   **TIPP**

28 Der Online-Provider

Start

1 Der Provider bietet die Dienste und technischen Leistungen an, die Sie für den Zugang zum Internet brauchen.

2 Die günstigsten Tarife finden Sie bei Online-Diensten, Mobilfunkprovidern oder Call-by-Call-Anbietern.

3 Wer einen professionellen Auftritt im Internet plant, sollte die Angebote von Internet-Service-Providern (ISP) vergleichen.

Wer ins Internet will, braucht einen Provider, der ihm die Leitung freischaltet, die Serverkapazität für seine Homepage vermietet und seine Mails verwaltet. Für einfache Ansprüche reicht ein Online-Dienst, wer mehr braucht, sucht sich einen Serviceprovider.

WISSEN

2 So gehen Sie online

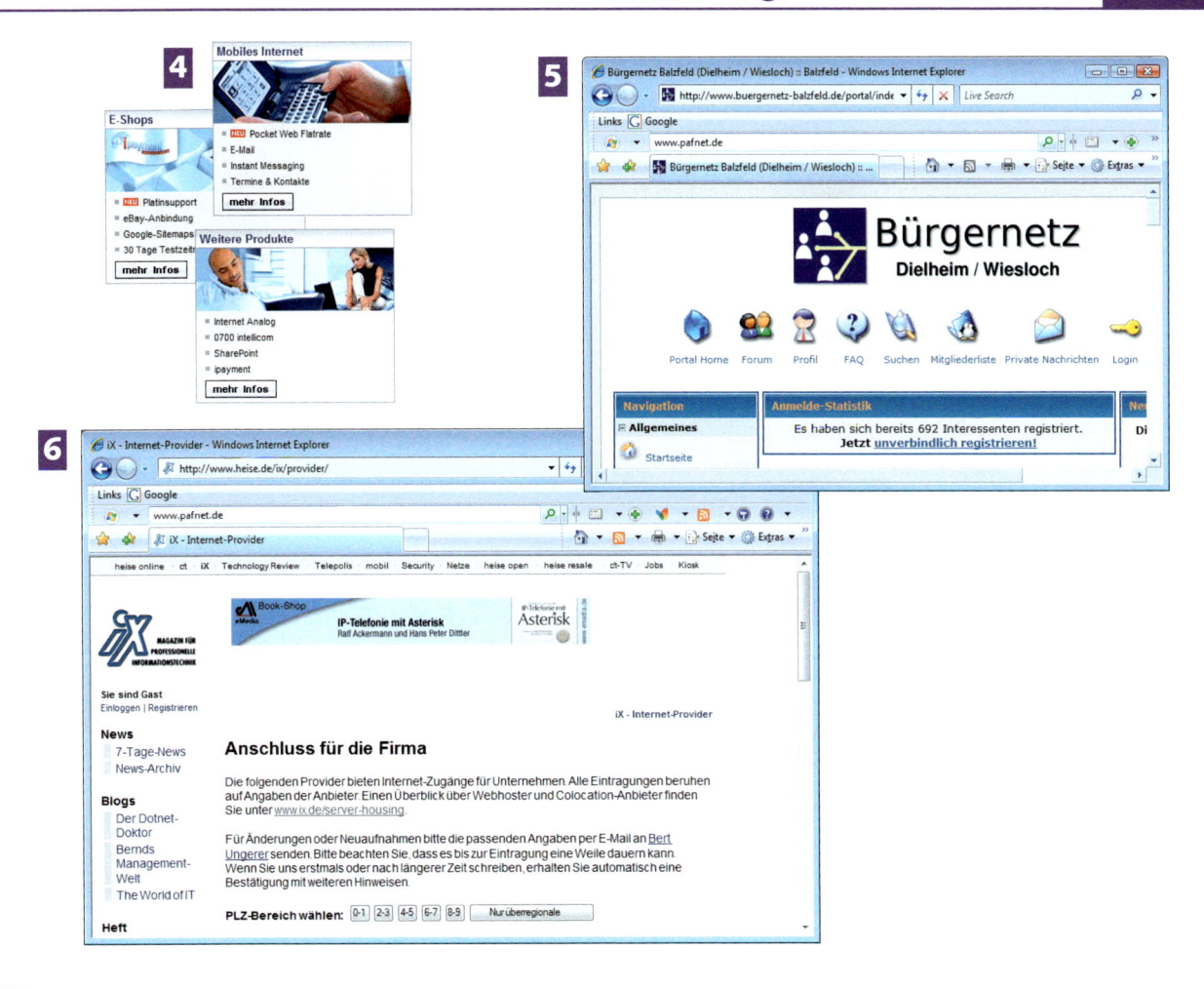

4 Serviceprovider bieten gegen entsprechende Gebühren weitere Leistungen wie Serverhosting und Webshops an.

5 Internetzugang und Maildienste werden oft auch von regionalen Organisationen wie Bürgernetzen o. Ä. angeboten.

6 Suchen Sie hier nach einem ISP (Internet-Service-Provider) in Ihrem PLZ-Gebiet: http://www.heise.de/ix/provider

---

TIPP

Vorsicht vor allzu billigen Angeboten! Ein Providerwechsel kann teurer kommen als das zuvor Gesparte. Lassen Sie sich vom Computerfachhandel beraten.

TIPP

Wenn Sie Online-Banking machen wollen, fragen Sie vor der Providerwahl Ihre Bank.
Hier finden Sie alle Internetprovider in einer alphabetischen Übersicht: http://www.teltarif.de/a/internet.html

FACHWORT

Flatrate: Pauschaltarif.
Server: Zentralrechner des Providers.
Webhosting: Verwalten von Internetdiensten für den Webauftritt.

30 Internetverbindung mit WLAN-Router herstellen

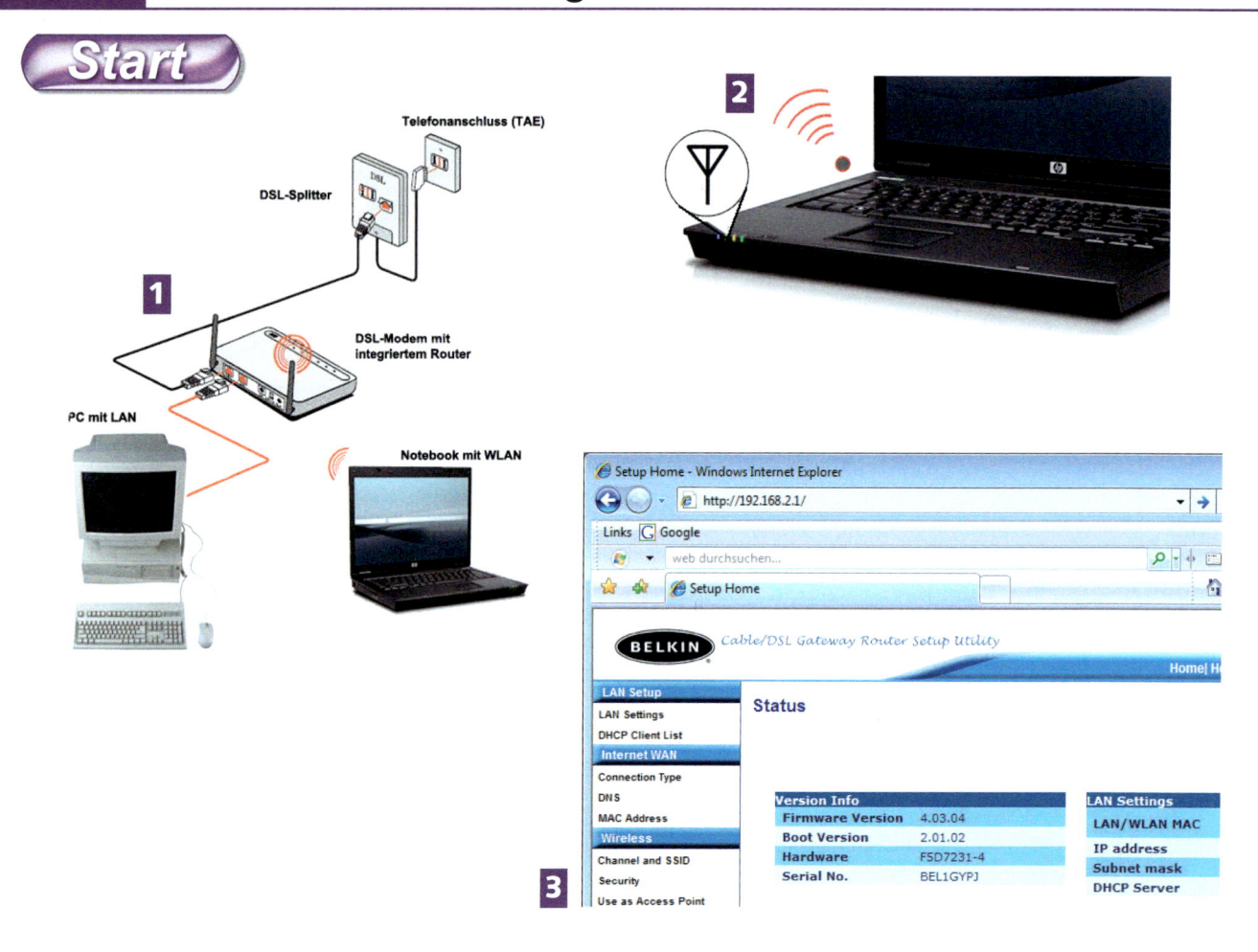

Start

1 Schließen Sie das DSL-Modem über den Splitter an die Telefonleitung an. Verbinden Sie den Router mit dem DSL-Modem, falls dieser nicht schon integriert ist.

2 Schließen Sie die LAN-Karte Ihres PC oder Notebooks an den Router an oder schalten Sie das WLAN ein (⇧ -Taste+ F1 auf den meisten Notebooks).

3 Konfigurieren Sie zunächst den Router. Aktivieren Sie dazu den Internet Explorer und geben Sie die Routeradresse ein (z. B. 192.168.1.1).

Für Ihre Internetverbindung brauchen Sie ein DSL-Modem, einen Router (falls dieser nicht bereits im Modem integriert ist) und einen LAN- oder WLAN-Anschluss für jeden PC oder Notebook. Konfigurieren Sie zuerst den Router.

WISSEN

2 So gehen Sie online 31

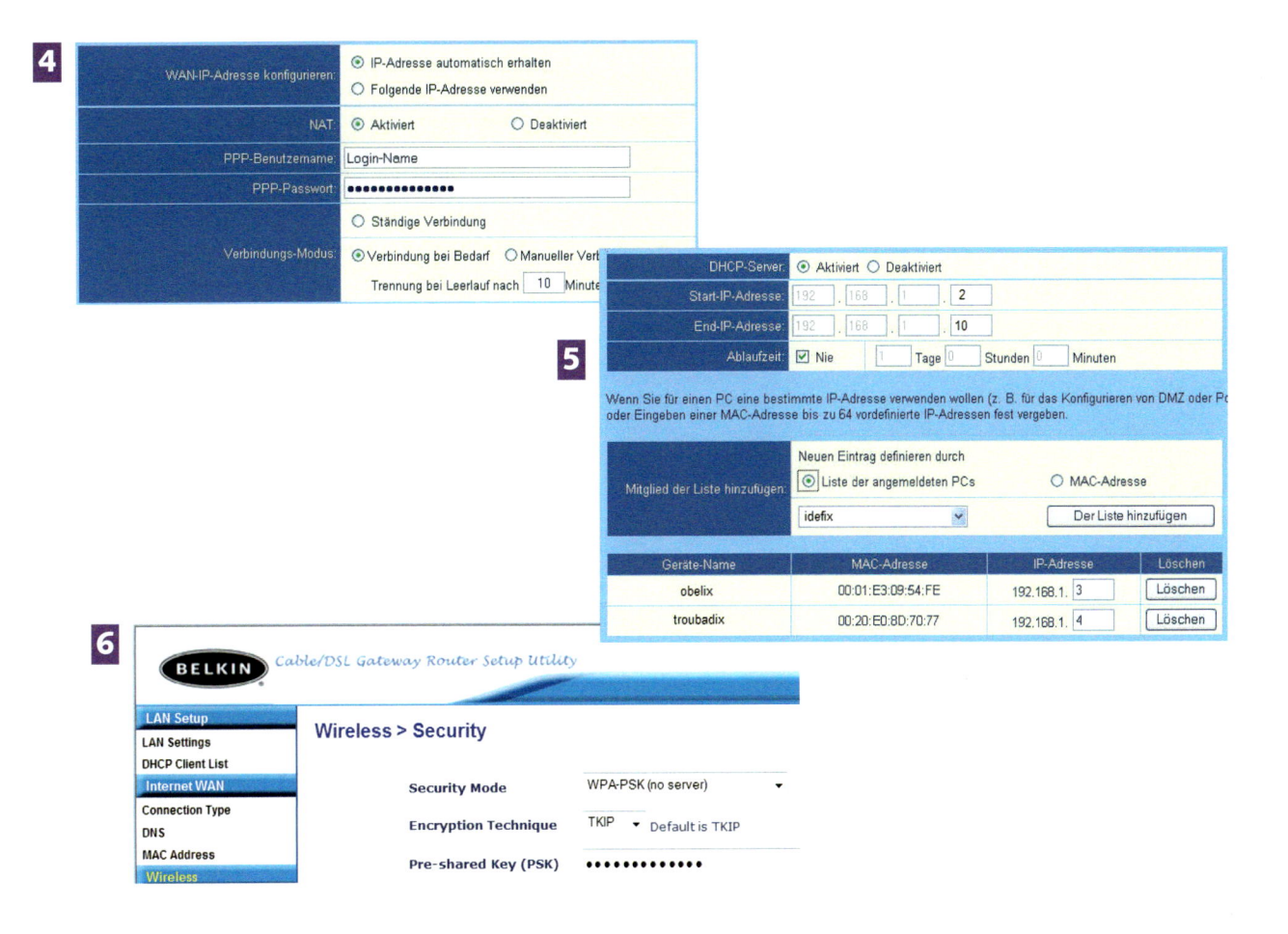

4 Geben Sie die Zugangsdaten für das DSL-Modem ein, die Ihr Provider Ihnen mitgeteilt hat (Benutzername und Passwort).

5 Richten Sie auf dem DHCP-Server einen Adressraum für Ihre IP-Adressen ein (192.168.1.2 bis 192.168.1.255).

6 Ändern Sie das Passwort des Routers und schalten Sie eine sichere Verbindung und die integrierte Firewall ein.

TIPP

Sie können den Router auch so konfigurieren, dass er nur einzelne IP-Adressen akzeptiert.

HINWEIS

Stellen Sie den WLAN-Router so auf, dass alle Geräte möglichst ungehindert Zugriff haben. Die maximale Reichweite beträgt im WLAN 30 Meter.

HINWEIS

Stellen Sie sicher, dass Ihr WLAN-Router einen Namen hat, der keine Rückschlüsse auf den Besitzer zulässt, da dieser Name von außen sichtbar ist.

Internetverbindung in Windows 7

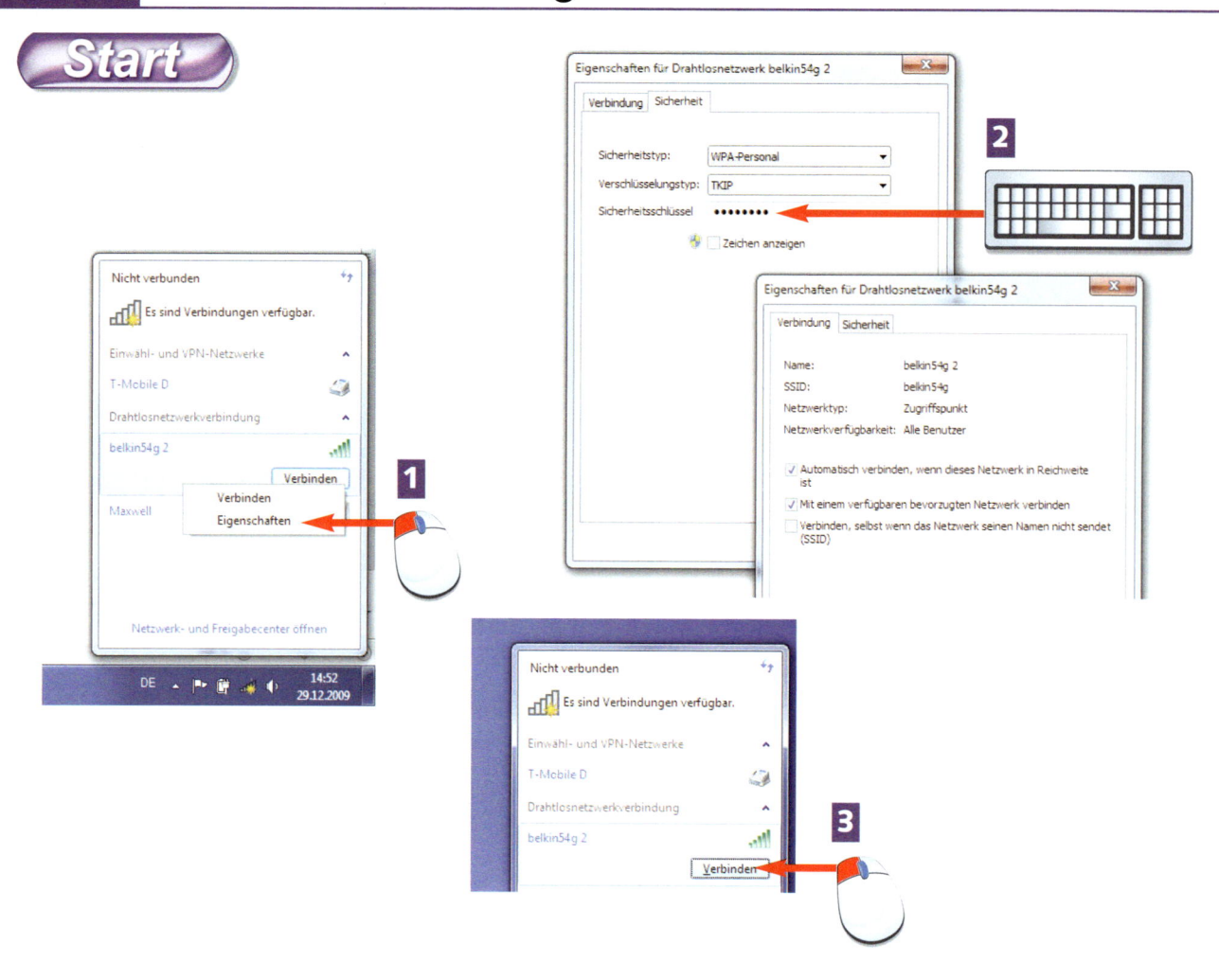

Start

1. Klicken Sie auf das Verbindungssymbol rechts unten in der Taskleiste und aktivieren Sie die Eigenschaften der Verbindung.

2. Geben Sie die Verbindungsdaten, den Sicherheitsschlüssel und das Kennwort für den Router ein.

3. Mit Klick auf *Verbinden* starten Sie die Online-Verbindung über das WLAN.

Richten Sie Ihr WLAN ein und suchen Sie für Ihre Online-Verbindung das passende Netzwerk. Wenn Sie unterwegs sind, schaltet Windows 7 automatisch auf das öffentliche Netzwerk um.

WISSEN

2 So gehen Sie online   33

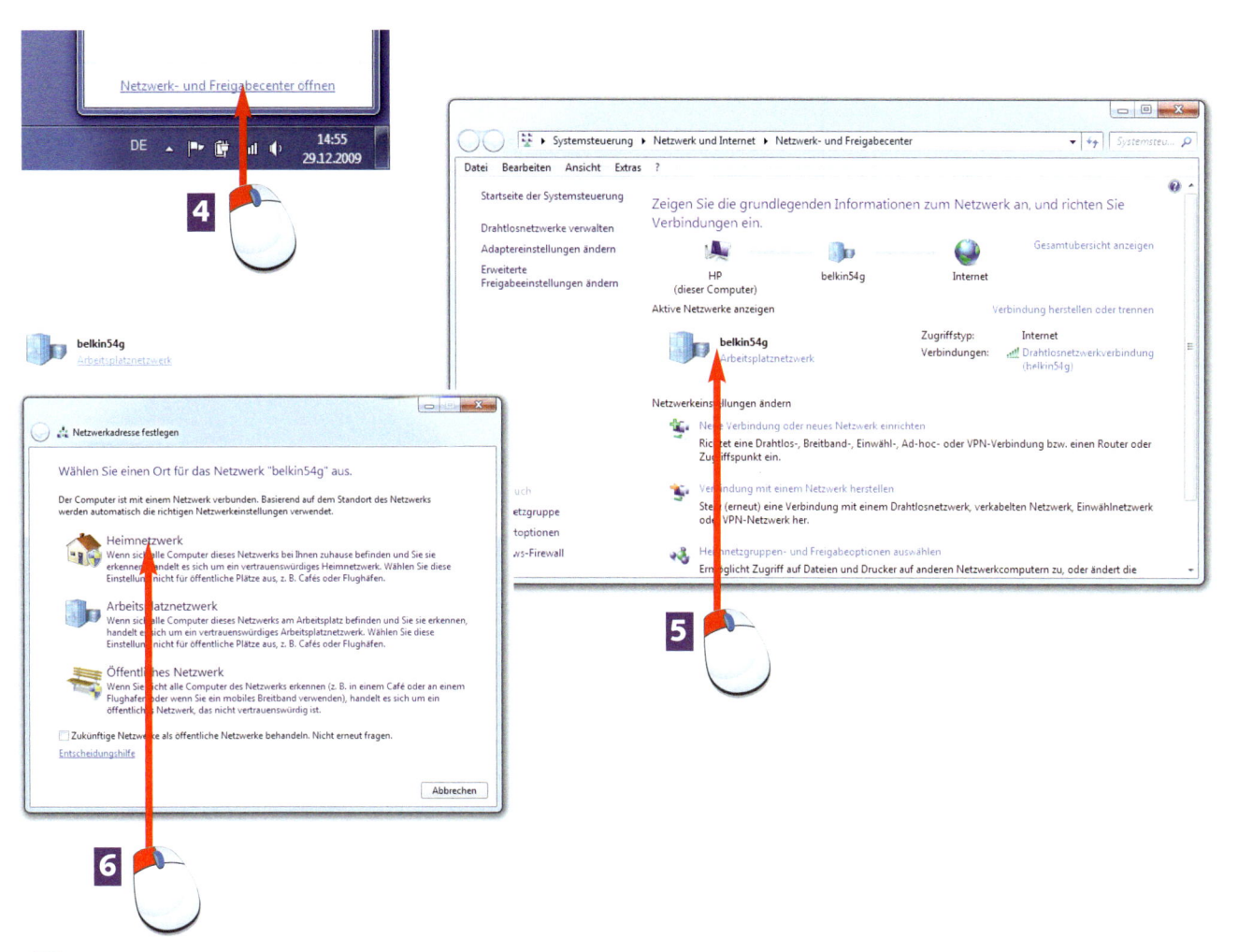

4 Für alle Einstellungen der Onlineverbindung öffnen Sie das Netzwerk- und Freigabecenter.

5 Ändern Sie hier die Einstellungen des aktiven Netzwerks oder schalten Sie auf einen anderen Netzwerktyp um.

6 Wählen Sie zwischen Heimnetzwerk, Arbeitsplatznetzwerk und öffentlichem Netzwerk.

Achten Sie auf das Symbol im Systembereich der Taskleiste, es zeigt den Status der Verbindung an.

Für die Verbindung mit dem Firmenrechner können Sie ein VPN-Netzwerk einrichten.

TIPP   **HINWEIS**

Internetverbindung in Windows 7

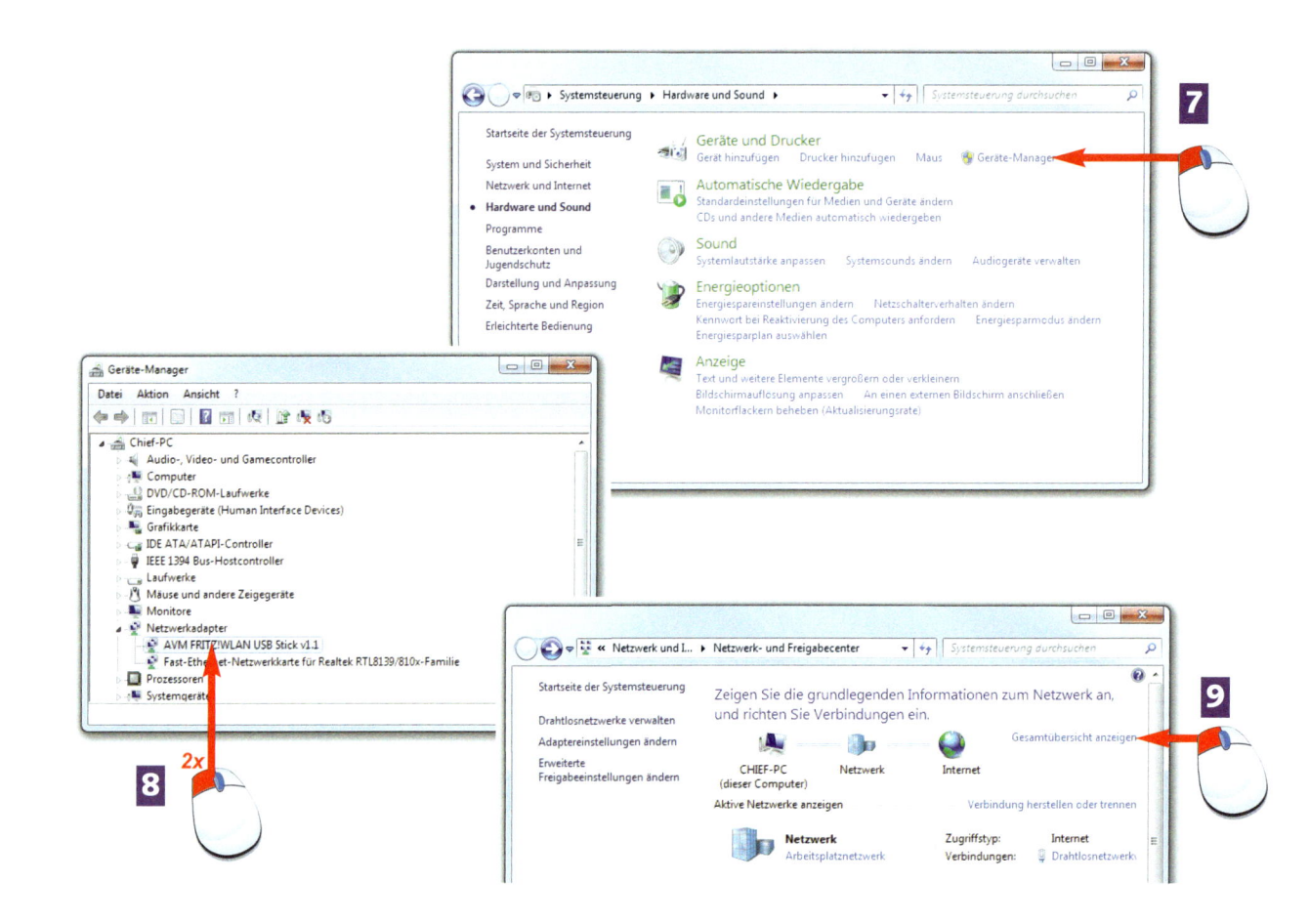

7 Überprüfen Sie mit dem Geräte-Manager aus der Systemsteuerung, ob LAN oder WLAN bereit sind.

8 Hier können Sie die Netzwerkgeräte aktivieren und Treiber installieren oder reparieren.

9 Im Netzwerk- und Freigabecenter finden Sie eine Gesamtübersicht über alle Netzwerkkomponenten.

Windows 7 bietet mit dem Netzwerk- und Freigabecenter und dem Geräte-Manager eine komfortable Verwaltung und Überwachung der Online-Verbindungen. Stellen Sie sicher, dass Sie immer die aktuellsten Treiber im Einsatz haben.

WISSEN

2 So gehen Sie online | **35**

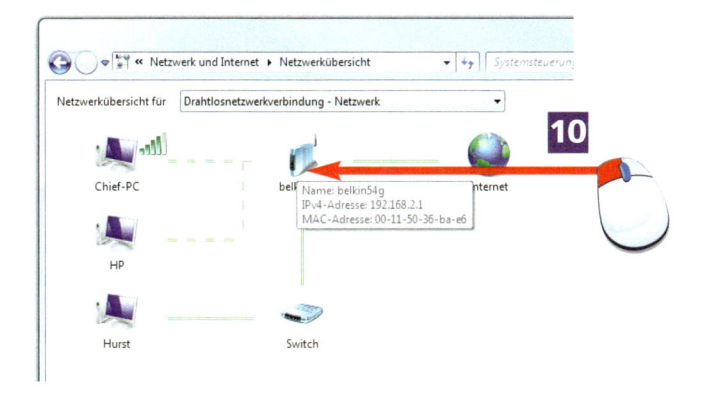

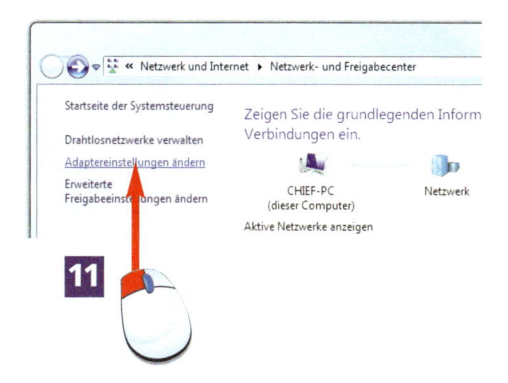

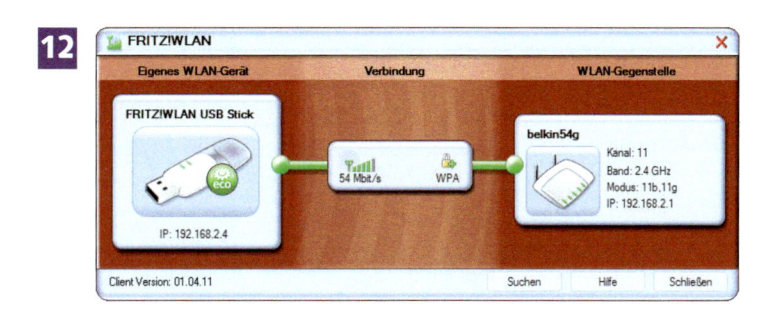

10 Zeigen Sie auf eine Netzwerkkomponente, um die technischen Daten abzurufen.

11 Mit Klick auf *Adaptereinstellungen ändern* können LAN- oder WLAN-Adapter angepasst werden.

12 Nutzen Sie die mit dem Gerät gelieferte Software. Aktuelle Treiber finden Sie auf den Internetseiten der Hersteller zum Download.

Ende

Im Verbindungssymbol der Taskleiste sehen Sie alle WLANs, die in Reichweite sind.	Windows 7 enthält eine eigene WLAN-Steuersoftware. Nutzen Sie aber vorrangig die Herstellersoftware.	**PPPoE:** Point-to-Point Protocol over Ethernet
HINWEIS	**HINWEIS**	**FACHWORT**

Die statische IP-Adresse

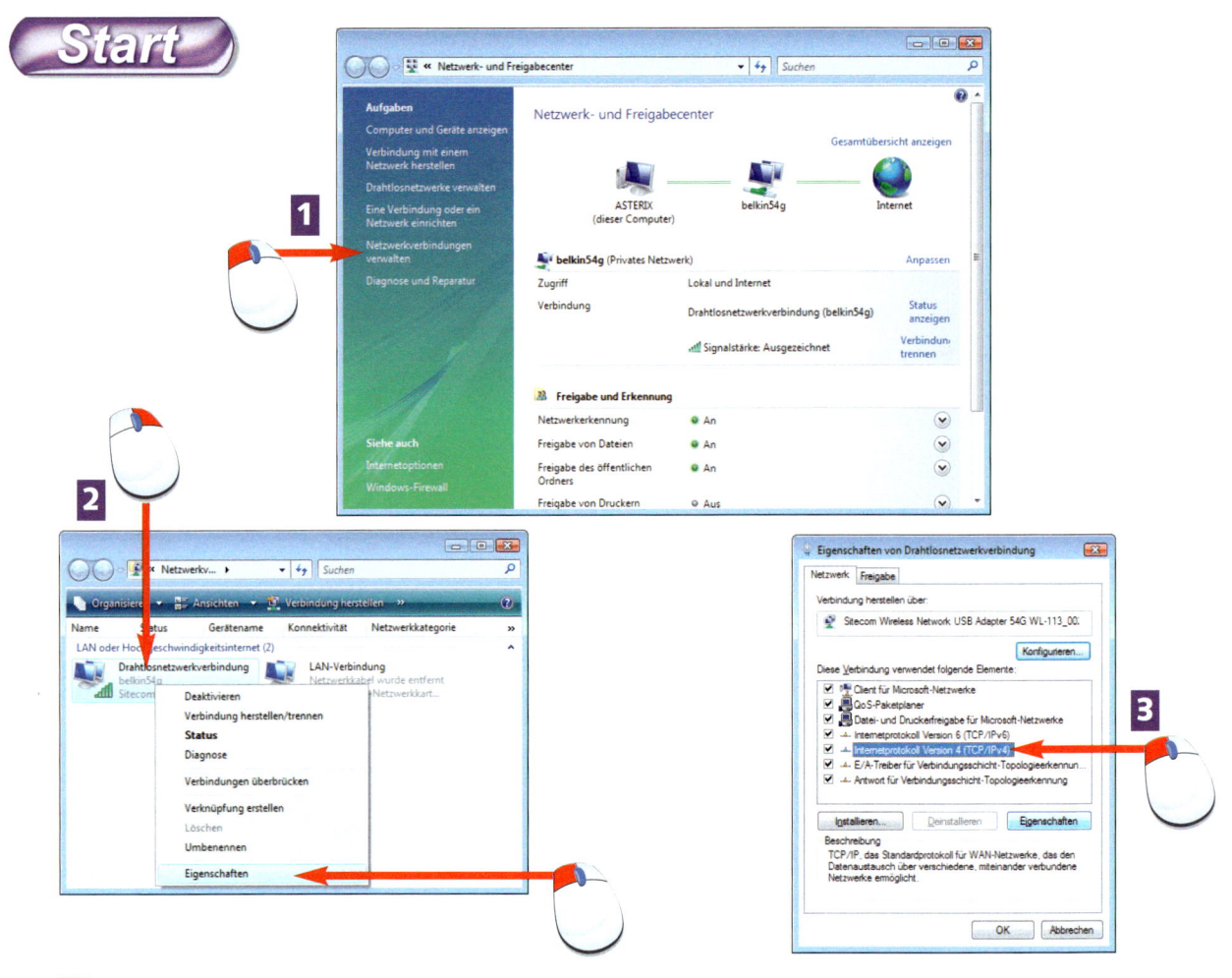

1 Klicken Sie im Netzwerk- und Freigabecenter auf *Netzwerkverbindungen verwalten*.

2 Wählen Sie *Eigenschaften* im Kontextmenü des Symbols Ihrer Verbindung.

3 Schalten Sie auf der Registerkarte *Netzwerk* auf die *Eigenschaften des Internetprotokolls (TCP/IPv4)*.

WISSEN

Wenn Sie gleichzeitig zur Online-Verbindung auch ein lokales Heimnetzwerk betreiben wollen, statten Sie jeden Computer im Netz mit einer statischen IP-Adresse aus. Damit können Sie über jeden Computer im Internet surfen, Daten austauschen und gemeinsam externe Geräte wie Drucker oder Scanner nutzen.

2 So gehen Sie online

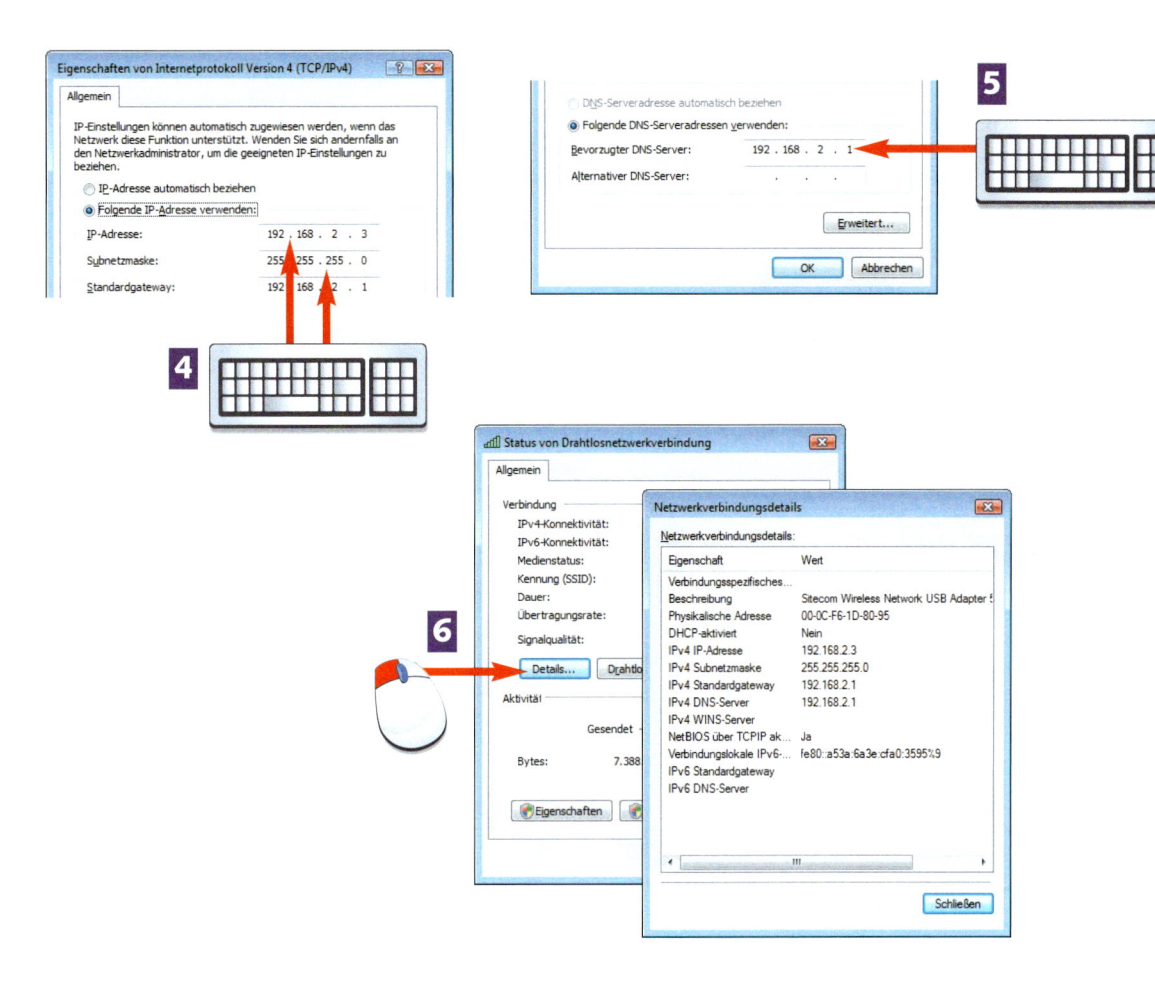

4 Tragen Sie eine statische IP-Adresse ein und weisen Sie die Subnetmaske 255.255.255.0 zu.

5 Die IP-Adresse des Routers wird als Adresse des bevorzugten DNS-Servers eingetragen.

6 Überprüfen Sie per Klick auf *Details* die Einstellungen und die IP-Adresse Ihrer Verbindung.

TIPP

Achten Sie darauf, dass jeder Computer eine eindeutige IP-Adresse im Netzwerk hat, sonst kommt es zu Konflikten bei der Verbindung.

HINWEIS

Als Adressraum für lokale (private) IP-Adressen können Sie verwenden:
10.0.0.1 – 10.254.254.254
192.168.0.0 – 192.168.254.254
Die Subnetmaske ist immer 255.255.255.0, die letzte Zahl der IP-Gruppe ist veränderbar.

FACHWORT

TCP/IPv4 ist die ältere, aber noch als Standard benutzte Variante des Protokolls. Windows Vista unterstützt auch schon TCP/IPv6.

Mit Handy und PDA ins Internet

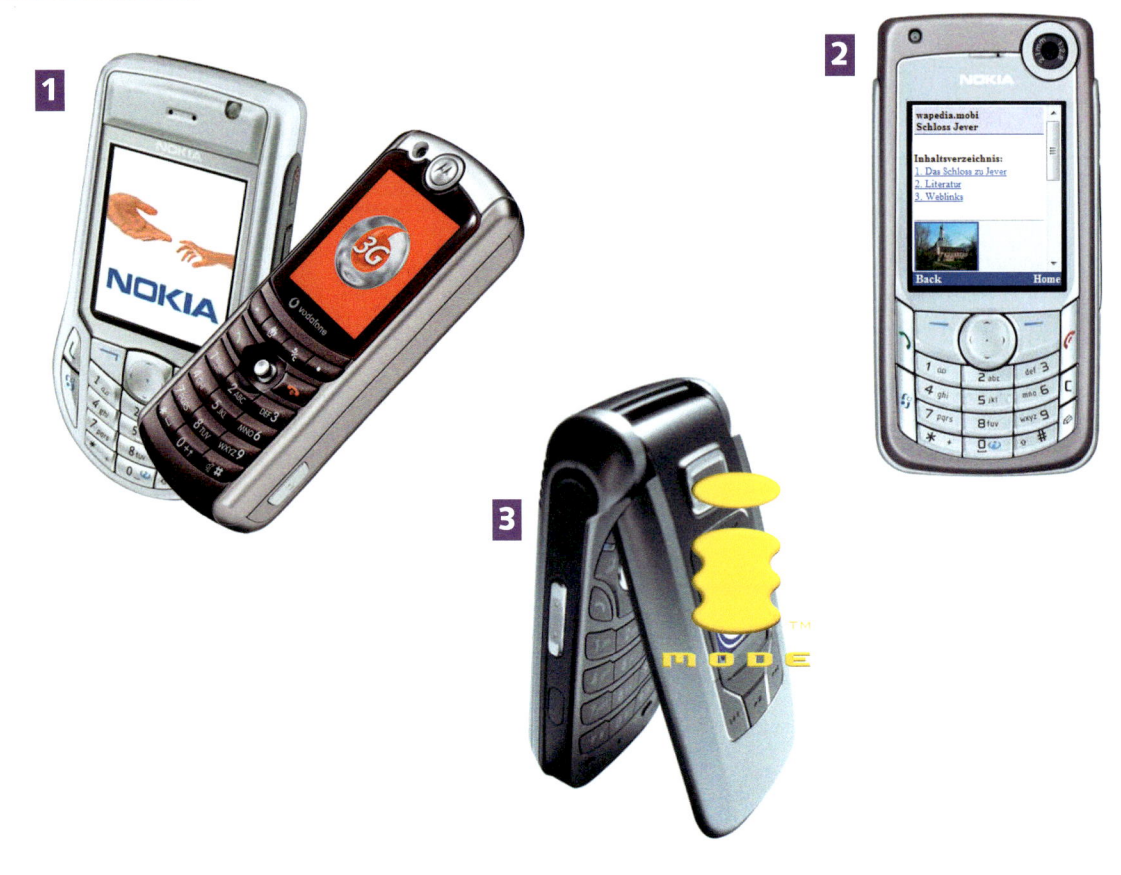

Start

1 Sie können mit Ihrem Handy ins Internet gehen, wenn dieses GPRS oder UMTS unterstützt. Aktivieren Sie die WAP-Dienste über die Startseite des Dienstanbieters.

2 Surfen Sie mit Ihrem Handy zum Beispiel bei Wikipedia. Anleitung und Beispiele hier: http://www.wapedia.org/de.

3 Der i-mode-Dienst, in Japan Standard, setzt sich in Deutschland nicht durch. Es gibt spezielle i-mode-Handys und WAP-Zugang über GPRS.

Mobil im Internet surfen – die neue Mobilfunktechnik macht´s möglich. UMTS und WAP sind schon Standard, i-mode kommt zögerlich. Mit PDAs und Smartphones wird das mobile Internet Wirklichkeit.
Mit einer Handy-Flatrate oder einem kombinierten DSL/Handy-Tarif bleiben auch die Kosten für mobiles Internet überschaubar.

WISSEN

2 So gehen Sie online   39

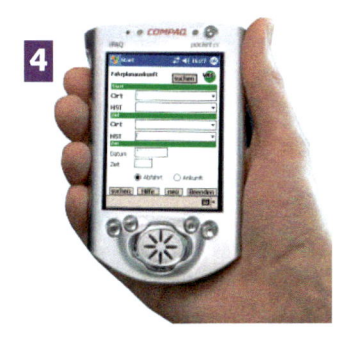

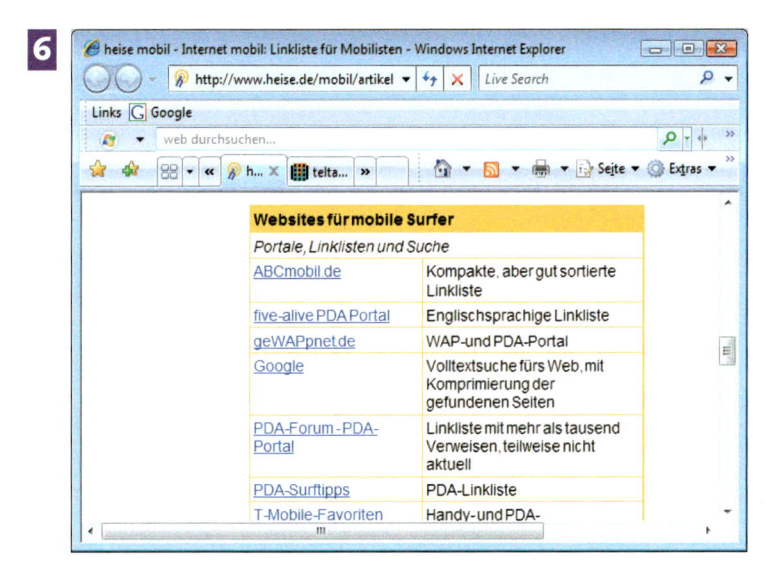

4 Der PDA (Personal Digital Assistant) geht über ein eingebautes Funkmodem oder mit Infrarot/Bluetooth über das Handy online.

5 SmartPhones sind eine Kombination aus Handy und PDA mit automatischem E-Mail-Empfang und Organizer.

6 Sehen Sie in der Linkliste nach, welche Online-Dienste für Handys und PDAs angeboten werden: http://www.heise.de/mobil/artikel/66802.

Ende

Hier können Sie WAP-Einwahlparameter auf Nokia-Handys automatisch konfigurieren und abrufen:
https://nokiags.wdsglobal.com/standard?siteLanguageId=124
Alle Startseiten für WAP–Dienste finden Sie hier:
http://www.teltarif.de/i/wap.html

WAP: Wireless Application Protocol. Das Protokoll für den Zugang zu Handy-Diensten im Internet.
GPRS: General Packet Radio Service. Paketorientierte Datenübertragung für GSM-Mobilfunknetze.

TIPP   **FACHWORT**

40 Hilfe, meine Verbindung streikt!

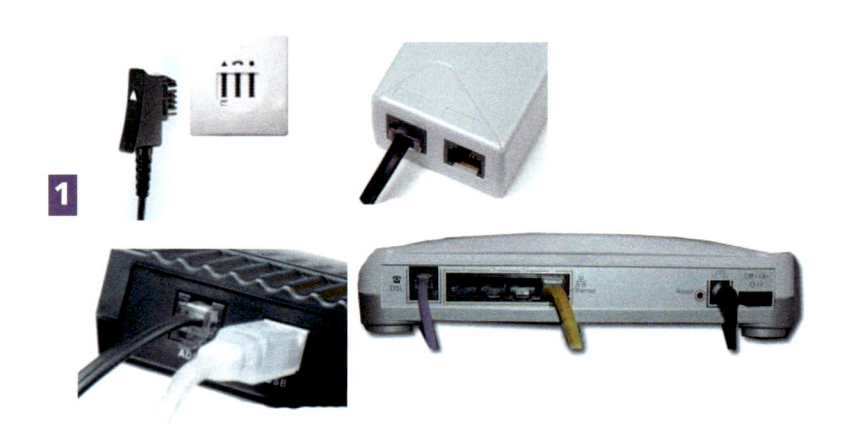

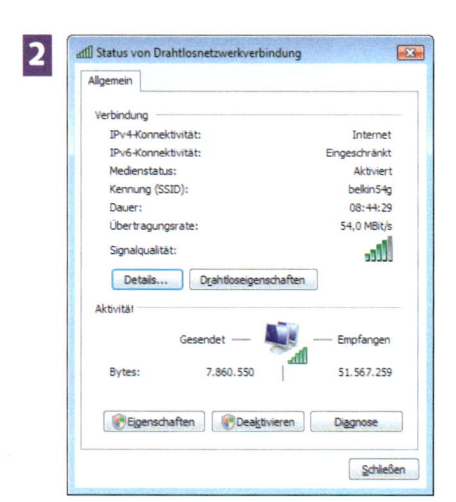

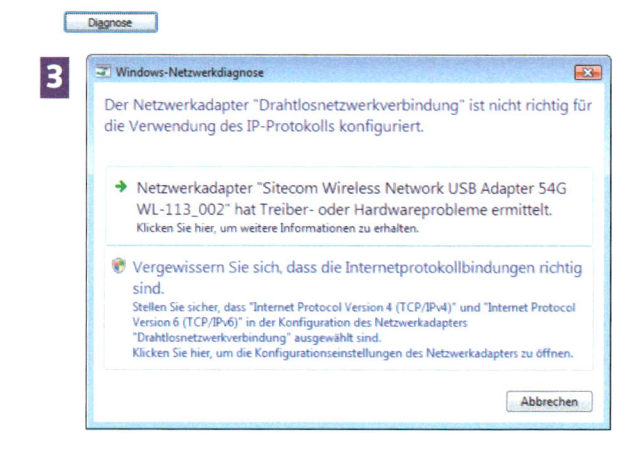

Start

1 Die erste und wichtigste Überprüfung: Sind alle Kabel angeschlossen und alle Verbindungen intakt? Starten Sie Ihren Computer neu.

2 Überprüfen Sie den Status der Verbindung im Netzwerk- und Freigabecenter und ob IP-Pakete empfangen und gesendet wurden.

3 Die Diagnose zeigt erkennbare Verbindungsfehler und macht Lösungsvorschläge.

Sie haben alles richtig gemacht und trotzdem kommt keine Online-Verbindung zustande? Überprüfen Sie noch einmal die Hardware und die eingerichtete Verbindung, nutzen Sie dazu auch die Werkzeuge der Profis im Command-Fenster.

WISSEN

2 So gehen Sie online

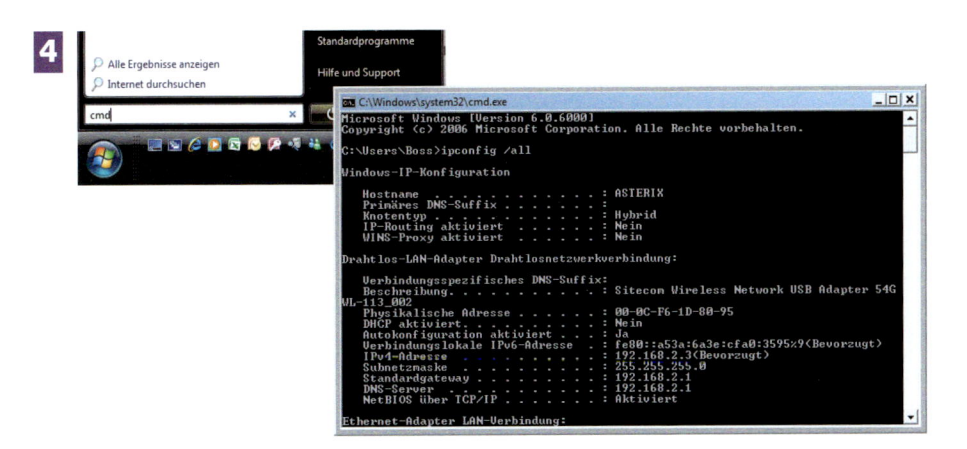

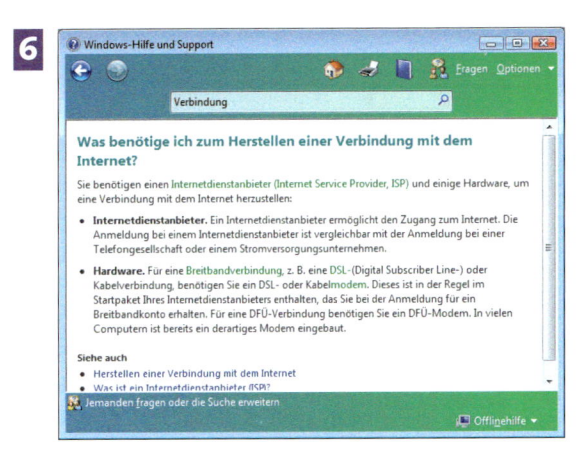

4 Mit dem Command-Befehl IPCONFIG können Sie IP-Konfigurationen testen. Geben Sie *ipconfig /all* ein, sehen Sie alle verfügbaren IP-Adressen.

5 Ein weiterer Command-Befehl ist *PING*. Damit testen Sie, ob die Verbindung zu einer IP-Adresse verfügbar ist.

6 Im Hilfe- und Supportcenter von Windows Vista finden Sie Lösungen für Verbindungsprobleme.

TIPP
Achten Sie auch auf das Symbol im Systembereich rechts unten in der Taskleiste. Ein Doppelklick darauf aktiviert die Statusanzeige.

HINWEIS
Das Command-Fenster wird mit der Eingabe *cmd* in das Feld *Start/Ausführen* gestartet.

HINWEIS
Wenn die LED-Anzeigen am Router nicht mehr blinken, stecken Sie ihn kurz aus und wieder ein. Damit wird er neu „gebootet".

3

Der Internet Explorer

44 Internetbrowser starten und einrichten

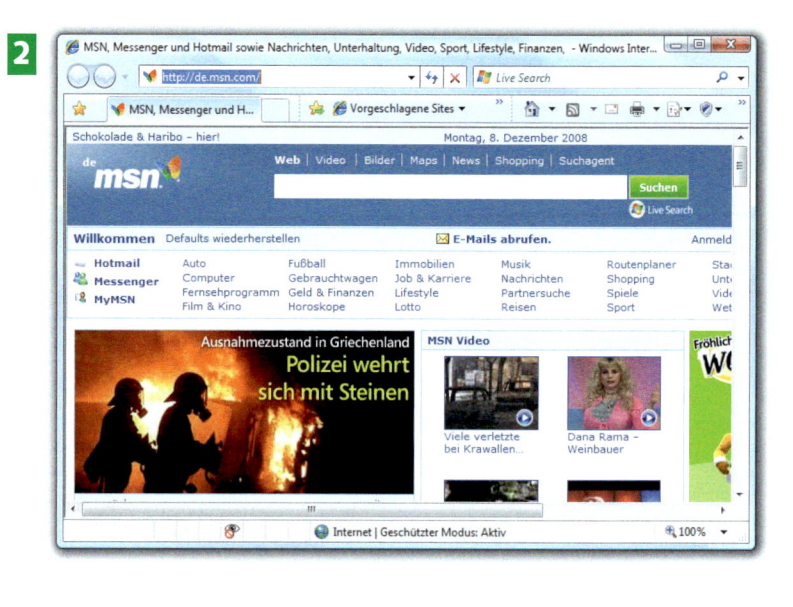

1 Das Startsymbol für den Internet Explorer finden Sie im Windows-Startmenü oder auf dem Desktop.

2 Ein Klick auf das Symbol und der Internet Explorer startet in einem neuen Programmfenster.

3 Klicken Sie auf einen angebotenen „Link" oder geben Sie die gewünschte Internetadresse in die Adresszeile ein.

WISSEN

Der Browser (von engl. to browse = blättern) „Internet Explorer" ist Ihr Standardwerkzeug zur Anzeige von Internetseiten. Er gehört zum Lieferumfang von Windows und wird mit dem Betriebssystem installiert. Mit dem Browser holen Sie Webseiten, Videos, Musik und vieles mehr aus dem Internet auf Ihren Bildschirm.

3 Der Internet Explorer 45

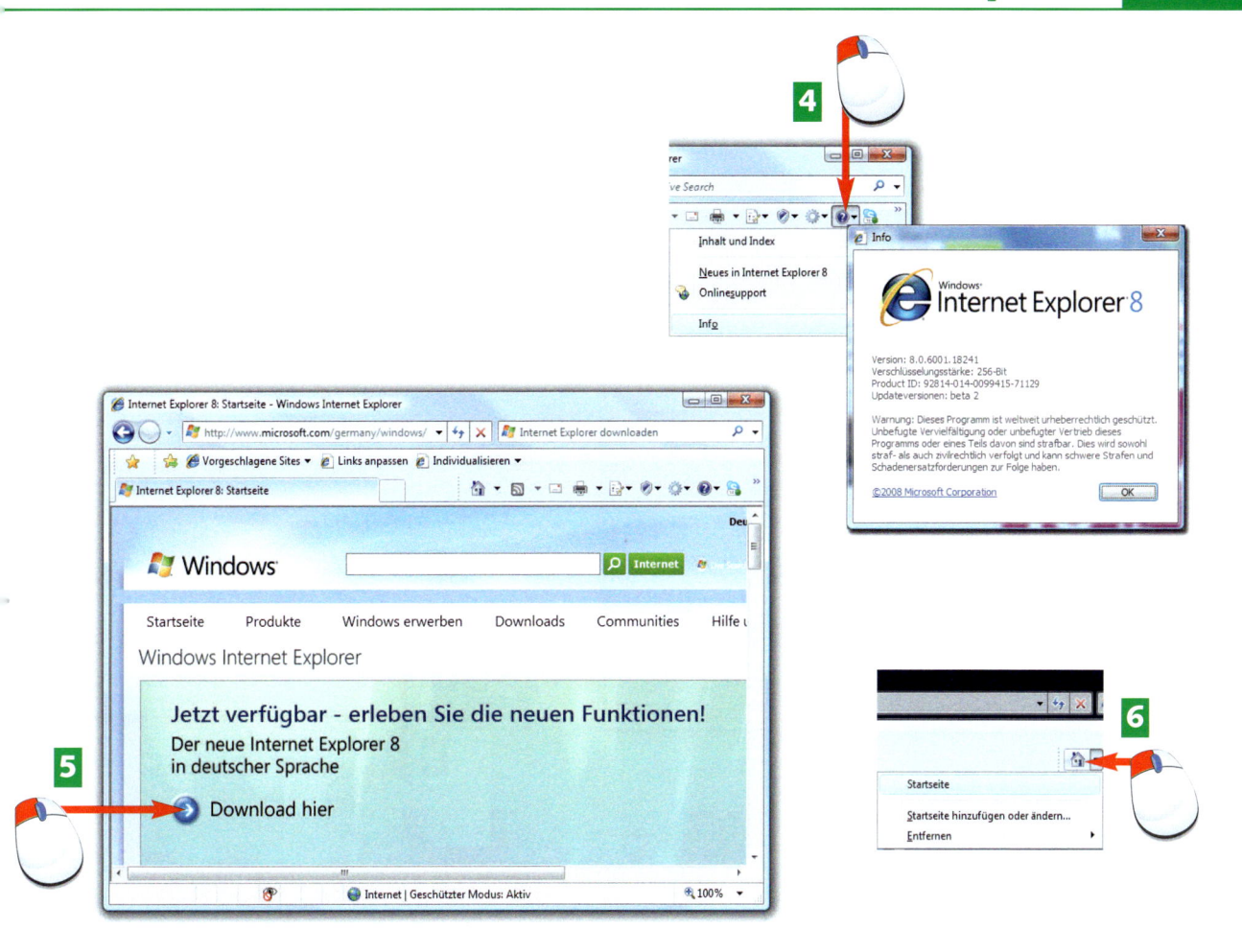

4 Überprüfen Sie gleich, ob Sie mit der neuesten Version arbeiten. Klicken Sie dazu rechts oben auf das Fragezeichensymbol und wählen Sie *Info*.

5 Wenn Sie noch eine ältere Version einsetzen, holen Sie sich den neuesten Internet Explorer per Download kostenlos von der Microsoft-Internetseite.

6 Klicken Sie auf das Home-Symbol, um zur Startseite zurückzukehren.

Ende

TIPP

Schalten Sie *Windows Update* (im Startmenü) ein, damit Sie immer automatisch die neuesten Browserversionen und weitere wichtige Updates bekommen.

HINWEIS

Der Browser aktiviert über die Online-Verbindung eine Webseite und lädt von dieser alle Texte und Bilder als temporäre Dateien auf Ihren Computer.

HINWEIS

Alternative Browser zum Internet Explorer, ebenso kostenlos im Internet verfügbar:
Mozilla Firefox (www.firefox.de)
Apple Safari (www.apple.de)
Opera (www.opera.de)
Google Chrome (www.google.de)

46 Startseite(n) einrichten

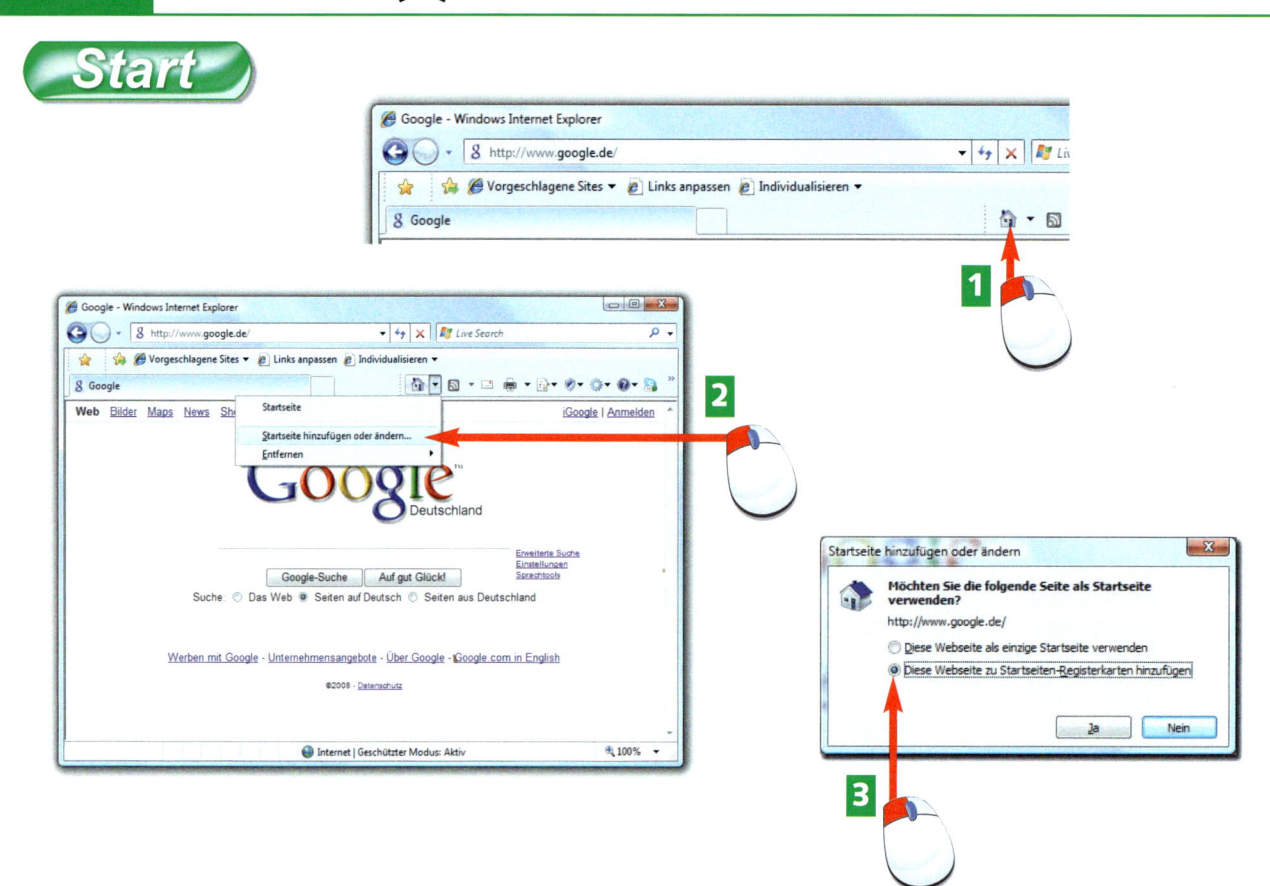

Start

1. Wird der Internet Explorer gestartet, erscheint automatisch die voreingestellte Startseite. Die Adresse wird im Adressfeld angezeigt, ein Klick auf das Symbol mit dem Haus aktiviert sie ebenfalls.

2. Um eine gewählte Seite (hier www.google.de) zur Startseite zu erklären, öffnen Sie die Liste unter dem Home-Symbol und wählen *Startseite hinzufügen oder ändern*.

3. Markieren Sie die zweite Option und bestätigen Sie mit einem Klick auf *Ja*.

Richten Sie gleich Ihre Lieblingsseite als Startseite ein und holen Sie sich weitere Seiten auf zusätzliche Registerkarten. Startseiten werden automatisch geladen, wenn Sie den Internet Explorer öffnen.

WISSEN

3 Der Internet Explorer 47

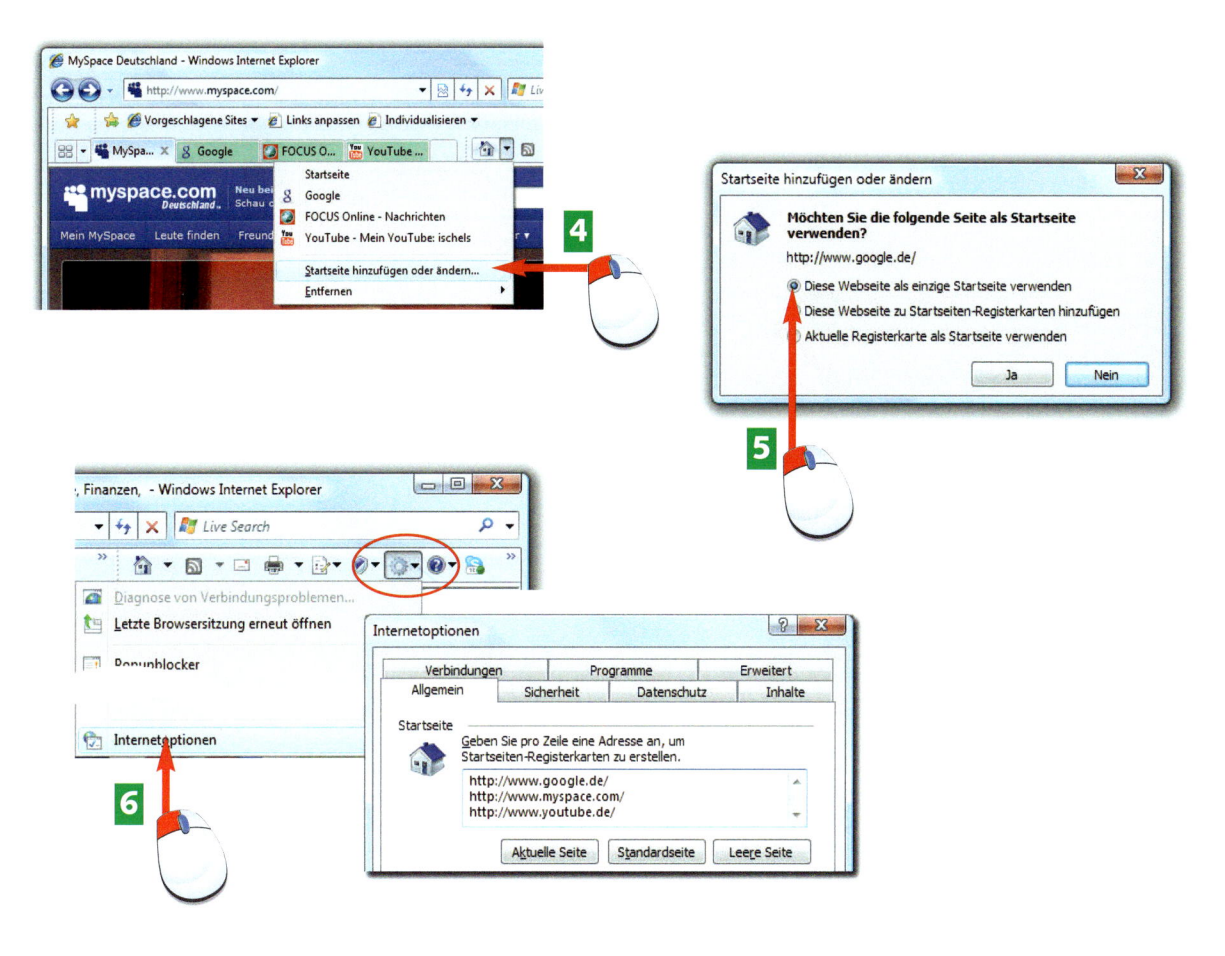

4 Richten Sie weitere Startseiten ein, werden diese in zusätzlichen Registerkarten angeboten. Klicken Sie auf *Entfernen*, um einzelne Startseiten zu löschen.

5 Wenn Sie nur eine Startseite sehen wollen, markieren Sie nach *Startseite hinzufügen oder ändern* die erste Option.

6 In den *Internetoptionen* finden Sie ebenfalls die Möglichkeit, Startseiten einzurichten und zu verwalten.

Ende

TIPP

Leere Seiten sind auch als Startseiten möglich. Geben Sie in die Adresszeile ein: *about:blank*

HINWEIS

Die Reihenfolge der Startseiten legen Sie in den Internetoptionen fest.

HINWEIS

Google ist die bekannteste und schnellste Suchmaschine im Internet (siehe Kapitel 8) und auch eine der häufigsten Startseiten.

48 Register

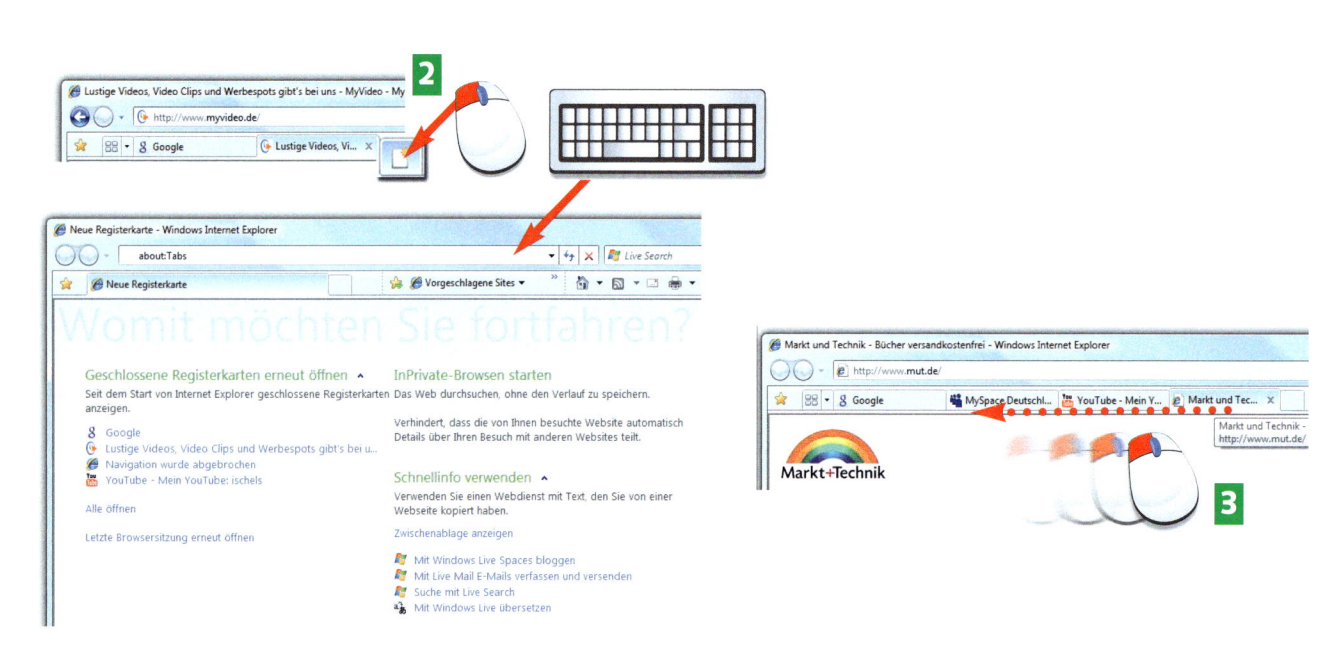

1 Geben Sie eine Adresse in die Adresszeile ein und drücken Sie die Eingabetaste, erscheint eine Seite auf der aktiven Registerkarte.

2 Klicken Sie auf das kleine Register rechts außen, erhalten Sie eine neue, leere Registerkarte. Geben Sie für diese eine Adresse in die Adresszeile ein.

3 Zeigen Sie auf ein Register, meldet die Quick-Info, wo die Seite herkommt. Sie können Register einfach durch Ziehen mit gedrückter Maustaste nach links oder rechts verschieben.

Ab der Version 7.0 bietet der Internet Explorer mehrere Registerkarten an, so dass Sie beim Stöbern im Internet nicht für jede Seite ein eigenes Fenster öffnen müssen. Holen Sie sich einfach ein weiteres Register, wenn Sie eine neue Seite sehen wollen.

WISSEN

3 Der Internet Explorer 49

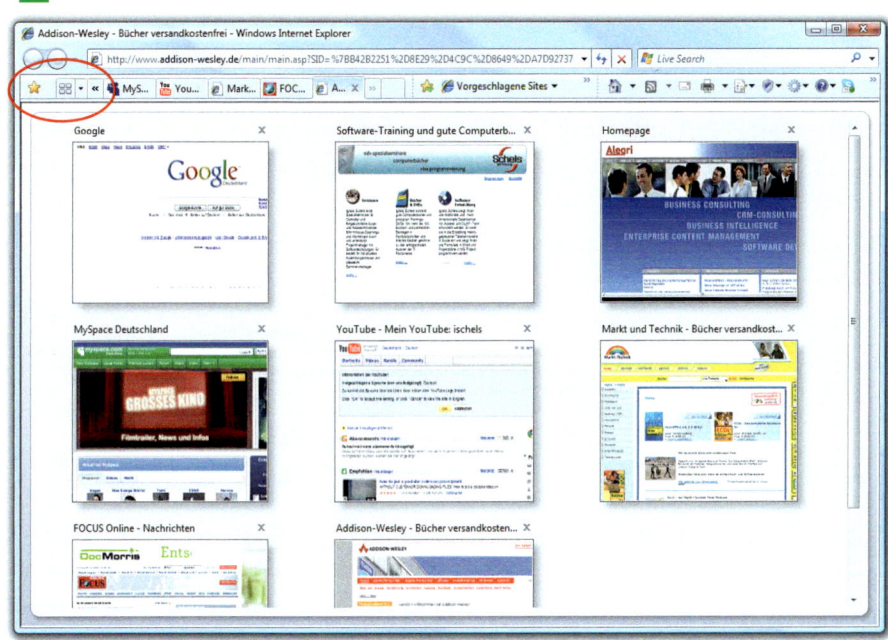

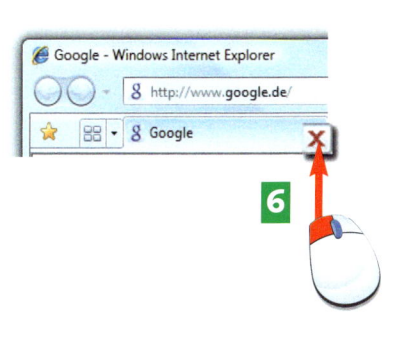

4 Klicken Sie auf das Pfeilsymbol links von der ersten Registerkarte, werden alle aktiven Register in einer Liste angeboten.

5 Mit dem Vorschausymbol erhalten Sie Minivorschaubilder für alle Seiten. Klicken Sie die Seite an, auf die Sie wechseln wollen.

6 Mit dem Löschsymbol entfernen Sie ein Register aus dem Browserfenster.

Ende

TIPP	TIPP	HINWEIS
Tastenkombinationen für Registerkarten: Neues Register: [Strg]+[T] Register löschen: [Strg]+[W] Mit [Strg]+[N] öffnen Sie ein neues Fenster für das aktive Register.	Wenn Sie eine leere Registerkarte öffnen, finden Sie in der linken Spalte alle seit dem Start geschlossenen Webseiten, die sich mit einem Klick wieder aktivieren lassen.	Die letzte Registerkarte kann nicht gelöscht werden, es muss immer mindestens eine Registerkarte im Browserfenster stehen.

50 Adressen und Links

Start

eine Seite zurück | eine Seite nach vorne

1

Leere Seite - Windows Internet Explorer

about:blank
- about:blank
- http://www.alegri.de/
- http://www.schels.de/
- http://www.addison-wesley.de/
- http://www.focus.de/

Vorschlag
MSN, Messenger und Hotmail sowie Nachrichten...   Umschalt + Eingabe
Verlauf
FOCUS Online - Nachrichten
Favoriten

Linkliste

2

Vorgeschlagene Sites

Die beliebtesten 5 Websites, die Ähnlichkeit haben mit

FOCUS Online - Nachrichten

- Aktuelle Nachrichten - Bild.de
- SPIEGEL ONLINE - Nachrichten
- Nachrichten aus Politik, Kultur, Wirtschaft...
- stern.de
- Die Welt

Weitere Vorschläge anzeigen

https://ieonline.micr... Security Report - ...

Kompatibilitätsmodus

3 golf.de - Windows Internet Explorer

http://www.golf.de/

Seite aktualisieren | Übertragung abbrechen

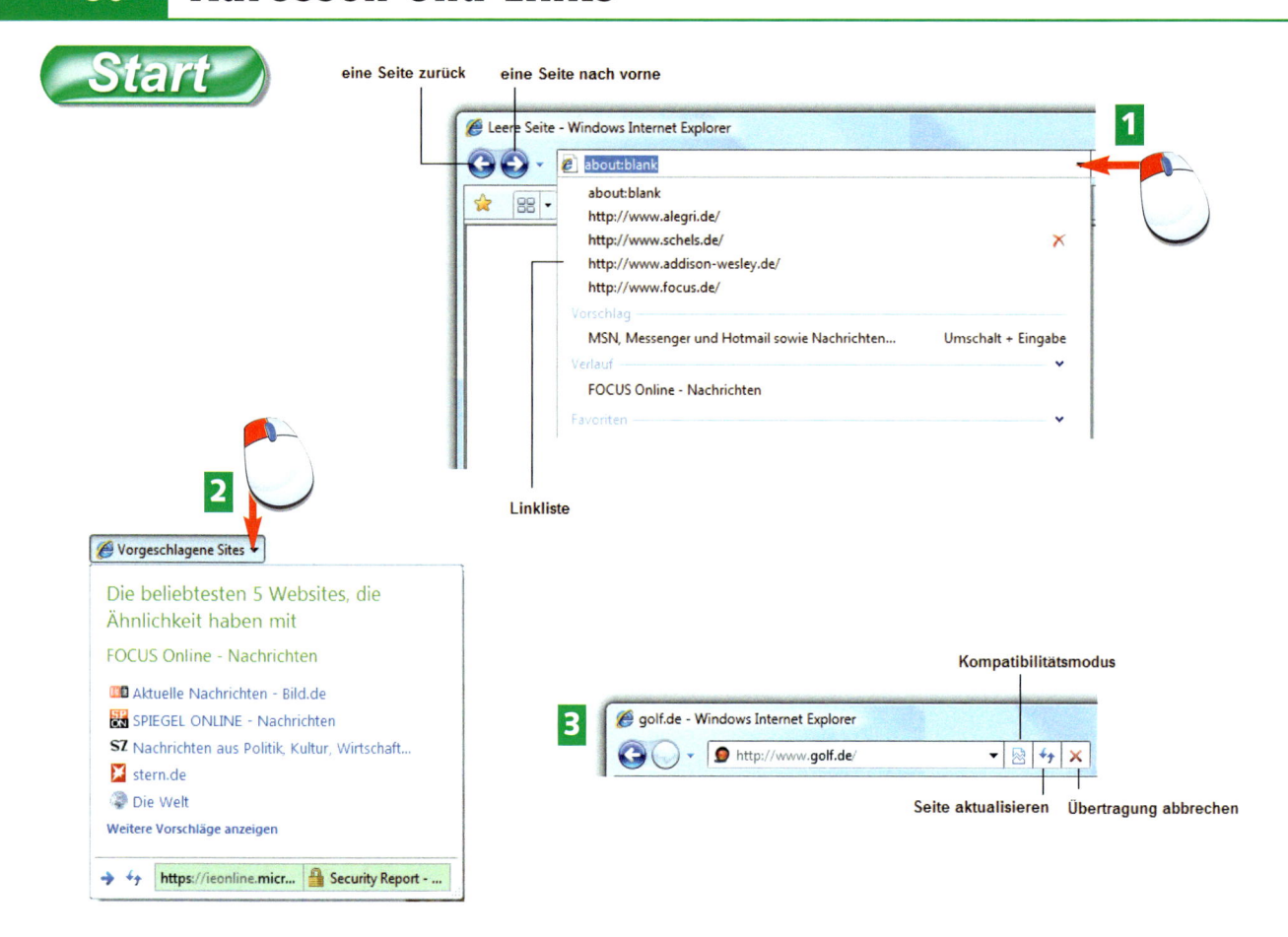

1 Öffnen Sie die Liste der bereits besuchten Webseiten. Mit den Pfeilsymbolen blättern Sie einzelne Seiten zurück oder nach vorne.

2 Unter *Vorgeschlagene Sites* finden Sie eine Liste von Weblinks, die zu der aktuellen Auswahl passen.

3 *Aktualisieren* startet die Übertragung der aktuellen Seite noch einmal und mit dem *Stopp*-Symbol brechen Sie eine Übertragung ab. Die Kompatibilitätsansicht ist für Seiten, die nicht mit dem Internet Explorer 8 kompatibel sind.

Die Adresszeile ist das Tor zur Welt, hier geben Sie die URL ein oder holen bereits getippte Adressen aus der Linkliste. *Vorgeschlagene Sites* sind Seiten, die andere Benutzer zusätzlich zur aktuellen Seite interessiert hatten.

WISSEN

3 Der Internet Explorer 51

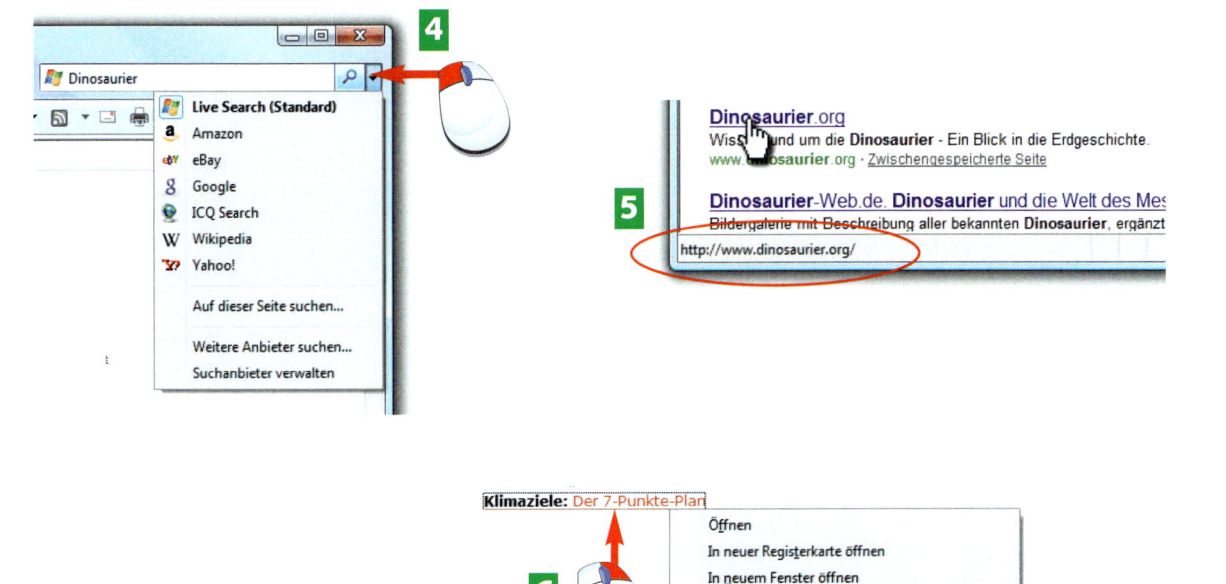

4 Nutzen Sie das Suchfeld rechts oben, um im Internet oder auf der aktuellen Seite nach Begriffen zu suchen. In der Liste finden Sie Anbieter von Suchdiensten.

5 Zeigen Sie auf einen angebotenen Link, wird die Adresse links unten in der Statuszeile angezeigt.

6 Mit der rechten Maustaste öffnen Sie das Kontextmenü des Links. Hier finden Sie die wichtigsten Aktionen zu dieser Verknüpfung.

TIPP

Drücken Sie vor dem Klick auf einen Link die ⇧-Taste, wird die Seite in einem neuen Fenster aufgebaut. Mit Strg erhalten Sie die Seite in einem neuen Register.

HINWEIS

Benutzen Sie das Aktualisieren-Symbol, um ältere Seiten neu einzulesen, da diese oft aus dem internen Speicher (Cache) geholt werden. Ist eine Seite nicht kompatibel zur neuesten Browserversion, klicken Sie auf das Kompatibilitätsmodus-Symbol.

FACHWORT

URL: Uniform Resource Locator. Die Adresse einer Webseite.
Link (Abkürzung von Hyperlink): Die Verknüpfung auf eine Webseite.

52 Adressen und Links

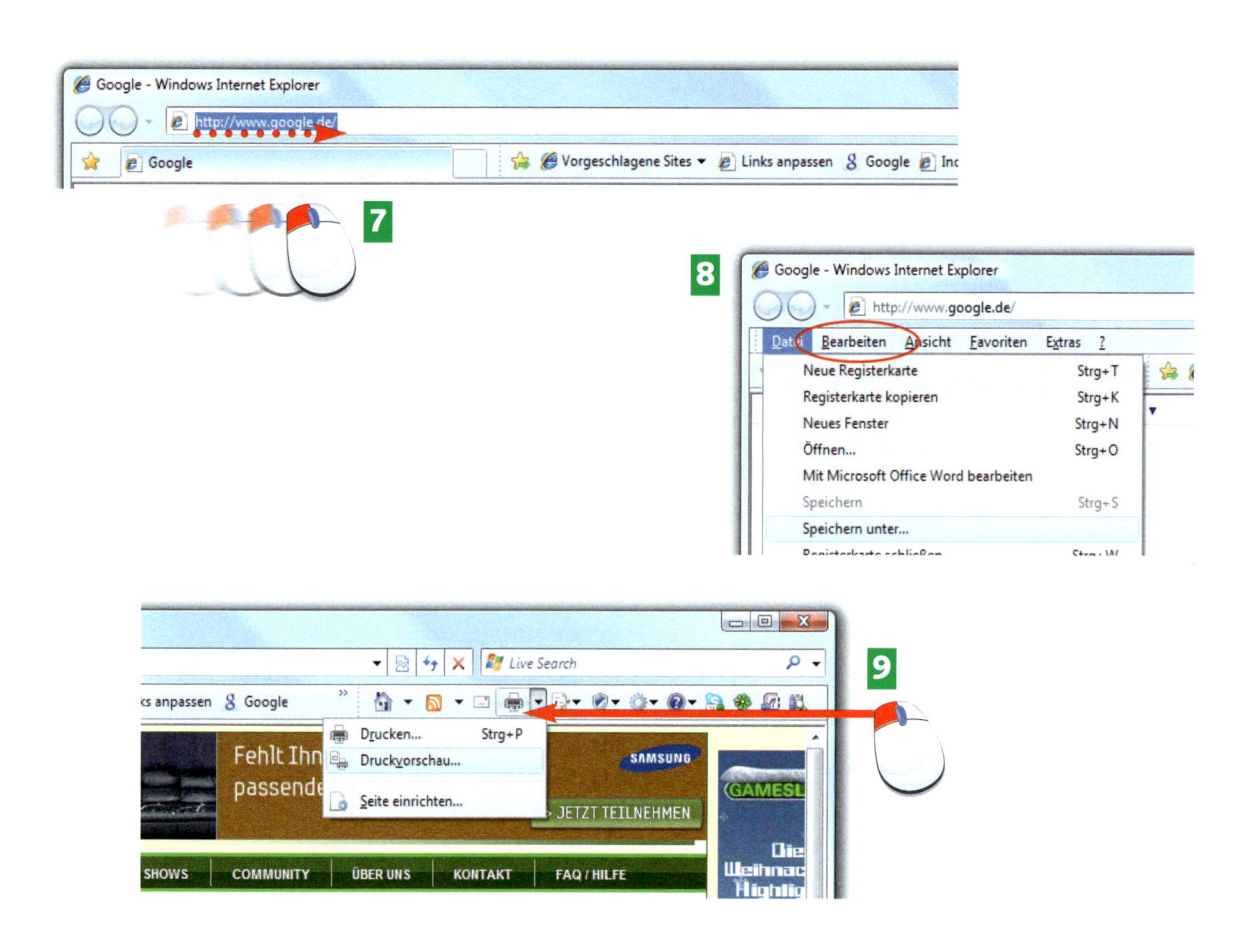

7 Um eine Adresse als Link in der Symbolleiste zu verankern, ziehen Sie diese mit gedrückter Maustaste auf die Links-Zeile.

8 Drücken Sie die [Alt]-Taste, wird die Menüzeile eingeblendet. Hier finden Sie die Befehle zum Kopieren, Bearbeiten und Speichern von Webseiten.

9 In der Befehlsleiste finden Sie den Druckbefehl. Sehen Sie sich die Druckvorschau an, bevor Sie eine Seite zum Drucker schicken.

Legen Sie Ihre Lieblings-Links in der Links-Zeile ab und speichern Sie interessante Webseiten als Dateien. Einzelne Bilder oder Textpassagen markieren Sie einfach und kopieren sie mit [Strg]+[C] in die Zwischenablage.

WISSEN

3 Der Internet Explorer 53

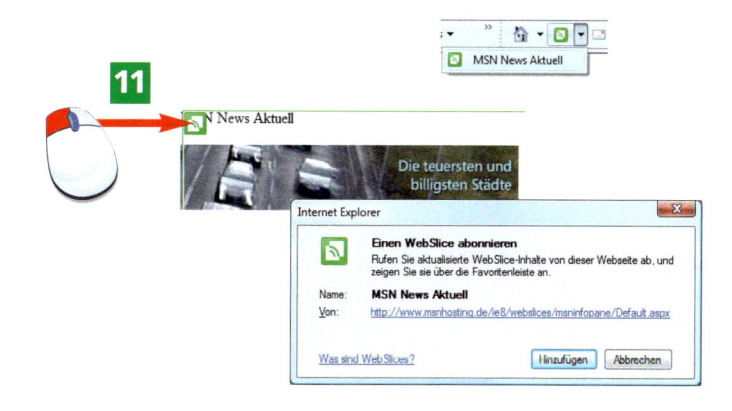

10 Markieren Sie eine Textstelle auf einer Webseite, erscheint das Schnellinfo-Symbol. Ein Klick darauf und Sie erhalten eine Liste mit Zusatzdiensten (u.a. Google-Maps).

11 Klicken Sie auf ein grünes WebSlice-Symbol, um den darunter angebotenen WebSlice zu abonnieren.

12 Viele Webseiten bieten RSS-Feeds für ihre Inhalte an. Abonnieren Sie diese, werden Sie automatisch benachrichtigt, wenn die Seite erneuert wird.

Ende

HINWEIS
Mit Schnellinfos können Sie z.B. markierte Textstellen übersetzen oder als Suchbegriff an Google übergeben. Auf dieser Webseite finden Sie eine Übersicht: *www.ieaddons.com/de/accelerators*

TIPP
WebSlices sind dynamische Verknüpfungen auf Teile einer Webseite. Nutzen Sie sie, um eBay-Auktionen, Börsenkurse oder Nachrichten zu abonnieren.

HINWEIS
Abonnierte RSS-Feeds werden automatisch in den Favoritenordner gelegt und können auch mit dem Mail-Programm oder mit RSS-Readern gelesen werden (siehe Kapitel 5).

54 Favoriten

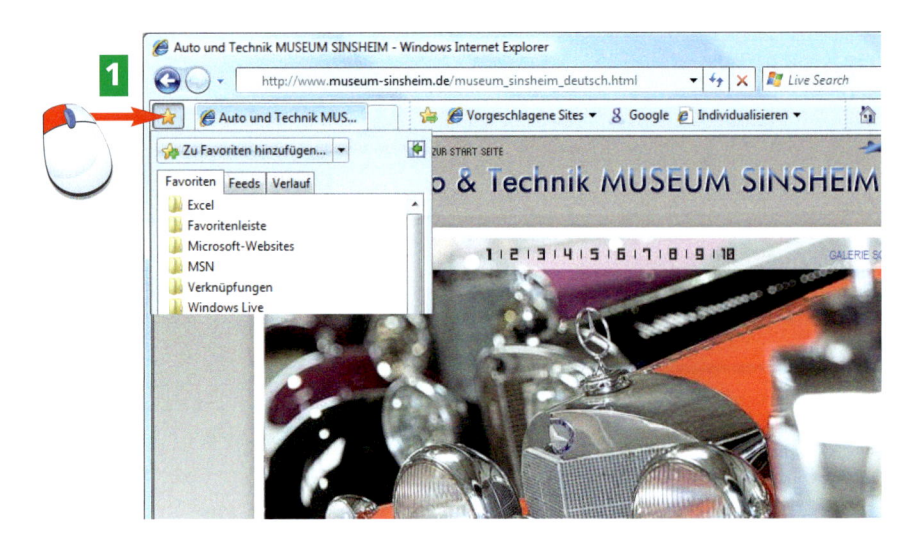

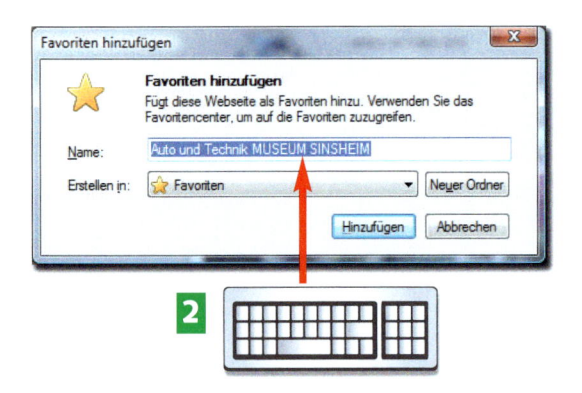

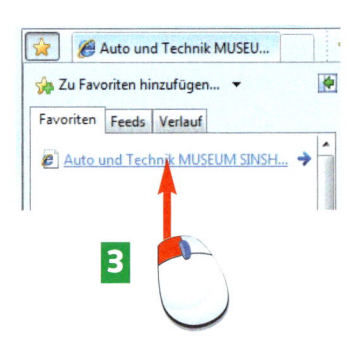

Start

1. Um die aktive Seite in die Favoritenliste aufzunehmen, klicken Sie auf das Favoriten-Symbol und wählen *Zu Favoriten hinzufügen*.

2. Übernehmen Sie den vorgeschlagenen Namen oder geben Sie einen neuen Namen für den Eintrag ein. Klicken Sie auf *Hinzufügen*.

3. Der Eintrag steht anschließend in der Favoritenliste, klicken Sie auf das Symbol, um die verknüpfte Seite zu öffnen.

WISSEN

Wichtige, nützliche und interessante Internetseiten sollten Sie als Favoriten abspeichern. Legen Sie sich gleich eine passende Ordnerstruktur zurecht und archivieren Sie besuchte Webseiten. So sparen Sie Zeit beim Surfen im Internet.

3 Der Internet Explorer   55

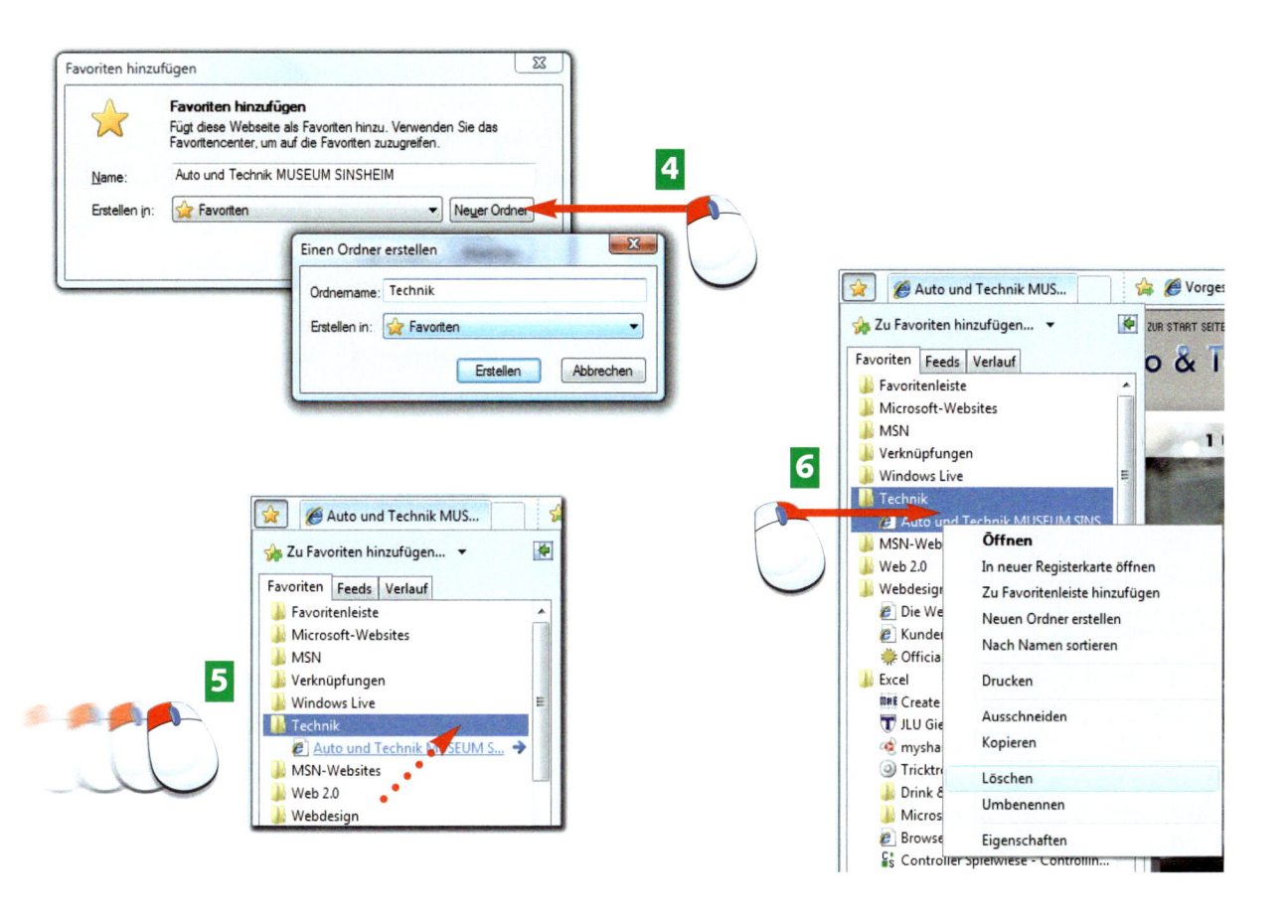

4 Mit einem Klick auf *Neuer Ordner* erstellen Sie einen neuen Favoritenordner. Geben Sie einen beliebigen Ordnernamen ein.

5 Den Eintrag können Sie gleich in diesem Ordner abspeichern oder später einfach mit gedrückter Maustaste in der Favoritenliste verschieben.

6 Zum Umbenennen, Kopieren oder Löschen eines Favoriteneintrags klicken Sie diesen mit der rechten Maustaste an.

Ende

HINWEIS

Mit *Importieren und Exportieren* (Liste oben) speichern Sie Ihre Favoritenliste in einer Datei oder holen Favoriten aus anderen Browsern.

TIPP

Klicken Sie auf das grüne Pfeilsymbol rechts oben, wenn Sie das Favoritencenter permanent am Bildschirm angezeigt haben wollen.

HINWEIS

Das Favoritencenter bietet noch zwei Registerkarten an: Unter *Feeds* sehen Sie alle abonnierten RSS-Feeds und im *Verlauf* sehen Sie, welche Seiten bereits aufgerufen wurden.

56 Allgemeine Einstellungen

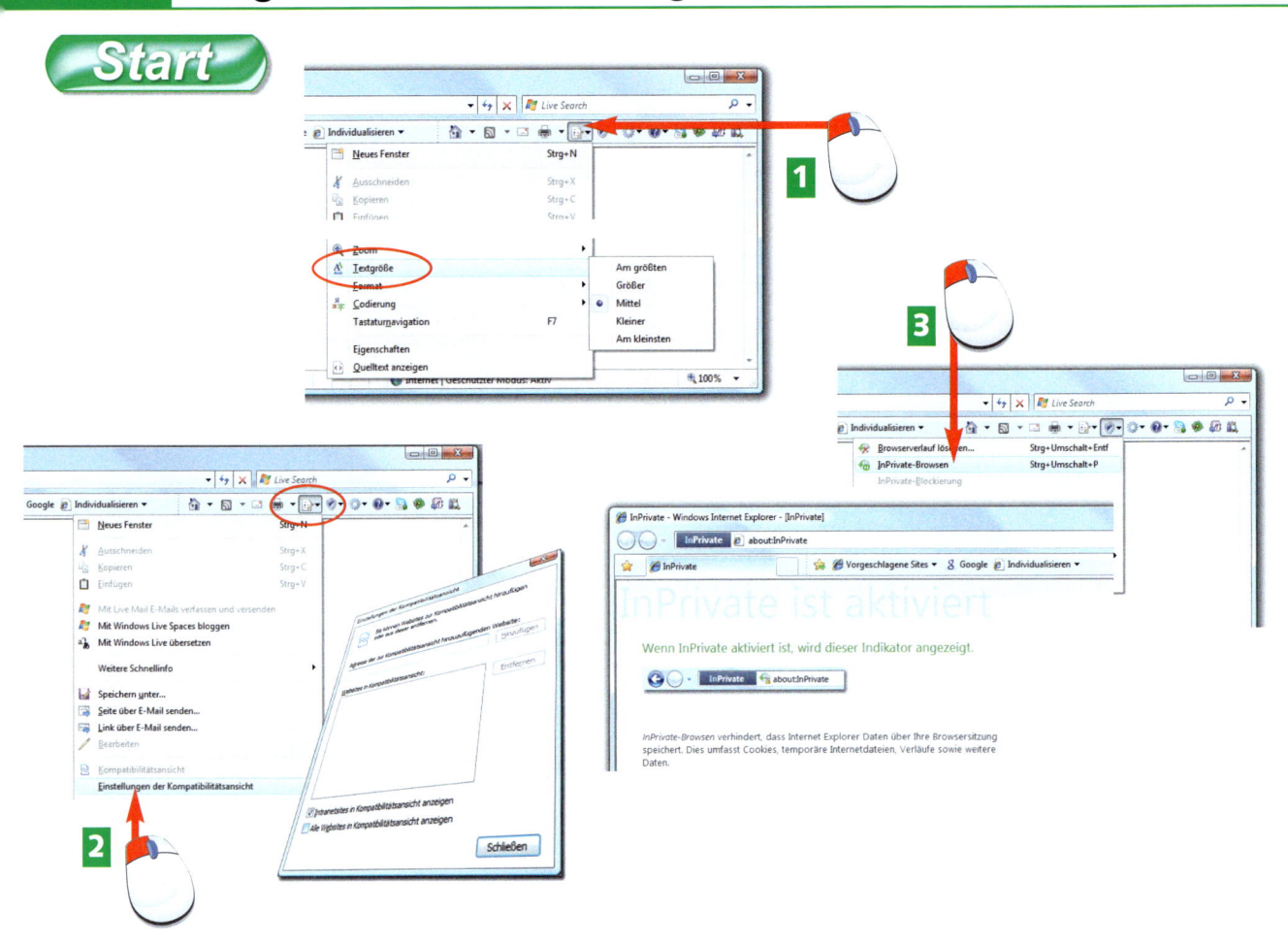

Start

1 Stellen Sie über das Seite-Symbol in der Befehlsleiste die Textgröße ein und ändern Sie diese, wenn die Schrift zu groß oder zu klein ist.

2 Die Kompatibilitätsansicht stellt sicher, dass auch Seiten angezeigt werden, die nicht für die Version 8 erstellt wurden.

3 Klicken Sie auf das *InPrivate*-Symbol und wählen Sie *Inprivate-Browsen*, um ohne Datenspeicherung sicher im Internet zu surfen.

Sehen Sie sich die Befehlsleiste an, sie bietet eine Menge Symbole für Einstellungen aller Art. Mit dem Seite-Symbol stellen Sie Seitengröße, Format und Text ein und InPrivate sorgt dafür, dass Ihre Daten geschützt sind und Sie sicher im weltweiten Netz surfen können.

WISSEN

3 Der Internet Explorer 57

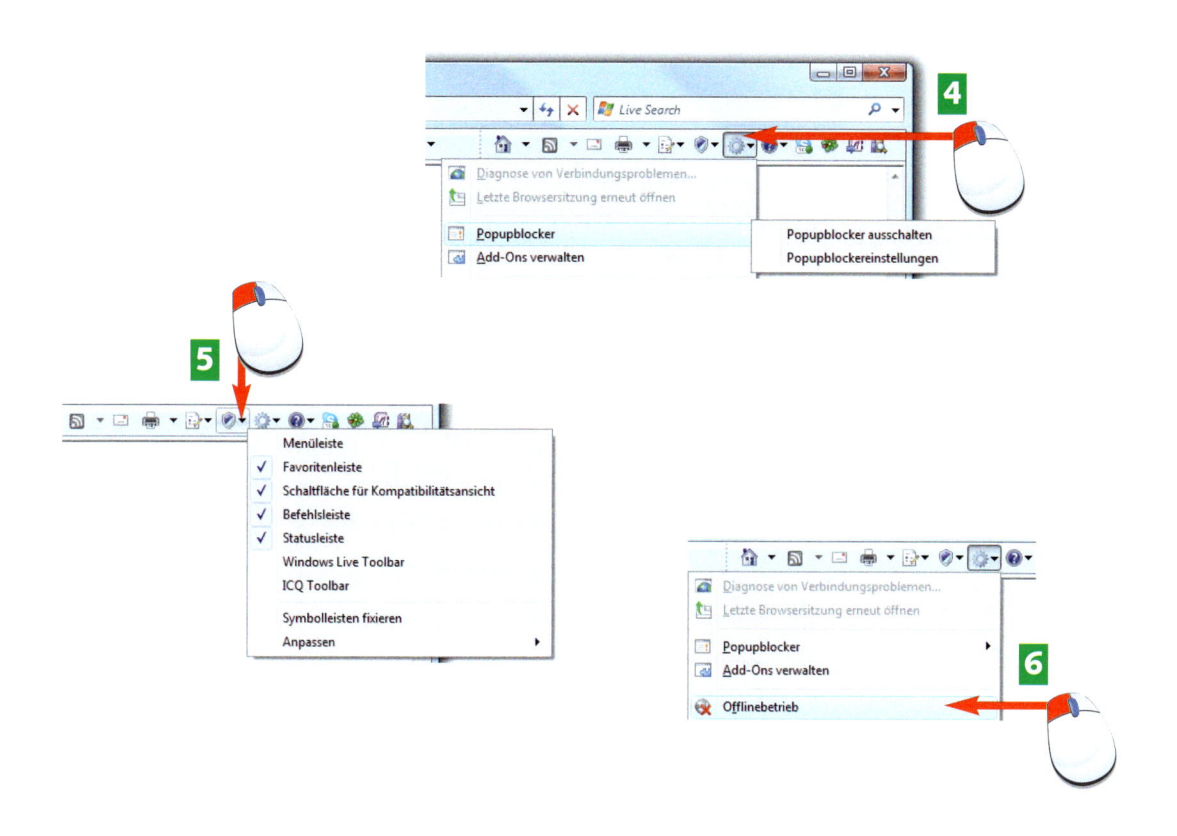

4 Klicken Sie auf das Symbol Extras und stellen Sie den Popupblocker ein, um unerwünschte Zusatzfenster zu unterbinden.

5 Ein Klick mit der rechten Maustaste auf die Symbolleiste blendet ein Kontextmenü mit allen Leisten ein. Wählen Sie die Symbolleisten, die Sie auf dem Bildschirm sehen wollen.

6 Im Offline-Betrieb ist die Verbindung zum Internet unterbrochen. Klicken Sie das Symbol an, um den Browser wieder online zu schalten.

Ende

So zoomen Sie die angezeigte Seite am schnellsten: Halten Sie die [Strg]-Taste gedrückt und drehen Sie das Mausrad nach vorne oder nach hinten.

Schnelle Tastenkombinationen:
Neues Register: [Strg]+[T]
Seite speichern: [Strg]+[S]
Seite schließen: [Strg]+[W]
Seite drucken: [Alt]+[P]
Vollbild: [F11]

Wenn Sie weitere Informationen oder Hilfestellungen zum Internet Explorer brauchen, klicken Sie auf das Fragezeichensymbol und wählen *Inhalt und Index*.

TIPP **TIPP** **HINWEIS**

Internetoptionen

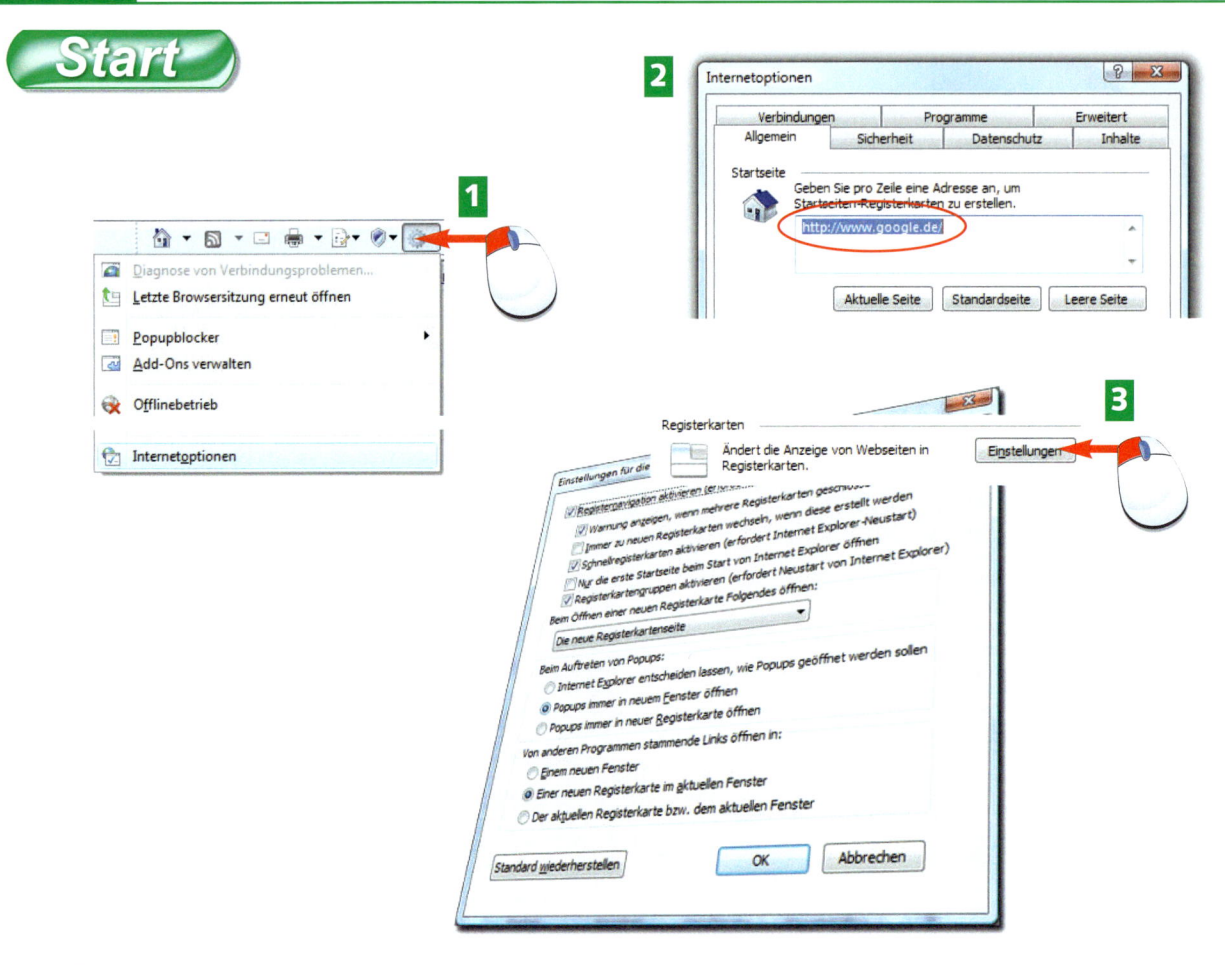

Start

1 Starten Sie die Internetoptionen über das Extras-Symbol in der Befehlszeile.

2 Auf der ersten Registerkarte *Allgemein* finden Sie die registrierten Startseiten. Sie können Links ändern, hinzufügen und löschen.

3 Klicken Sie unter *Registerkarten* auf *Einstellungen* und überprüfen Sie die zahlreichen Optionen zum Registerbrowsen.

Alle weiteren Einstellungen, die nicht auf Befehls- und Menüleisten Platz hatten, finden Sie in den Internetoptionen. Sehen Sie sich das Angebot an, ändern Sie aber nur, was Sie kennen. Rufen Sie die Windows-Hilfe auf, sie erklärt Ihnen alle Optionen.

WISSEN

3 Der Internet Explorer   59

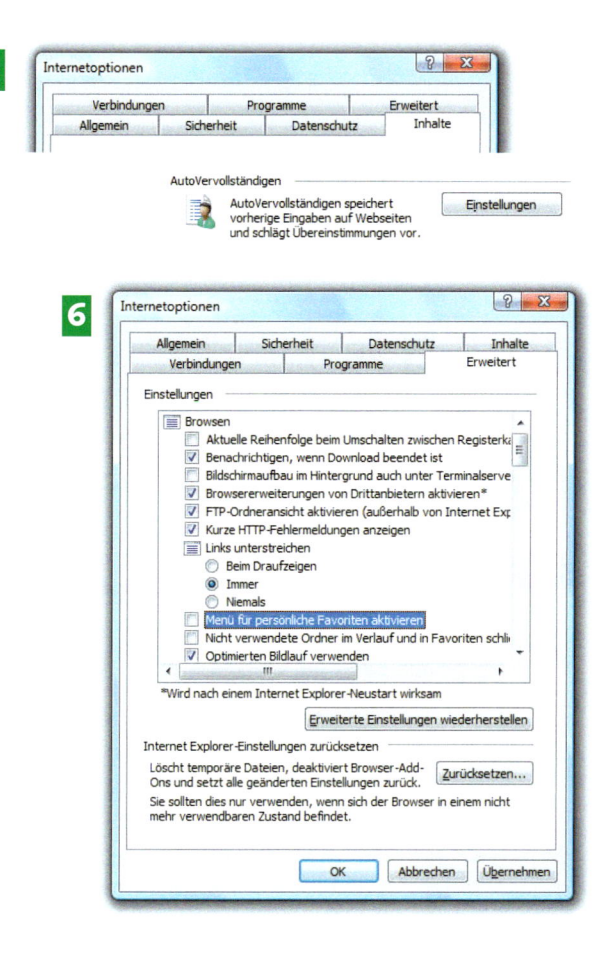

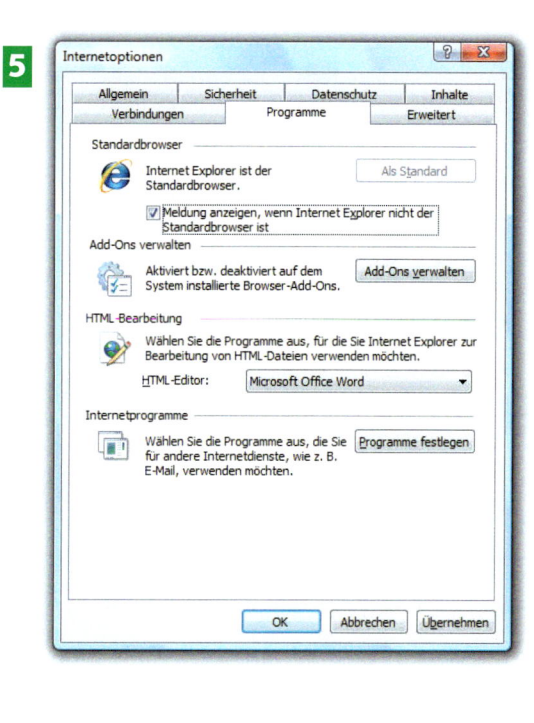

4 Schalten Sie unter *Inhalte* die AutoVervollständigen-Option ein, damit Sie bekannte Links sofort beim Eintippen der ersten Buchstaben angeboten bekommen.

5 Die Programme-Karte registriert den Internet Explorer bei Bedarf als Standardbrowser und hält fest, welche Programme als Editor oder Mailversender gelten.

6 Sehen Sie sich die Einstellungen auf der Registerkarte *Erweitert* an und ändern Sie diese, falls nötig. *Zurücksetzen* setzt alles in den Urzustand zurück.

Ende

TIPP

Mit der Funktionstaste F1 holen Sie die Windows-Hilfe.

FACHWORT

Add-Ons: Zusatzprogramme, die der Explorer braucht, um spezielle Inhalte wie Flash-Objekte oder PDFs anzuzeigen.

HINWEIS

Informationen über die Sicherheitseinstellungen lesen Sie im nächsten Kapitel.

Datenmüll entfernen

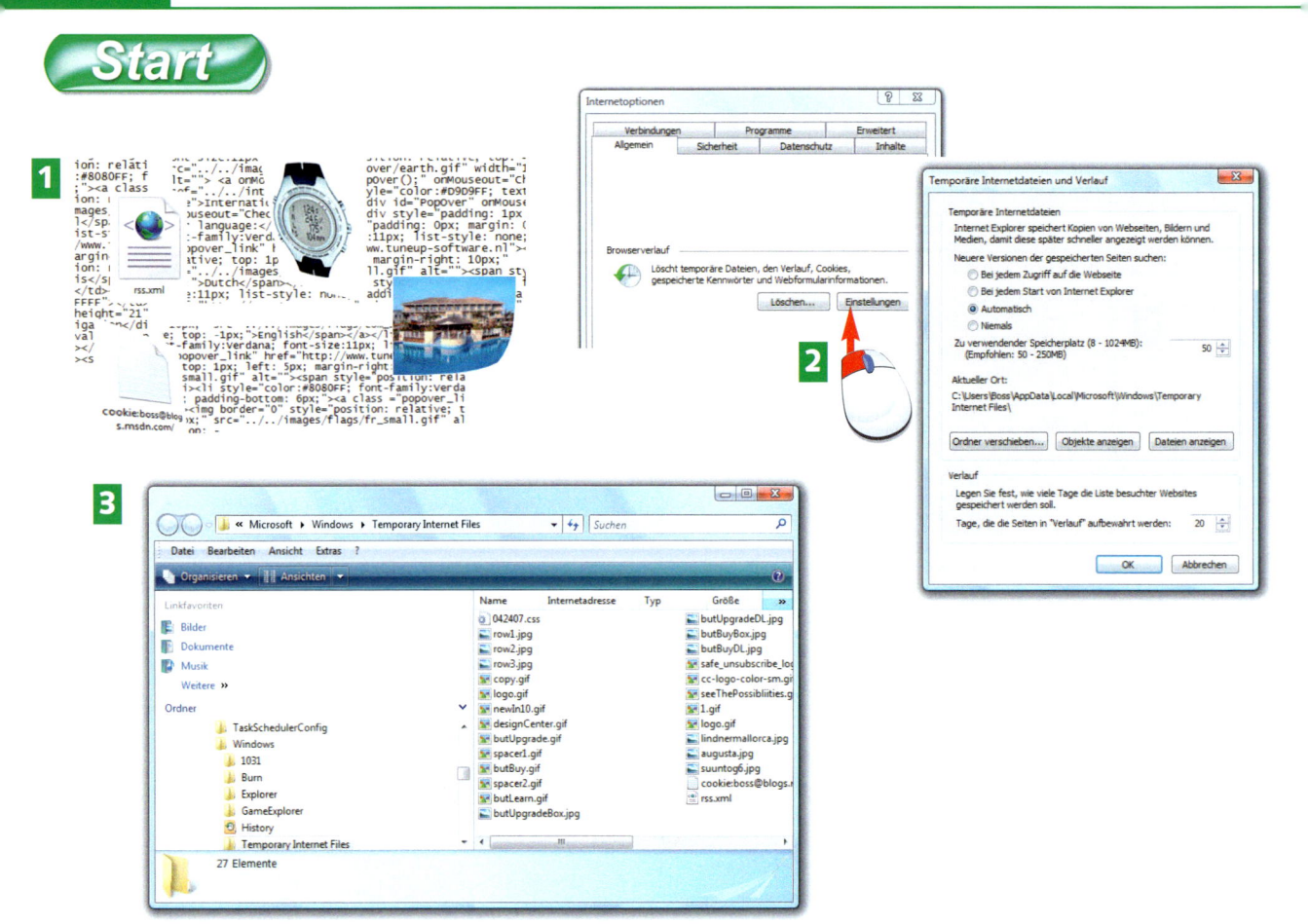

Start

1 Mit der Zeit sammelt sich auf Ihrem Rechner jede Menge Datenmüll aus Text, Bildern und anderen Internetobjekten an.

2 Wählen Sie *Extras/Internetoptionen* und sehen Sie sich unter *Browserverlauf/Einstellungen/Daten anzeigen* diese temporären Dateien an.

3 Die temporären Dateien werden in einem Ordner unter dem Windows-Ordner gespeichert.

Der Internet Explorer speichert Texte, Bilder und andere Objekte, die auf Internetseiten angeboten werden, als temporäre Dateien. Befreien Sie Ihr Computersystem ab und zu von diesem Datenmüll und löschen Sie auch Spuren, die beim Surfen hinterlassen werden.

WISSEN

3 Der Internet Explorer 61

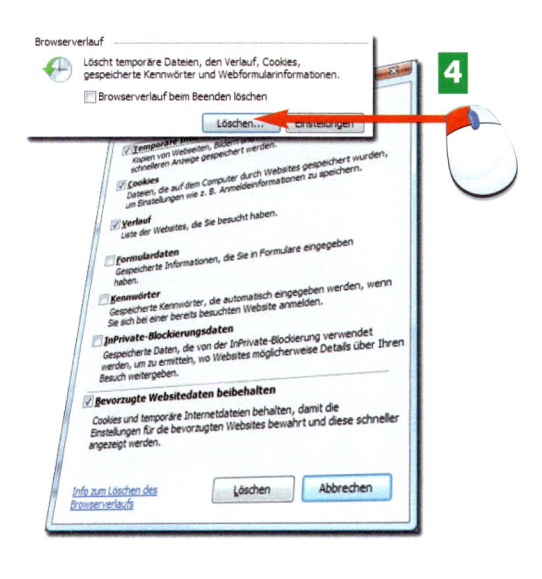

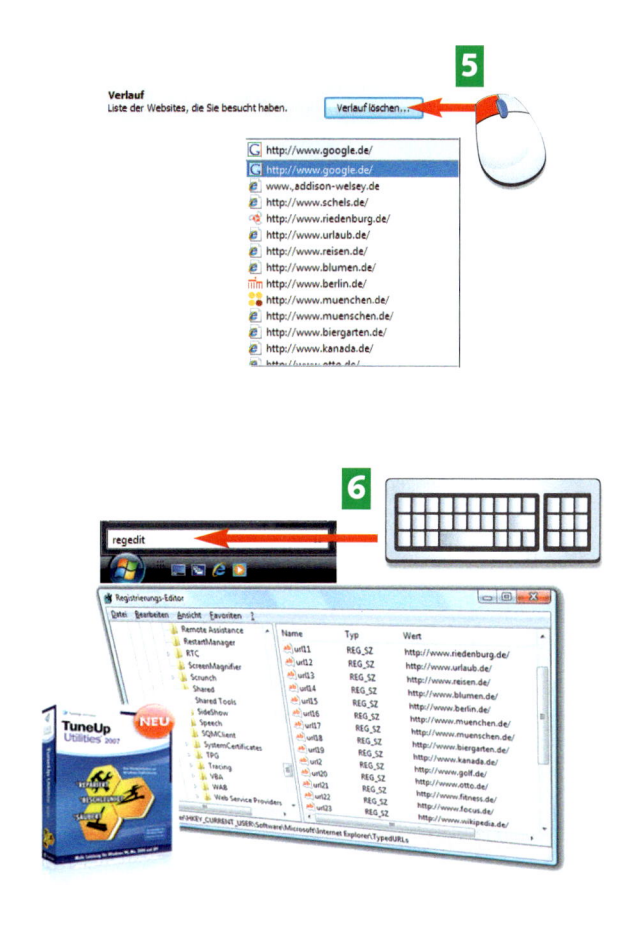

4 Klicken Sie auf *Löschen* und auf *Dateien löschen*, um alle temporären Dateien zu entfernen.

5 Auch für die Verlaufsliste mit den eingetippten Internetadressen gibt es eine Löschfunktion.

6 Die Windows-Datenbank *Registry* speichert vieles, was beim Surfen im Internet anfällt. Mit Programmen wie *TuneUp* oder *RegCleaner* entfernen Sie alle Spuren.

TIPP

Löschen Sie grundsätzlich alle temporären Dateien, wenn Sie an einem fremden Rechner, zum Beispiel im Internetcafé, mit persönlichen Daten (Mailbox, eigene Webseite) gearbeitet haben.

HINWEIS

Cookies sind harmlose „Kekse". Wie Sie diese und echte Sicherheitsrisiken ausschalten, lesen Sie im nächsten Kapitel.

FACHWORT

Registry: Windows-Datenbank, die Einstellungen über installierte Programme und benutzerspezifische Daten speichert.

4

Schutz und Sicherheit

64 Computerviren

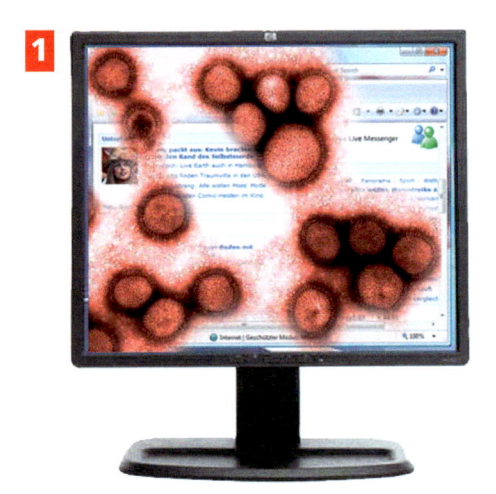

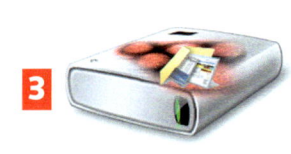

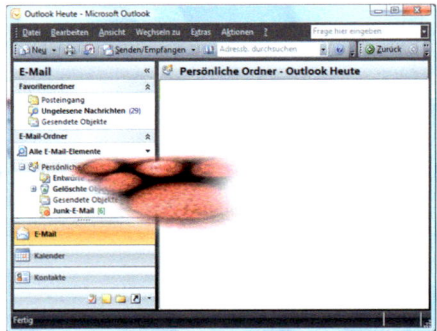

Start

1 Viren sind Computerprogramme, die sich wie ihre biologischen Vorbilder selbständig vermehren und verbreiten.

2 Das Virus ist Teil einer Datei, die aus dem Internet gedownloadet oder als Anhang einer E-Mail empfangen wurde.

3 Wird die Datei aktiviert, installiert sich das Virus auf der Festplatte. Je nach Virustyp zerstört es Daten, befällt Programme oder versendet Nachrichten.

Sicherheit ist im Internet oberstes Gebot, denn Viren, Würmer, Phishingmails und Hackerangriffe können großen Schaden anrichten. Leider tauchen auch immer wieder Sicherheitslücken in den Programmen auf.

WISSEN

4 Schutz und Sicherheit 65

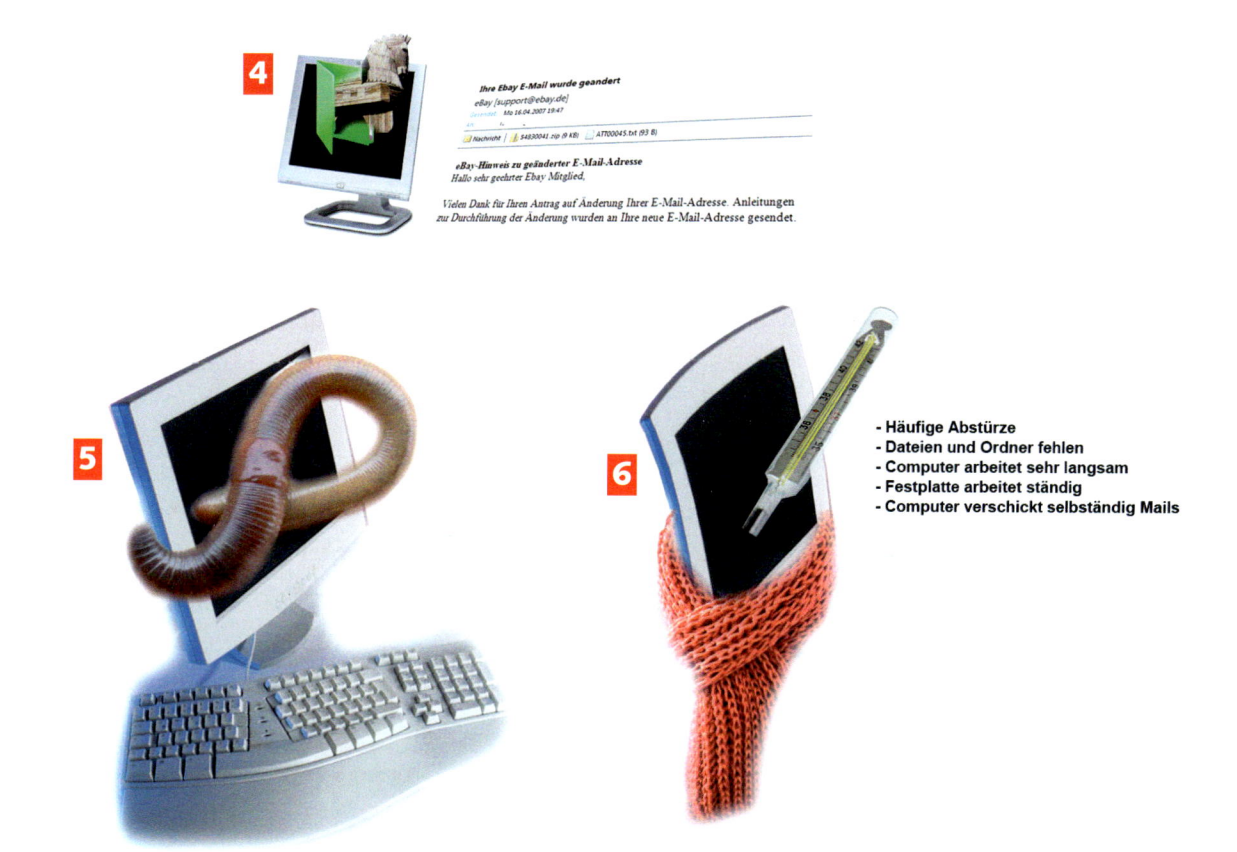

- Häufige Abstürze
- Dateien und Ordner fehlen
- Computer arbeitet sehr langsam
- Festplatte arbeitet ständig
- Computer verschickt selbständig Mails

4 Trojaner sind Viren, die sich unbemerkt installieren und regelmäßig persönliche Daten versenden. Phishingmails spähen Passwörter aus und senden diese per Mail.

5 Würmer infizieren ganze Netzwerke und legen diese lahm. Sie verbreiten sich wie Viren und Trojaner meist über E-Mail-Anhänge.

6 Es gibt sichere Anzeichen dafür, dass sich Ihr Computer mit einem Virus angesteckt hat.

Infos und Gegenmaßnahmen
zu Trojanern:
www.trojaner-info.de

Viren tarnen sich in E-Mails meist als Anhänge. Dateien mit diesen Endungen sind hochriskant:
EXE, COM, PIF, BAT, JS, SCR, VBS, WS, ZIP.
Häufig wird auch ein Link angeboten, der zur Installation eines Virus führt.

TIPP **HINWEIS**

66 Der perfekte Virenschutz

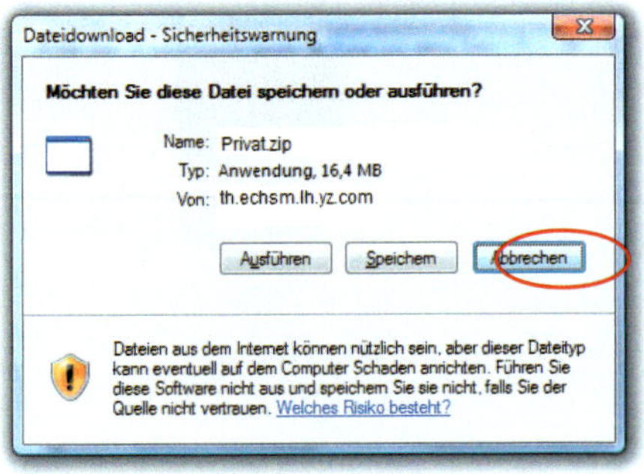

Start

1 Öffnen Sie niemals unbekannte Anhänge in E-Mails. Klicken Sie auch nicht auf Links, die im Mailtext angeboten werden.

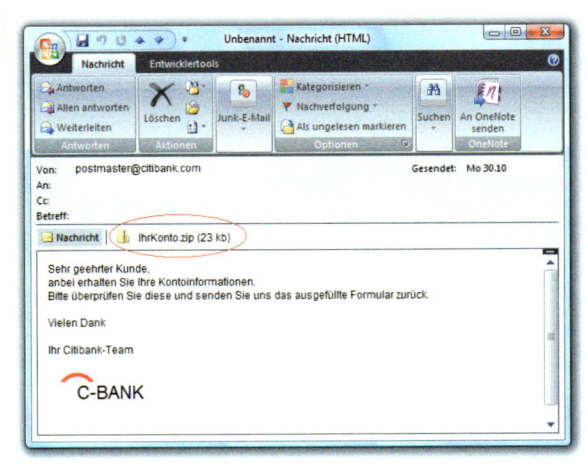

2 Laden Sie keine Dateien aus dem Internet, die Sie nicht kennen. Schon das Speichern der Datei kann eine Virusinfektion bedeuten.

3 Installieren Sie unter Windows ein Antivirenprogramm. Es schützt den Computer, prüft selbständig, ob Viren vorhanden sind, und vernichtet diese.

WISSEN

Einen perfekten Schutz vor Viren kann niemand garantieren, aber das Risiko, sich ein Virus einzufangen, können Sie weitgehend ausschalten. Die Investition in ein gutes Virenschutzprogramm sollte Ihnen Ihre Sicherheit wert sein.

4 Schutz und Sicherheit | 67

4 Hier finden Sie alle Informationen, kostenlose Testprogramme und Downloads: *www.virenschutz.info*.

5 Prüfen Sie mit einem Online-Virencheck, ob Ihr Computer ausreichend geschützt ist: *http://housecall.trendmicro.com/de*

6 Mit OneCare bietet Microsoft einen Rundumschutz für Windows-Rechner: *www.onecare.live.com*.

Ende

TIPP

Hier finden Sie Virenschutzprogramme:
www.norton.de
www.mcafee.com
www.sophos.de
www.t-online.de/sicherheitsprodukte

HINWEIS

Wird ein neues Virus entdeckt, aktualisieren die Virenschützer ihre Datenbanken mit Virusdefinitionen. Stellen Sie sicher, dass Ihr Virenschutz automatische Updates hat, damit er immer auf dem neuesten Stand ist.

68 Sicherheitseinstellungen in Windows Vista

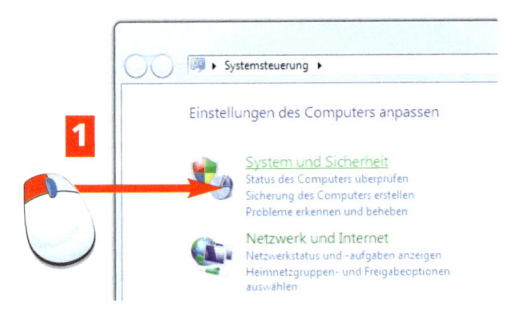

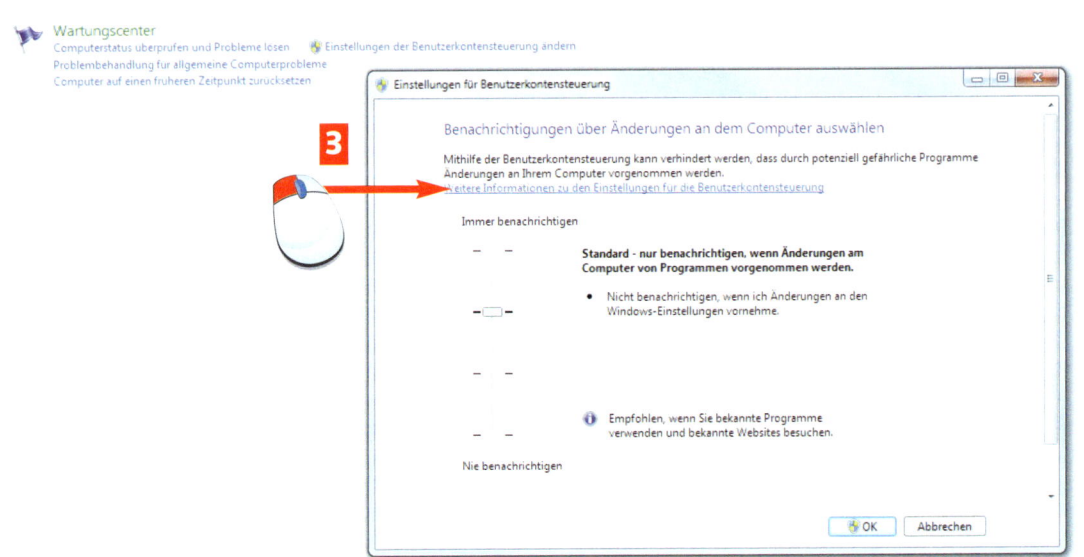

Start

1 Wählen Sie *Start/Systemsteuerung* und aktivieren Sie *System und Sicherheit*.

2 Im Wartungscenter finden Sie alle Sicherheitseinstellungen für Windows 7.

3 Die Benachrichtigungen in der Benutzersteuerung stellen sicher, dass keine unerwünschten Programme installiert werden.

Sicherheit ist oberstes Gebot bei Windows 7. Mit Benutzerkontensteuerung, Wartungscenter, automatischen Updates und Security Essentials sollte kein Virus oder Trojaner eine Chance haben sich einzunisten.

WISSEN

4 Schutz und Sicherheit | 69

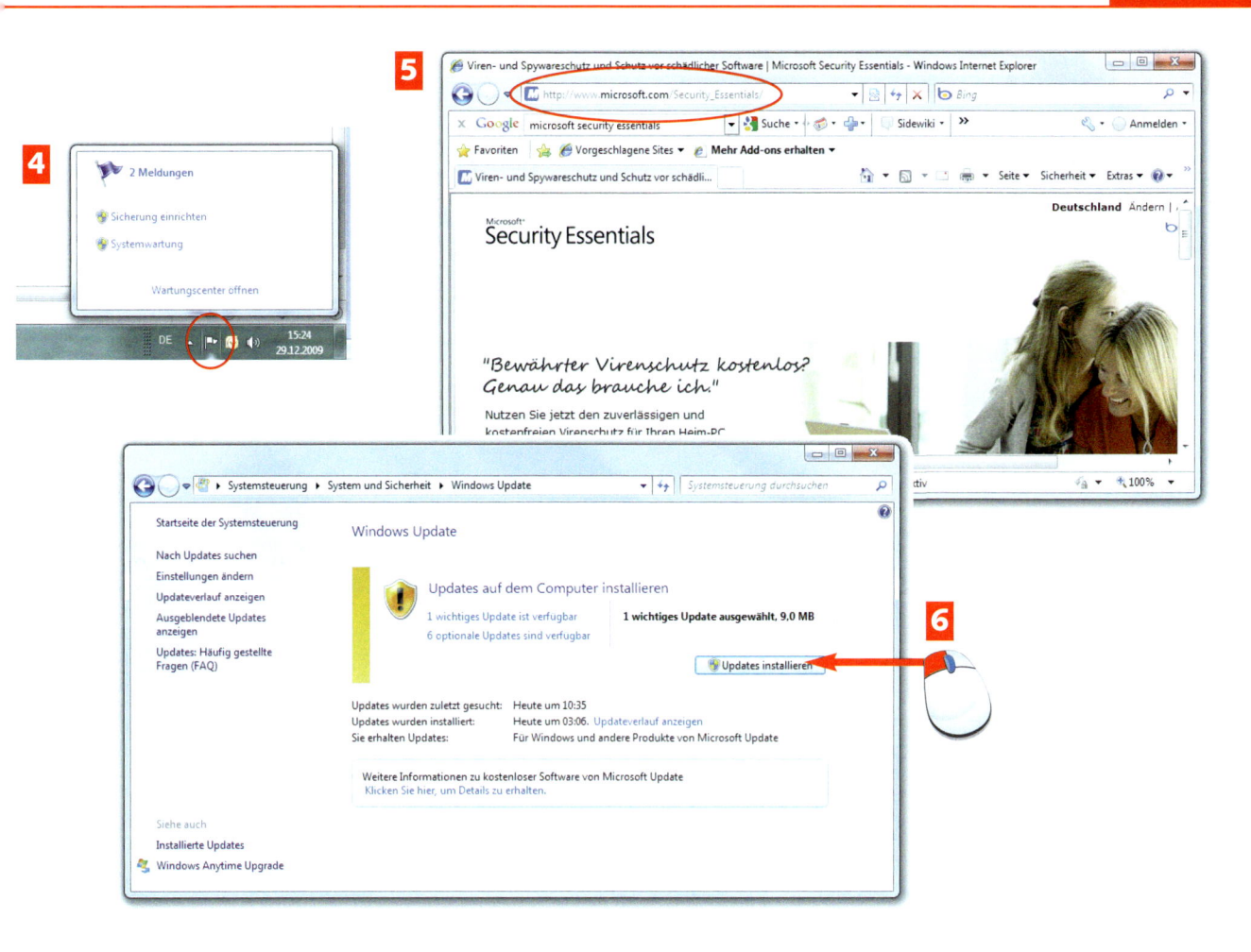

4 Achten Sie auf das Symbol in der Taskleiste, es meldet ausstehende Wartungsarbeiten oder Sicherheitslücken.

5 Microsoft Security Essentials ist ein kostenloses und zuverlässiges Virenschutzprogramm.

6 Stellen Sie sicher, dass wichtige Updates automatisch gemeldet und installiert werden, damit das Betriebssystem abgesichert bleibt.

TIPP

Arbeiten Sie immer mit einem Benutzerkonto, das eingeschränkte Administratorrechte besitzt. Aktionen, die Schaden anrichten können, werden damit automatisch per Meldung abgesichert.

HINWEIS

In den Windows 7-Versionen Professional und Ultimate steht mit dem Windows Defender ein zusätzliches Programm zur Abwehr von Phishing-Software und Adware zur Verfügung.

Sicherheitseinstellungen im Internet Explorer

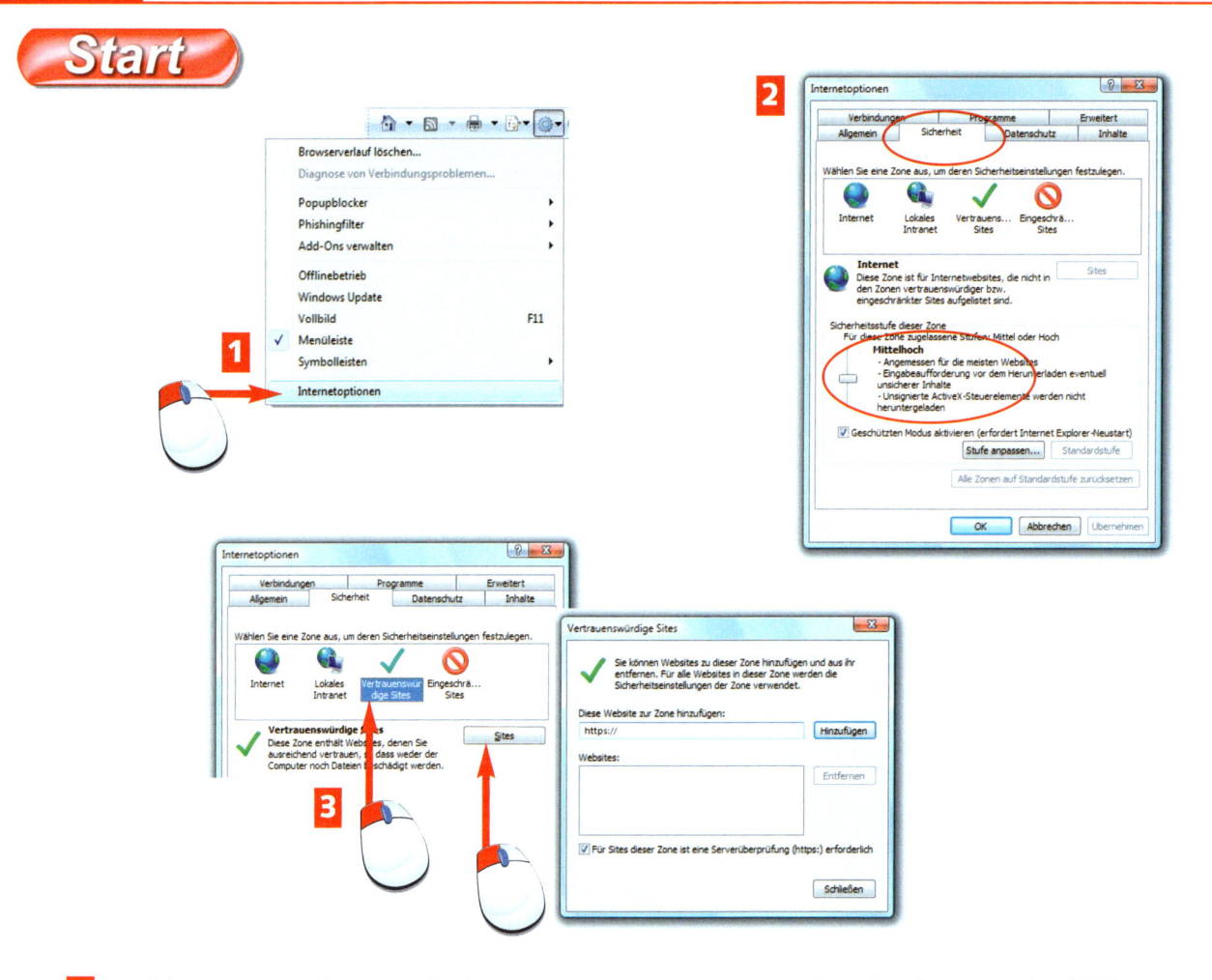

Start

1 Wählen Sie aus dem Symbol *Extras Internetoptionen* oder drücken Sie die Alt-Taste und wählen Sie *Extras/Internetoptionen*.

2 Schalten Sie um auf die Registerkarte *Sicherheit* und stellen Sie die Sicherheitsstufe für die Internetzone auf *Mittel*.

3 In der Zone *Vertrauenswürdige Sites* können Sie Webadressen aufnehmen, die als sicher gelten. Klicken Sie auf *Sites* und geben Sie die Adressen ein.

Der Internet Explorer hat seine eigenen Sicherheitseinstellungen. Stellen Sie diese über die Internetoptionen korrekt ein, damit Viren und andere Schädlinge, die über Webseiten angreifen, keine Chance haben.

WISSEN

4 Schutz und Sicherheit

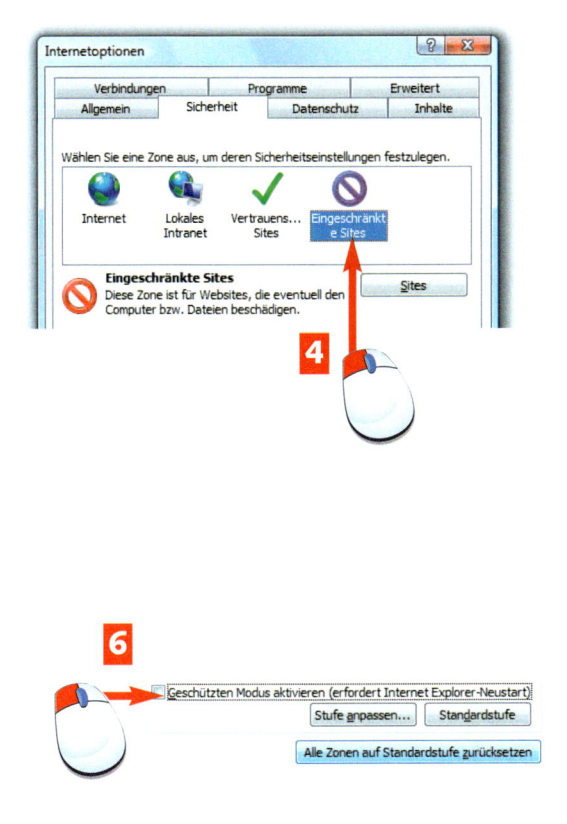

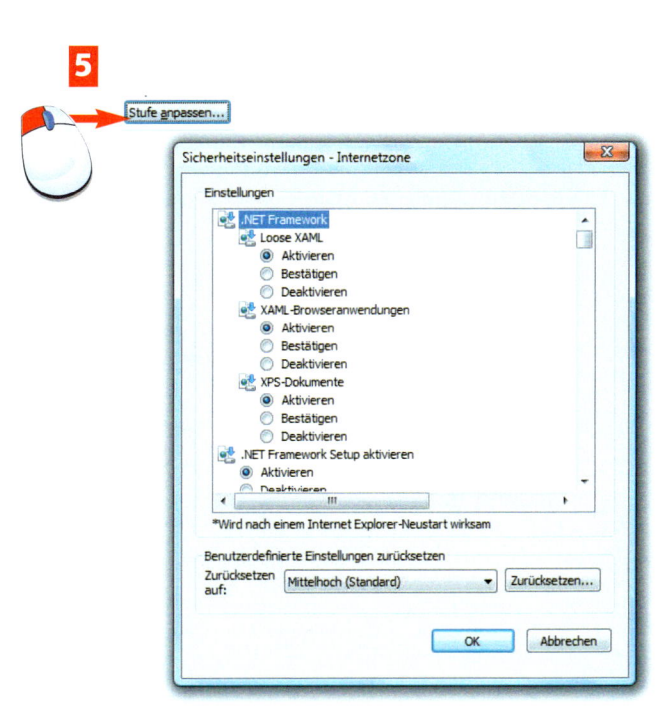

4 Schalten Sie um auf die Zone *Eingeschränkte Sites*. Webseiten, die Sie hier erfassen, werden zwar ausgeführt, können aber nicht aktiv werden.

5 Mit dem Symbol *Stufe anpassen* können Sie jede Stufe noch individuell anpassen. Überprüfen Sie alle Einstellungen, besonders die der Internetzone.

6 Wenn Sie den *geschützten Modus* deaktivieren, können Sie alle Zonen auf die Standardeinstellungen zurückstellen.

TIPP

Hier finden Sie eine Übersicht über die wichtigsten Sicherheitseinstellungen in den Internet-Browsern Firefox, Internet Explorer und Opera:
http://www.heise.de/security/dienste/browsercheck

HINWEIS

Die Intranetzone ist für Seiten aus dem Intranet, dem firmeninternen Web reserviert.

72 Cookies und Popups

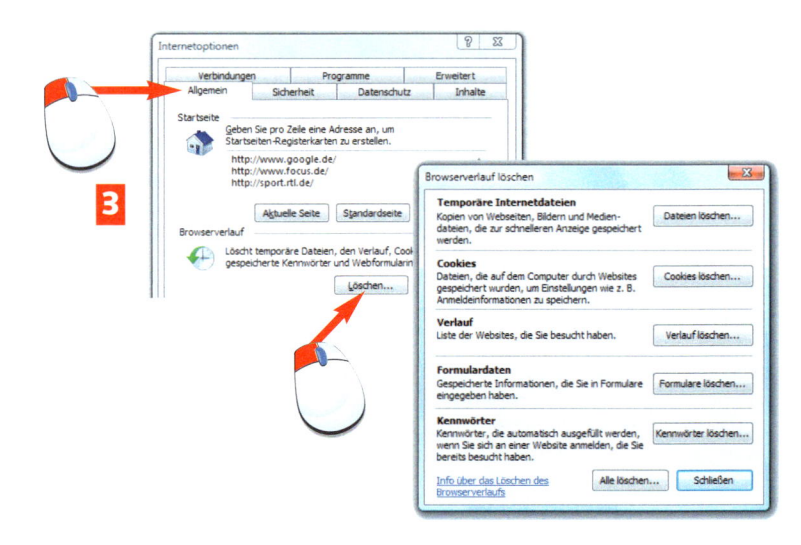

Start

1 Cookies (engl.: „Kekse") sind harmlose Textdaten, die von manchen Webseitenanbietern auf Ihren Computer übertragen werden.

2 Auf der Registerkarte *Datenschutz* regeln Sie die Annahme von Cookies. Stellen Sie die Sicherheitsstufe *Mittel* ein.

3 Unter *Allgemein/Browserverlauf* können Sie alle temporären Dateien und auch alle Cookies entfernen.

WISSEN

Die digitalen Kekse sind eine Erfindung der Marketingstrategen. Sie registrieren Daten des Surfers, um ihre Webseiten zu optimieren. Cookies sind harmlos und stören nicht, können aber jederzeit entfernt werden. Popups nerven dagegen, der Internet Explorer blockt sie automatisch.

4 Schutz und Sicherheit 73

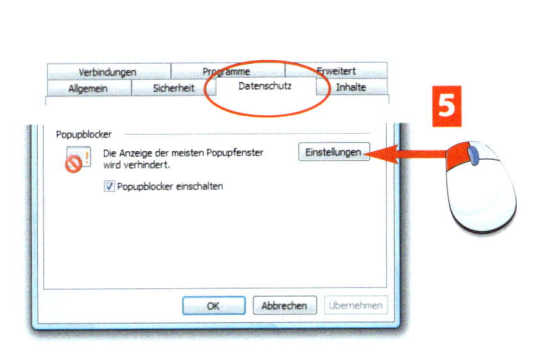

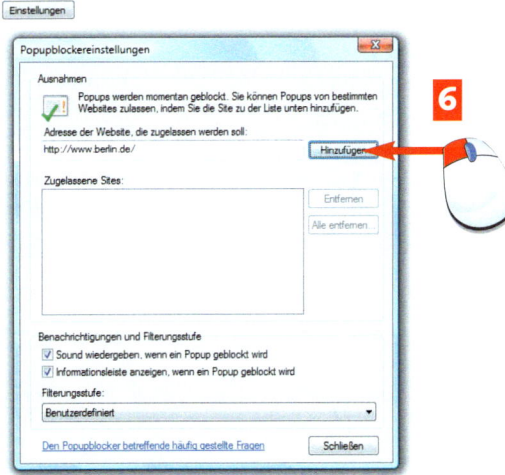

4 Popups sind zusätzliche Fenster, die beim Laden einer Webseite aktiv werden. Der Internet Explorer verhindert standardmäßig Popups, meldet diese aber.

5 Dazu wird auf der Registerkarte *Datenschutz* der Popupblocker eingeschaltet. Klicken Sie auf *Einstellungen* …

6 … und nehmen Sie einzelne Seiten in die Liste auf, wenn Sie deren Popups sehen wollen. Hier schalten Sie auch die Informationsleiste ein oder aus.

Cookies werden häufig von Seiten verwendet, bei denen Sie sich für bestimmte Dienste anmelden. Sie halten Ihre persönlichen Daten fest, zum Beispiel bei Reisebuchungen.

HINWEIS

Popupblocker gibt es im Internet Explorer ab Version 6.0 mit Service Pack und in der Version 7.0.

TIPP

Nicht alle Popups werden vom Popupblocker geblockt. Die neue Generation heißt *Hover Ads*, das sind Popups, die kein Blocker entdeckt.

HINWEIS

74 Smartscreen-Filter

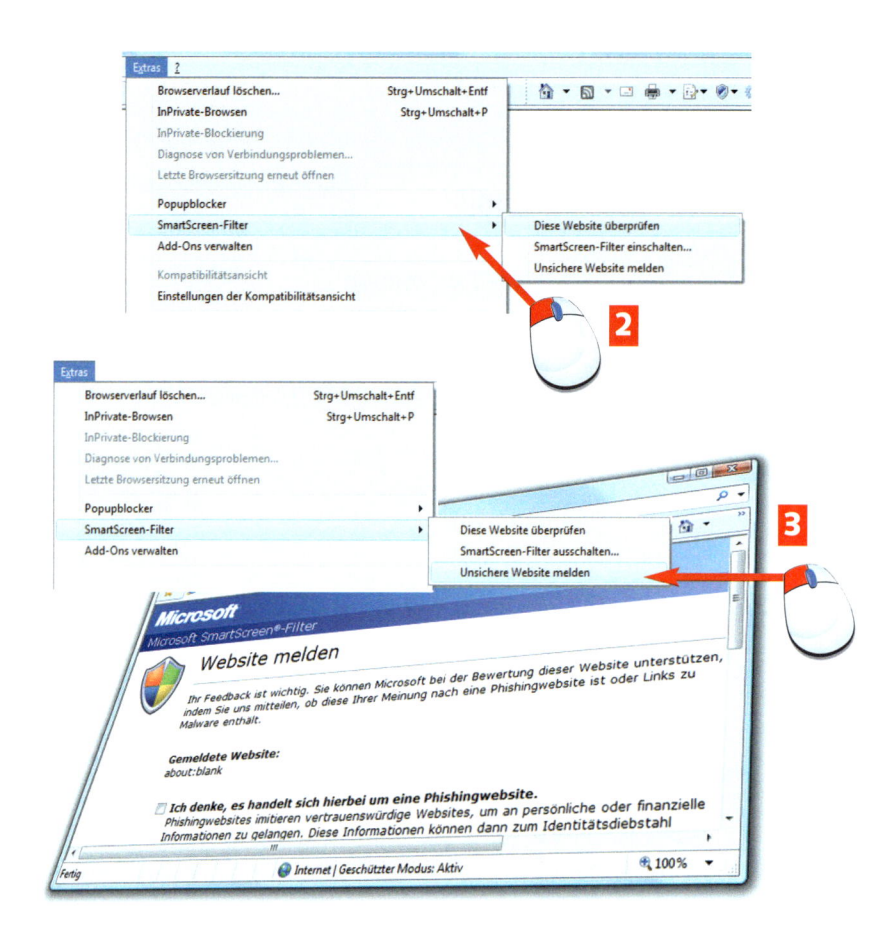

Start

1 Phishingseiten im Internet versuchen, Passwörter und andere Zugangsdaten zu Bankkonten oder Kreditkarten etc. auszuspähen.

2 Unter *Extras/Smartscreen-Filter* können Sie die aktuelle Webseite überprüfen lassen.

3 Wenn Sie vermuten, dass die Seite unsichere Elemente enthält, melden Sie sie unter *Extras/Smartscreen-Filter* bei Microsoft als *Unsichere Webseite*.

Phishing ist eine weit verbreitete Form der Internetkriminalität. Webseiten tarnen sich als vertrauenswürdige Dienstangebote von Banken oder anderen Organisationen und fordern Kontodaten, Passwörter und Kreditkarteninformationen vom Benutzer an. Schalten Sie den Smartscreen-Filter ein, damit Hacker keine Chance haben, und melden Sie unsichere Seiten bei Microsoft.

WISSEN

4 Schutz und Sicherheit 75

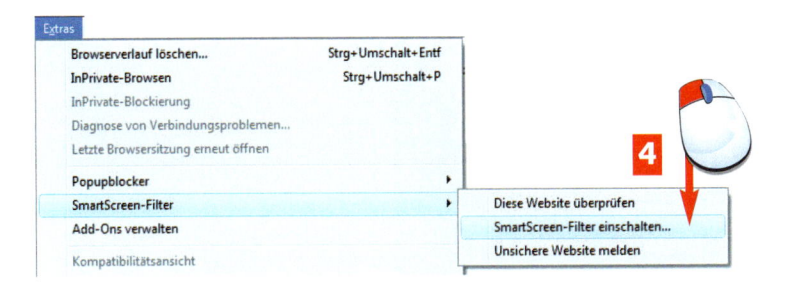

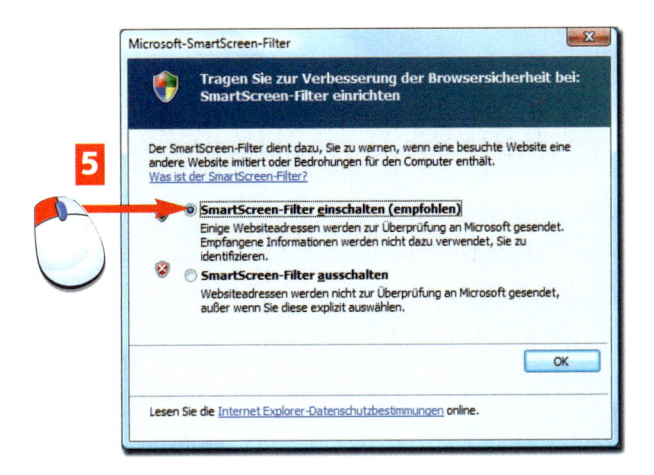

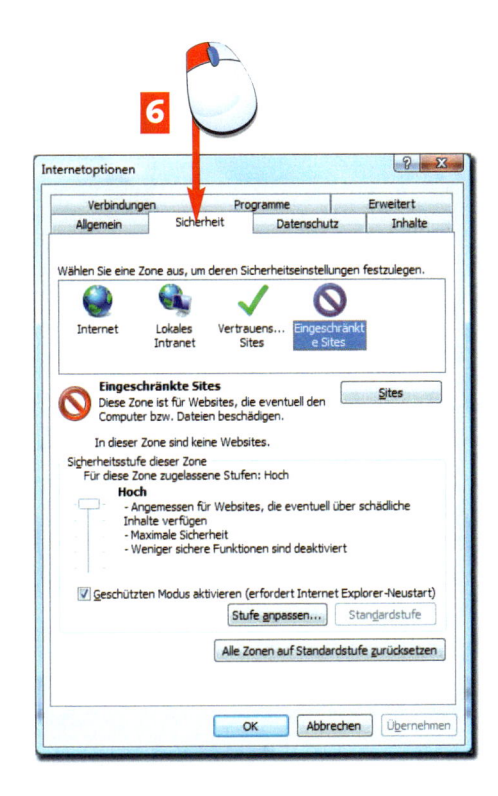

4 Schalten Sie unter *Extras/Smartscreen-Filter* den Smartscreen-Filter permanent ein, um Webseiten beim Browsen im Internet permanent zu überprüfen.

5 Klicken Sie auf *Smartscreen-Filter einschalten* und der Filter ist aktiv. Unter dem Link *Was ist der Smartscreen-Filter?* erhalten Sie alle weiteren Informationen.

6 Wenn Sie einzelne Seiten sperren oder gesperrte Seiten als vertrauenswürdig einstufen wollen, aktivieren Sie unter *Extras/Internetoptionen* die Registerkarte *Sicherheit*.

Ende

HINWEIS	TIPP	HINWEIS
Der Smartscreen-Filter bewahrt Sie vor Hackerangriffen durch Ausspähen von persönlichen Daten und Passwörtern (Phishing).	Neben Banken werden auch beliebte Web-Dienstanbieter wie eBay oder Amazon als Köder für Phishing-Attacken benutzt.	Phishing wird meist in Verbindung mit Mail betrieben. Eine Nachricht fordert Sie auf, eine bestimmte Seite zu aktivieren und dort private Daten einzugeben. Diese Seite ist gefälscht, die Informationen landen beim Hacker.

76 Kinder- und Jugendschutz

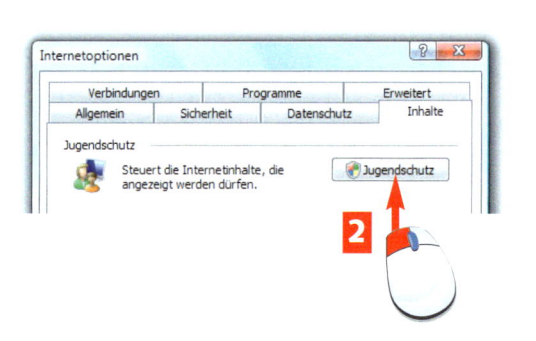

Start

1 Für Kinder und Jugendliche bietet das Internet nicht nur Spaß und Informationen, sondern auch Gefahren.

2 Schalten Sie in den Internetoptionen auf der Registerkarte Inhalte den Jugendschutz ein.

3 Richten Sie für Jugendliche und Kinder, die im Internet surfen, ein eigenes Windows-Konto ein.

Kinder und Jugendliche sind auf ihren Touren durchs Internet besonders gefährdet, weil sie Warnungen und Sicherheitshinweise nicht beachten oder nicht verstehen. Schützen Sie Ihre Kinder mit den Jugendschutzoptionen vor Gefahren, Schmutz und Schund aus dem Internet.

WISSEN

4 Schutz und Sicherheit 77

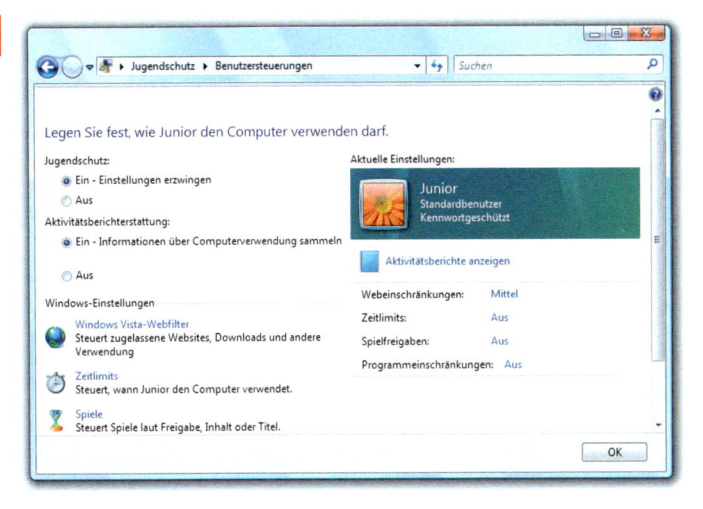

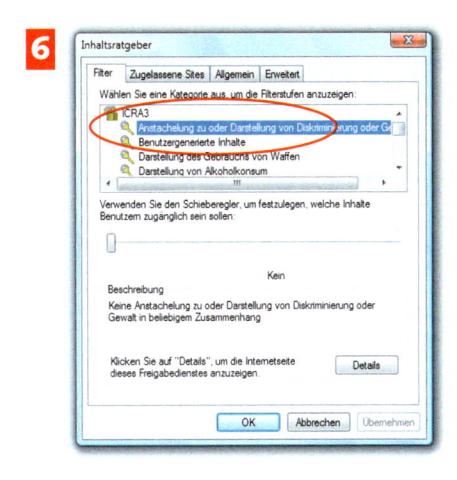

4 Mit dem Jugendschutz können Sie festlegen, welche Seiten zu sehen sind, zu welchen Zeiten gesurft wird und welche Programme (Spiele) aktivierbar sind.

5 Nutzen Sie den Inhaltsratgeber, um Seiten auszuschließen, die bestimmte Inhalte anbieten.

6 Hier können Sie Filter setzen, die Webseiten auf ihre Inhalte überprüfen, einzelne Seiten zulassen und das Ganze mit einem Supervisor-Kennwort schützen.

Die Internetsuchmaschine für Kinder „Blinde Kuh" hält Sicherheitstipps für kleine Surfer bereit:
www.blinde-kuh.de/fbitips.html

TIPP

Gute Ratschläge für Eltern von Internetkids gibt es auch:
www.blinde-kuh.de/elterntips.html
http://dbs.schule.de/zeigen.html?seite=3363

TIPP

Der beste Kinder- und Jugendschutz: Surfen Sie gemeinsam mit Ihren Kindern im Internet.

TIPP

5

Web 2.0 – die weltweite Community

80 Das neue Internet

Start

1 Web 1.0 – Suchen, Surfen, Mailen, Chatten, Diskutieren, Newsletter

2 Web 2.0 – Bloggen, Kommentieren, Taggen, Tell a Friend, Networken, Skypen, Messaging, Create!, Share!, Remix!, RSS Feeds
Quelle: Z_Punkt

3

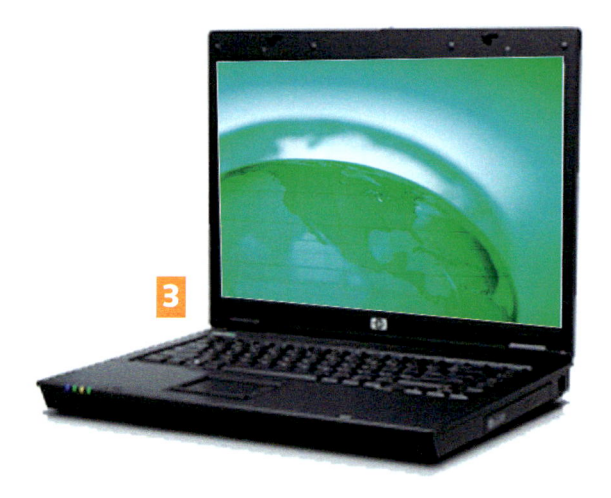

1 Im Web 1.0 ist der User (Anwender) hauptsächlich Nutzer von Diensten wie Mail, Chat und Newsletter.

2 Web 2.0 verändert das Internet. Der Anwender wird zum aktiven Mitgestalter, eine neue Community entsteht, neue Märkte wachsen.

3 Mobilität heißt das Zauberwort im Web 2.0, die Zeit der lokalen Datenhaltung geht vorbei. Daten und Programme stehen im Web.

Web 2.0 beschreibt eine neue Generation des Internets mit neuen Ideen, neuen Technologien und vielen, sehr vielen Angeboten für den Websurfer. Der Begriff wurde Tim O´Reilly und Dale Dougherty vom Verlag O´Reilly bei der gleichnamigen Konferenz 2004 geprägt. Er steht für die Grundbegriffe des Internet: Offenheit, Standardisierung und Freiheit.

WISSEN

5 Web 2.0 – die weltweite Community   81

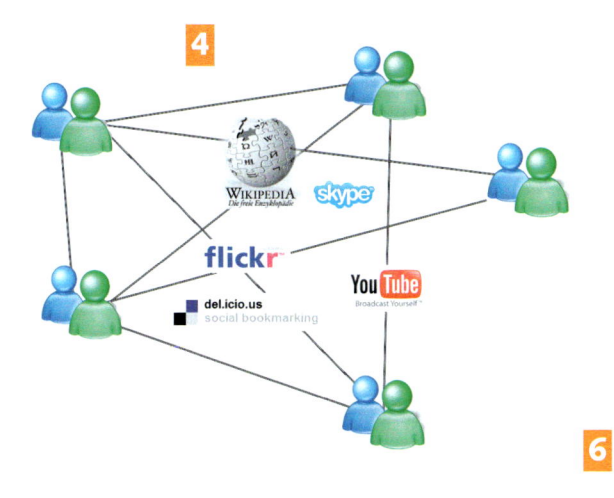

4 Zusammen sind wir stark: Social Networking schafft riesige Online-Bibliotheken, Foto- und Videosammlungen und Bookmarkdatenbanken.

5 Content-Management-Systeme lösen statische Webseiten ab. Entwickler gestalten direkt im Web, Text und Bild werden online editiert.

6 Rund um das Web 2.0 entstehen Tausende von Applikationen. Das Web 2.0 Directory listet sie alle: www.go2web20.net.

Zitat Spiegel online: Das neue Web 2.0 ist ein Mitmach-Web, in dem jeder für jeden Unterhaltung, Information, Meinung und Unsinn produzieren und präsentieren kann.

HINWEIS

Infos und Linksammlungen zu Web 2.0

Start

1 Eine umfangreiche Linksammlung mt Web 2.0-Anwendungen und Blogs: www.web2null.de.

2 Hier gibt's Infos, Meinungen, News und Empfehlungen zum neuen Internet: www.web-zweinull.de

3 Eine Mashup-Liste in Englisch: www.programmableweb.com.

Das Web 2.0 ist erst wenige Jahre alt, und schon ist das Angebot unüberschaubar. Hier hilft nur die gezielte Suche nach Seiten, die sich auf die Sammlung von Web 2.0-Applikationen und -informationen spezialisiert haben.

WISSEN

5 Web 2.0 – die weltweite Community 83

4 Das Netzwerk mit deutschsprachigen Blogs zum Web 2.0: *www.web20spot.de*.

5 Bei Dr. Web wartet eine große Quellensammlung auf interessierte Websurfer: *www.drweb.de*

6 Der Web 2.0-Report informiert Entscheider, Strategen, Manager und Investoren: *www.web2.0report.de*.

TIPP

Den Film zum Web 2.0 unbedingt ansehen: http://www.free-radio.de/epic/ols-master.html

HINWEIS

Mit dem Web 2.0 geht die Zeit der Datenhaltung zu Ende, Mobilität ist das Stichwort, die Daten liegen im Netz. Täglich entstehen neue Anwendungen und Internet-Projekte. Viele davon werden Web 2.0 nicht überleben, andere werden es prägen und definieren.

HINWEIS

Nutzbarmachung der kollektiven Intelligenz: Je mehr Leute bei einer Web 2.0-Anwendung mitmachen, desto wertvoller wird diese.

84 Bloggen

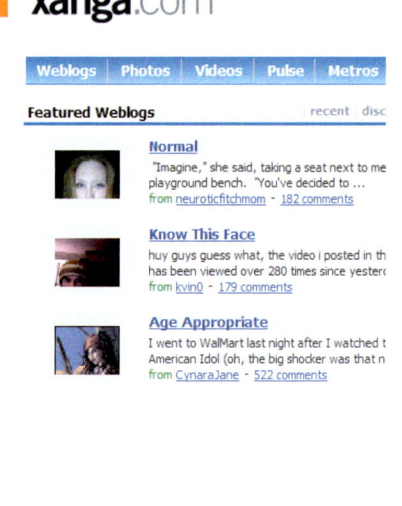

1 Einer der ersten Weblogs und heute noch einer der größten mit über 20 Millionen Blogs: Xanga (www.xanga.com).

2 Weblog-Anbieter stellen alle Dienste zur Verfügung, die für einen Blog gebraucht werden.

3 In wenigen Minuten sind Sie Blogger: Anmelden, einloggen und den ersten Blog schreiben. Kommentare kommen von selbst.

WISSEN

Ein Blog (Abkürzung von Weblog) ist ein digitales Tagebuch, das im Internet veröffentlicht wird. Diese Internetseiten werden mit einfach zu handhabenden CMS-Systemen wie WordPress produziert, jeder Blogger kann hier seinen Beitrag schreiben, der häufig endlos ist.

5 Web 2.0 – die weltweite Community   85

4 Wer seinen eigenen, unabhängigen Weblog aufbauen will, benutzt dazu spezielle Software (CMS-Systeme oder Blogging-Software).

5 Über Blogsuchmaschinen finden Sie Blogs zu Ihren Lieblingsthemen (www.google.de/blogsearch?hl=de, www.blog-web.de).

6 Der Schockwellenreiter ist einer der bekanntesten Blogs. Basic Thinking gibt Tipps und Ratschläge für Blogger.

TIPP

Übersicht über Weblog-Anbieter:
http://www.plasticthinking.org/wiki/WeblogAnbieter
Vergleichsliste Weblog-Software:
http://unblogbar.com/software
Die besten Blogtipps: www.blogpiloten.de

HINWEIS

Technorati ist die größte Suchmaschine für Blogs. Viele Blogger bieten ein Symbol am Ende des Blogs an, mit dem dieser bei Technorati eingetragen werden kann.

FACHWORT

Posting: Ein Forenbeitrag.
Permalink: Der fest zugeordnete Link (URL) zu einem Blog-Beitrag.

RSS-Feeds

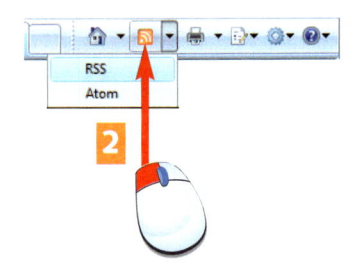

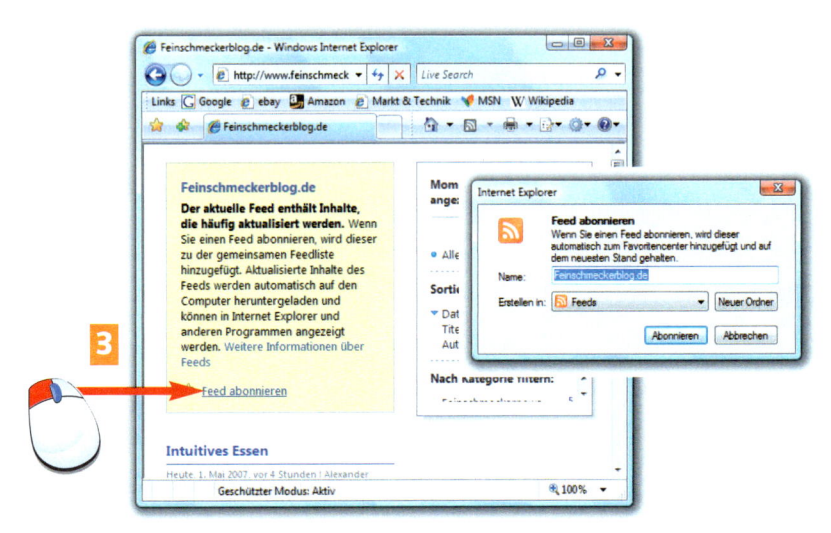

Start

1. RSS-Feeds werden meist von Nachrichtenmagazinen und von Weblogs angeboten. Enthält die Seite ein RSS-Feed, färbt sich das Symbol in der Befehlsleiste.

2. Klicken Sie das Symbol an oder öffnen Sie es und wählen Sie einen Typ aus (RSS oder Atom).

3. Der aktuelle Feed wird angezeigt, klicken Sie auf *Feed abonnieren* und setzen Sie den Feed in einem Ordner ab.

WISSEN

RSS-Feeds sind elektronische Nachrichtenformate über den Inhalt von Webseiten. Sie können von Benutzern der Seite abonniert werden und aktualisieren sich automatisch, wenn die Seite neue Inhalte zu bieten hat. Mit dem Feedreader werden diese Feeds gelesen.

5 Web 2.0 – die weltweite Community 87

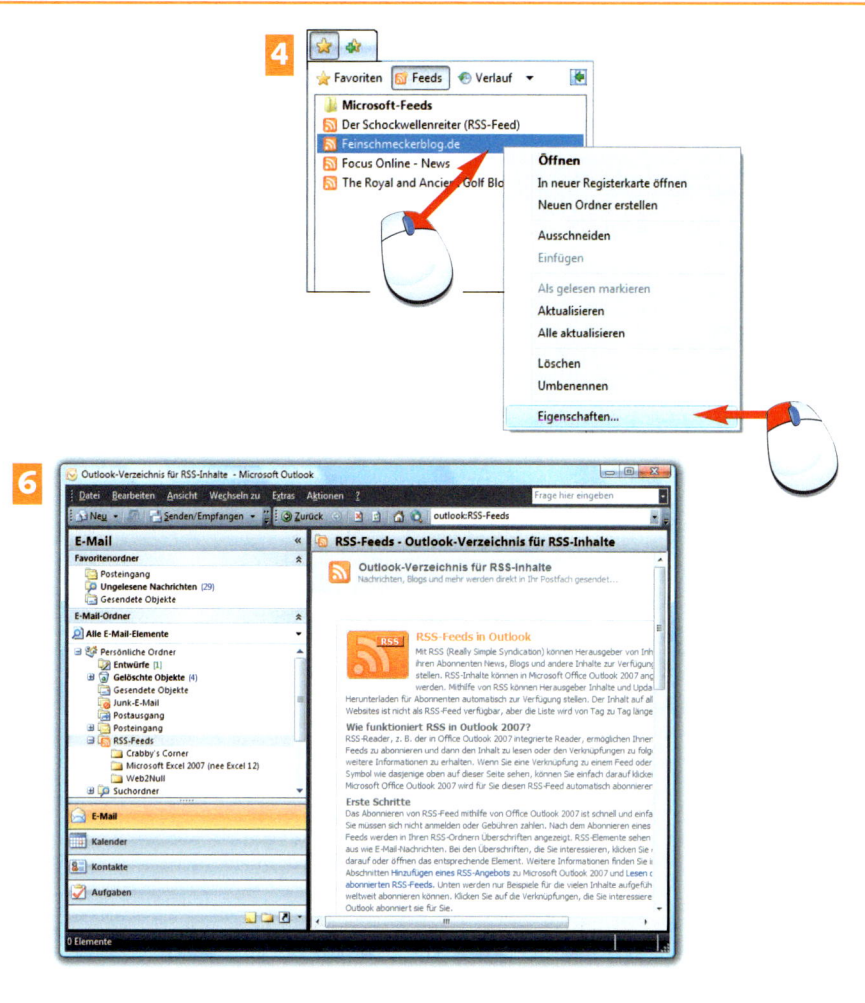

4 Öffnen Sie die Favoritenliste und schalten Sie um auf die Feeds-Übersicht. Suchen Sie Eigenschaften im Kontextmenü des Feeds …

5 … und passen Sie die Feedeigenschaften an (Zeitplan, Archivierung).

6 RSS-Feeds können Sie auch mit Outlook aus dem Office 2007-Paket abonnieren.

RSS-Verzeichnis, Infos und RSS-Reader-Übersicht:
www.rss-verzeichnis.de
Der RSS-Scout findet alle deutschsprachigen RSS-Feeds und ordnet diese nach Kategorien: www.rss-scout.de

Die gängigsten Formate sind RSS und Atom. Die Feedformate werden ständig mit neuen Versionen aktualisiert.

RSS: Real Simple Syndication (wirklich einfache Verbreitung).

TIPP **HINWEIS** **FACHWORT**

Bookmarking

Start

1 Die großen Bookmarking-Dienste del.icio.us und flickr.com gibt es seit 2006. Sie enthalten viele Millionen Bookmarks aus der ganzen Welt.

2 Für den deutschsprachigen Raum bieten sich Mr. Wong (www.mister-wong,.de), icio (www.icio.de) oder LinkARENA (www.linkarena.com) an.

3 Registrieren Sie sich bei Mr. Wong, geben Sie Ihre Mailadresse ein. Nach Erhalt der Registrierungsmeldung können Sie bookmarken.

Die Internetcommunity setzt für ihre Lieblingsseiten öffentliche Bookmarks und schreibt Kommentare und Bewertungen. So entsteht eine weltweite Sammlung der besten Links, die jeder einsehen und nutzen kann. Social Bookmarking wird damit zur Alternative für Suchmaschinen.

WISSEN

5 Web 2.0 – die weltweite Community 89

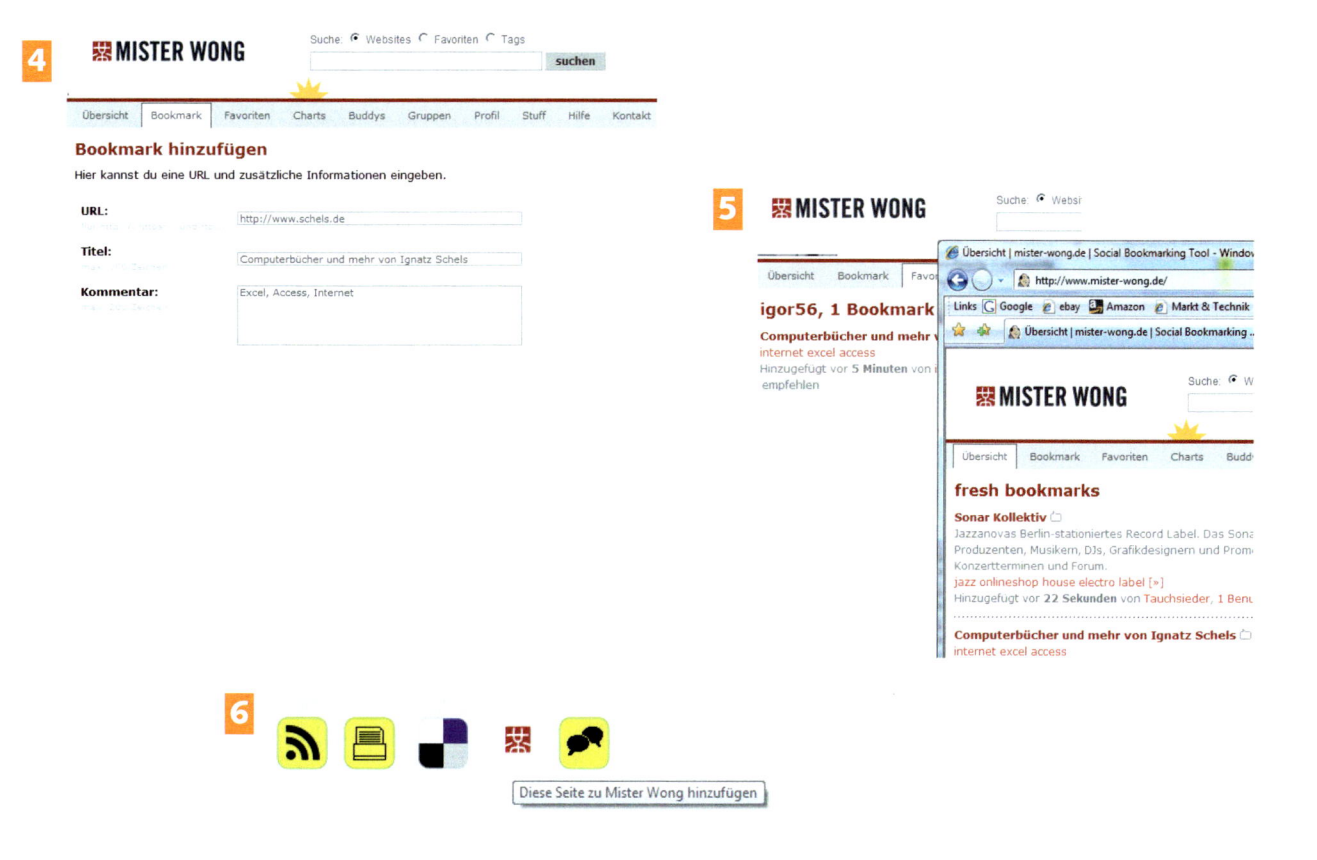

4 Tragen Sie die Webadresse, einen Kommentar und die wichtigsten Tags ein und senden Sie das Bookmark an Mr. Wong.

5 Auf der Favoritenseite können Sie Ihre öffentlichen Bookmarks verwalten. Alle Bookmarks stehen in einer Übersicht, Gruppen sortieren diese nach Interessen.

6 Viele Weblogs und Nachrichtenseiten bieten bereits Symbole (Bookmarklets) an, über die ihre Inhalte auf der Bookmarking-Seite eingetragen werden können.

TIPP

Laden Sie sich die Mister Wong-Toolbar für Ihren Browser herunter und installieren Sie sie. Damit können Sie interessante Links sofort bookmarken: http://www.mister-wong.de/_stuff/mister-wong.buttons.ie.exe

HINWEIS

Auf der SB-Seite können Sie neben öffentlichen auch private Bookmarks setzen, die nicht von anderen Mitgliedern eingesehen werden können.

FACHWORT

tag: Ein Schlüsselwort, nach dem die Mitglieder der Community suchen können.

Instant Messaging und Chat

Start

1 icq everybody, everywhere™

Google talk BETA

AOL INSTANT MESSENGER

YAHOO! MESSENGER

2

3

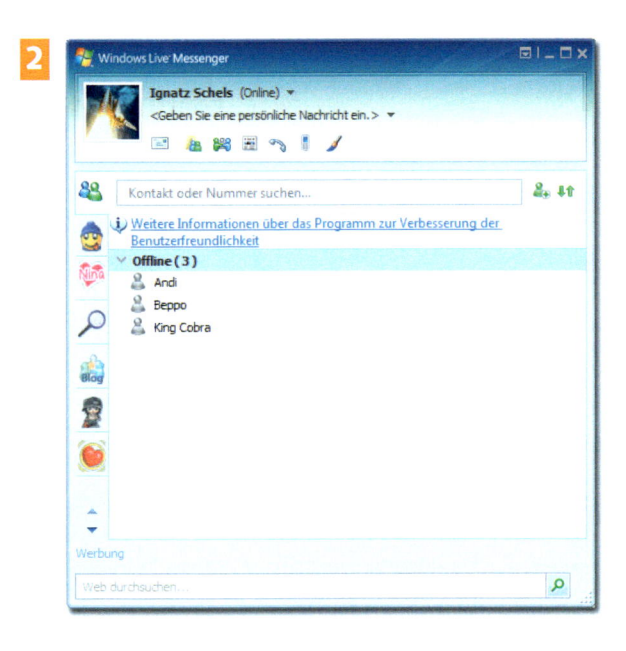

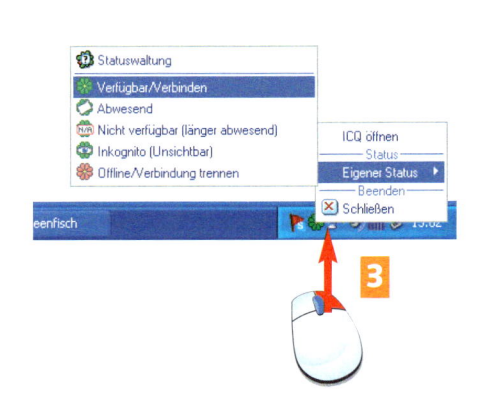

1 Installieren Sie einen Messenger Ihrer Wahl, zum Beispiel ICQ, Google Talk oder den Dienst von AOL oder Yahoo.

2 Microsoft bietet über seinen Online-Dienst Windows Live ebenfalls einen Messenger an.

3 Nach der Installation des Messengers (hier ICQ) steht im Systembereich der Taskleiste das ICQ-Symbol. Setzen und kontrollieren Sie hier Ihren Status.

Die schnellste Art der privaten Nachrichtenübermittlung ist Instant Messaging. Mit einem passenden Programm (messenger) wird eine permanente Verbindung zu Internetusern weltweit aufgebaut und in Echtzeit per Text, Sprache oder Video kommuniziert.

WISSEN

5 Web 2.0 – die weltweite Community 91

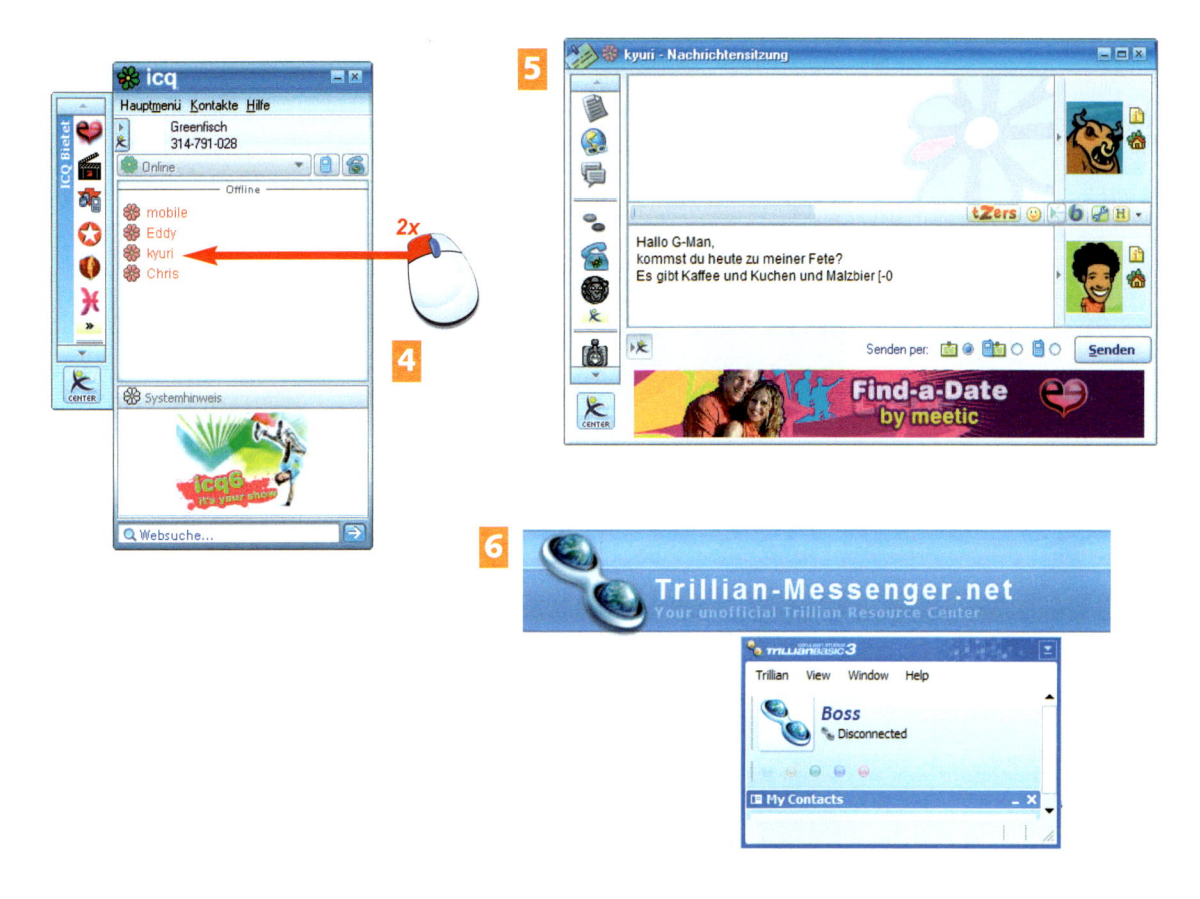

4 Legen Sie eine Kontakteliste mit den Nummern von ICQ-Usern an. Das Fenster meldet, wer gerade online ist. Klicken Sie den Eintrag doppelt an …

5 … und senden Sie ihm eine Textnachricht. Die Antwort erscheint im Userfenster, es können mehrere User gleichzeitig aktiv sein.

6 Trillian ist ein Allround-Messenger, mit dem Sie mit Usern von ICQ, AIM, Yahoo Messenger, MSN und IRC chatten können.

Ende

HINWEIS

Der Windows Live Messenger ist der Nachfolger des MSN Messenger.
Häufig finden Sie in Mails oder auf Internetseiten bei Adress- und Kontaktinformationen auch die Skype-Nummer einer Person, zum Beispiel beim Businessportal XING (www.xing.de).

HINWEIS

Links:
www.icq.de
www.google.de/talk
www.windows-live.de
www.yahoo.de
www.trillian.org

HINWEIS

Trillian Pro ist auf dem Jabber-Protokoll aufgesetzt, ein freies und unabhängiges Open-Source-Projekt (www.jabber.org).

92 Internettelefonie mit Skype

Start

1 Für Internettelefonie (Voice over IP) muss der Computer mit Soundkarte und Mikrofon ausgestattet sein.

2 Skype ist das Standardprogramm für einfache Voice over IP. Es kann unter www.skype.de kostenlos gedownloadet werden.

3 Nach der Installation steht ein Symbol im Systembereich der Taskleiste, überprüfen und setzen Sie mit diesem Ihren Status.

WISSEN

Telefonieren über das Internet ist zum Standard geworden. Mit Voice over IP wird die Technik bezeichnet, das Angebot reicht von einfacher Messenger-Software wie Skype bis zu kompletten VoIP-Systemen, die mit Telefonanlagen gekoppelt werden.

5 Web 2.0 – die weltweite Community 93

4 Tragen Sie Ihre Kontakte ein. Jeder Teilnehmer wird über eine eindeutige Skype-Nummer identifiziert. Starten Sie den Anruf per Klick auf das Telefonsymbol.

5 Der Kontakt wird hergestellt, die Teilnehmer können wahlweise telefonieren, Videoanrufe schalten, SMS oder Nachrichten schreiben.

6 Mit dem Skype WiFi Phone lässt sich Internettelefonie auch ohne PC betreiben.

TIPP

Mit Skype können auch Gruppengespräche und Videogespräche, sogar zwischen Windows- und Mac-Usern, geführt werden.

HINWEIS

Mit Skype sind täglich neun Millionen Benutzer online, durchschnittlich werden mehr als 20.000 Gespräche gleichzeitig abgewickelt.

HINWEIS

SkypeOut ist der gebührenpflichtige Dienst fürs Telefonieren über Festnetz oder Mobilnetze. Mit Skypeln erhält man eine Telefonnummer, die von Handy und Festnetz angerufen werden kann.

Newsgroups und Diskussionsforen

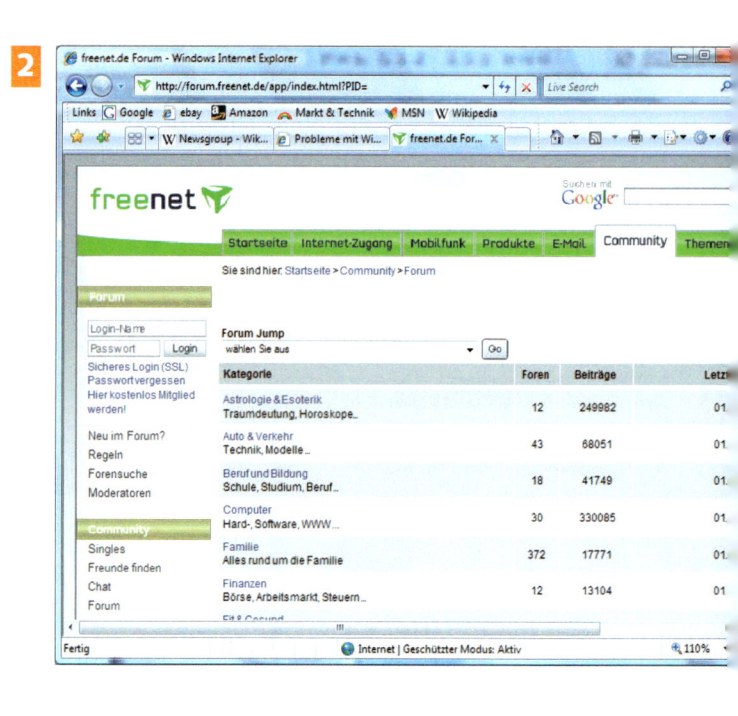

1 Im USENET, dem größten Servicenetz im Internet, gibt es Tausende von Newsgroups zu allen möglichen Themen.

2 Viele Online-Dienste und Portale bieten auch direkten Zugriff auf Newsgroups an, zum Beispiel Freenet.

3 Über die Suchmaschine Google können ebenfalls Newsgroups angesteuert und durchsucht werden.

Im Netz der Netze bleibt niemand lange allein. Das Internet bietet jedem die Möglichkeit, mit Freunden und Fremden zu plaudern, sich über interessante Themen zu unterhalten oder neue Leute kennen zu lernen und sich zu verabreden.

WISSEN

5 Web 2.0 – die weltweite Community 95

4 Microsoft bietet Newsgroups zu allen seinen Produkten. Hier finden Sie Hilfe, Support und Antworten auf viele Fragen.

5 Newsserver-Suchmaschinen wie Findolin durchforschen das Netz nach Newsservern.

6 USENET-Zugänge zu allen Newsservern sind kostenpflichtig, zum Beispiel bei www.premium-news.com oder bei www.disputo.de.

Newsgroups können über spezielle Newsreader durchsucht werden, die meisten erlauben auch den Zugriff per Browser.

Newsgroup-Kategorien:
alt = Alternative Themen
comp = Computer
misc = alles Mögliche
rec = Freizeit, Hobbys
de = Deutsch
org = Organisation
sci = Wissenschaft

NNTP: Net News Transfer Protocol: Das Protokoll zur Übertragung von Netzwerk-Nachrichten.

TIPP **HINWEIS** **FACHWORT**

Newsreader und Netiquette

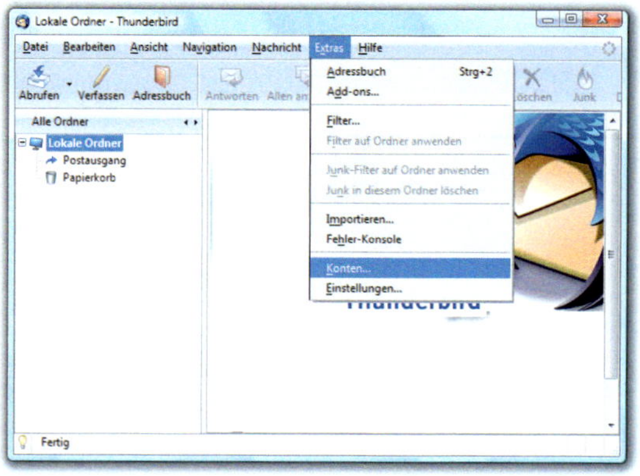

Start

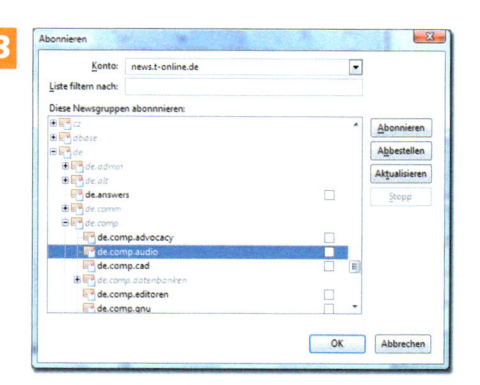

1 Mozilla Thunderbird ist ein Standardnewsreader. Sie können ihn kostenlos downloaden.

2 Installieren Sie das Programm, legen Sie ein Konto für den Newsserver an. Name und E-Mail-Adresse müssen dazu angegeben werden.

3 Abonnieren Sie dann die Newsgroups, die Sie interessieren, und laden Sie die Kopfzeilen der Beiträge herunter.

WISSEN

Mit einem Newsreader können Sie aktiv an Newsgroups teilnehmen, Beiträge verfassen und Antworten auf Beiträge geben. Mozilla Thunderbird ist ein kostenloser Newsreader, im Mailprogramm von Windows ist bereits einer integriert.

5 Web 2.0 – die weltweite Community

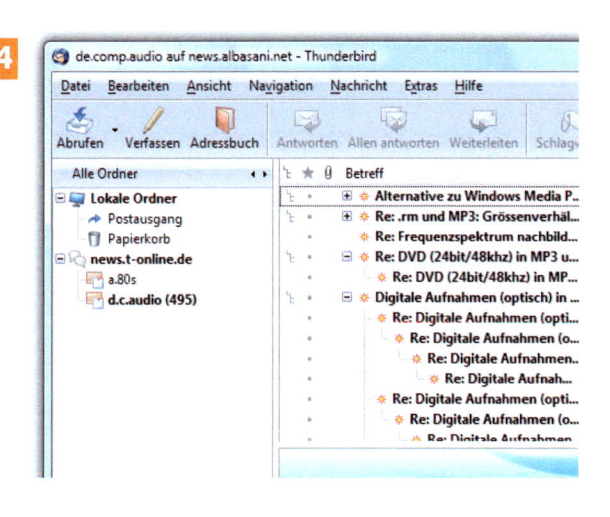

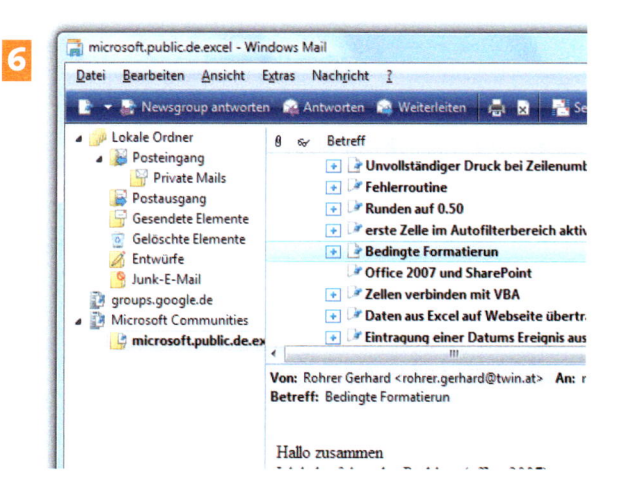

4 Jetzt können Sie an den Diskussionen teilnehmen, Beiträge verfassen oder Antworten schreiben.

5 Windows bietet in seinem Mailprogramm auch einen Newsreader. Aktivieren Sie Windows Mail (Vista) oder Outlook Express (XP).

6 Auch mit diesem Programm können Sie Newsserver-Konten einrichten, Newsgroups abonnieren und an Diskussionen teilnehmen.

Wenn die Übertragung der News nicht klappt, schalten Sie kurzfristig die Windows-Firewall aus.

TIPP

Mit den Newsreadern der neuen Generation lassen sich auch RSS-Feeds lesen.

TIPP

Wer mit T-Online als Provider im Internet surft, gibt als Newsserver news.t-online.de ein.
Freenet-Nutzer: news.freenet.de
1&1- und Congster-Nutzer: news.online.de
Der Server news.arcor.de ist allgemein zugänglich.

HINWEIS

Newsreader und Netiquette

7 Vor dem ersten Ausflug in das USENET sollten Sie die Regeln kennen lernen. Auf dieser Seite finden Sie viele nützliche Informationen.

8 Für die Teilnahme gibt es Verhaltensregeln, die sogenannte „Netiquette". Lesen Sie diese sorgfältig durch.

9 Für neue Teilnehmer gibt es eine eigene Newsgroup. Abonnieren Sie diese mit Ihrem Newsreader.

Das USENET hat seine eigenen Regeln und Etikette-Vorschriften, die auch nötig sind, damit sich viele Menschen auf einem niveauvollen Level unterhalten können. Lesen Sie sich diese Regeln sorgfältig durch, bevor Sie im USENET aktiv werden.

WISSEN

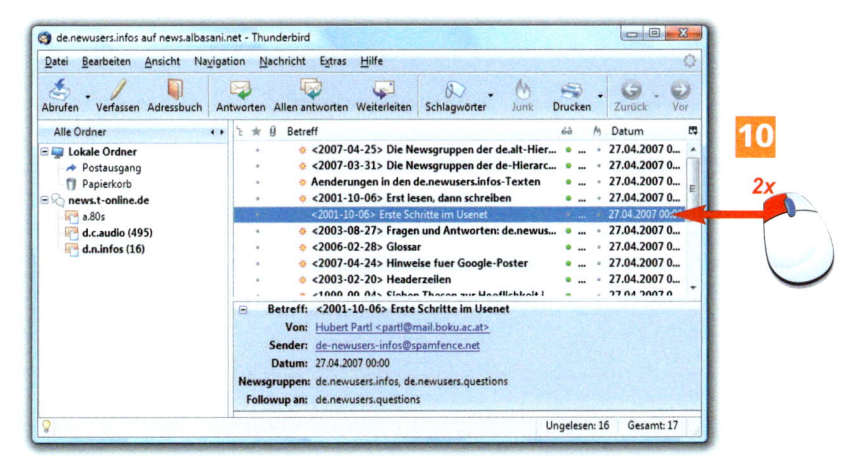

5 Web 2.0 – die weltweite Community 99

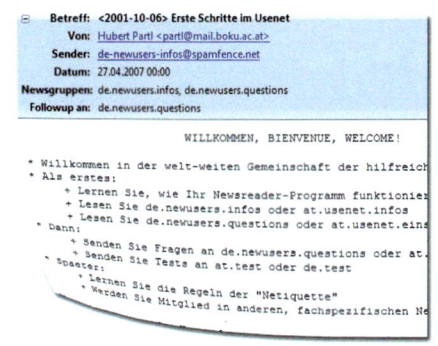

10 Öffnen Sie die Beiträge für neue User per Doppelklick …

11 … und lesen Sie, wie das USENET verwaltet und behandelt wird und wie sich der User zu verhalten hat.

12 Bei Google Groups finden Sie Informationen zu den einzelnen Gruppen.

Ende

> Wer gegen die Netiquette verstößt, wird nicht nur von den übrigen Teilnehmern übelst beschimpft („geflamed"), sondern fliegt auch aus dem Diskussionsraum.

HINWEIS

100 Communitys und Chatrooms

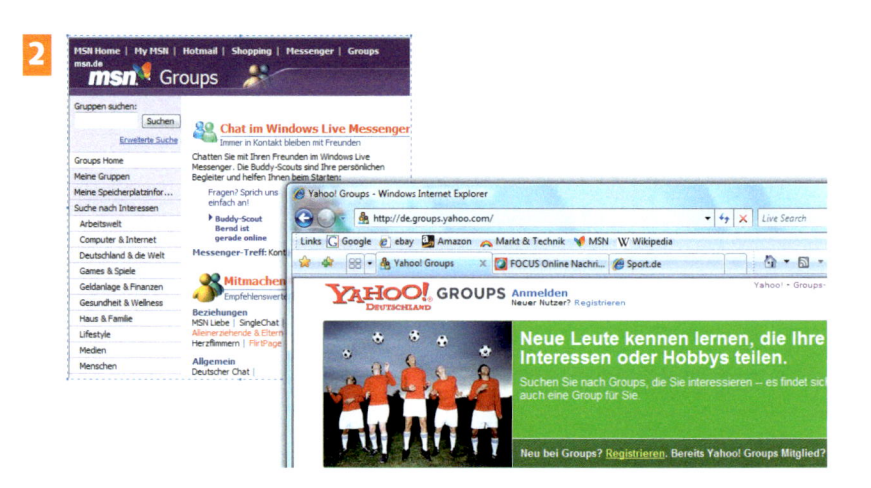

Start

1 Die „Mutter" aller Communitys ist The Well (www.well.com), wurde 1985 gegründet und hat über 4.000 Mitglieder.

2 Wer sich gerne mit Gleichgesinnten in einer virtuellen Gemeinschaft zusammentun möchte, findet solche bei MSN oder Yahooo …

3 … oder in vielen anderen Communitys, in denen meist Interessengruppen gebildet werden.

Communitys sind Benutzergruppen, in denen Internetuser miteinander kommunizieren und Meinungen oder Informationen austauschen. Meist bildet sich eine Community zu einem bestimmten Thema. Communitys werden entweder von kommerziellen Anbietern betrieben, die Geld mit Werbung verdienen, oder entstehen auf privaten Seiten, z.B. auf Weblogs.

WISSEN

5 Web 2.0 – die weltweite Community | 101

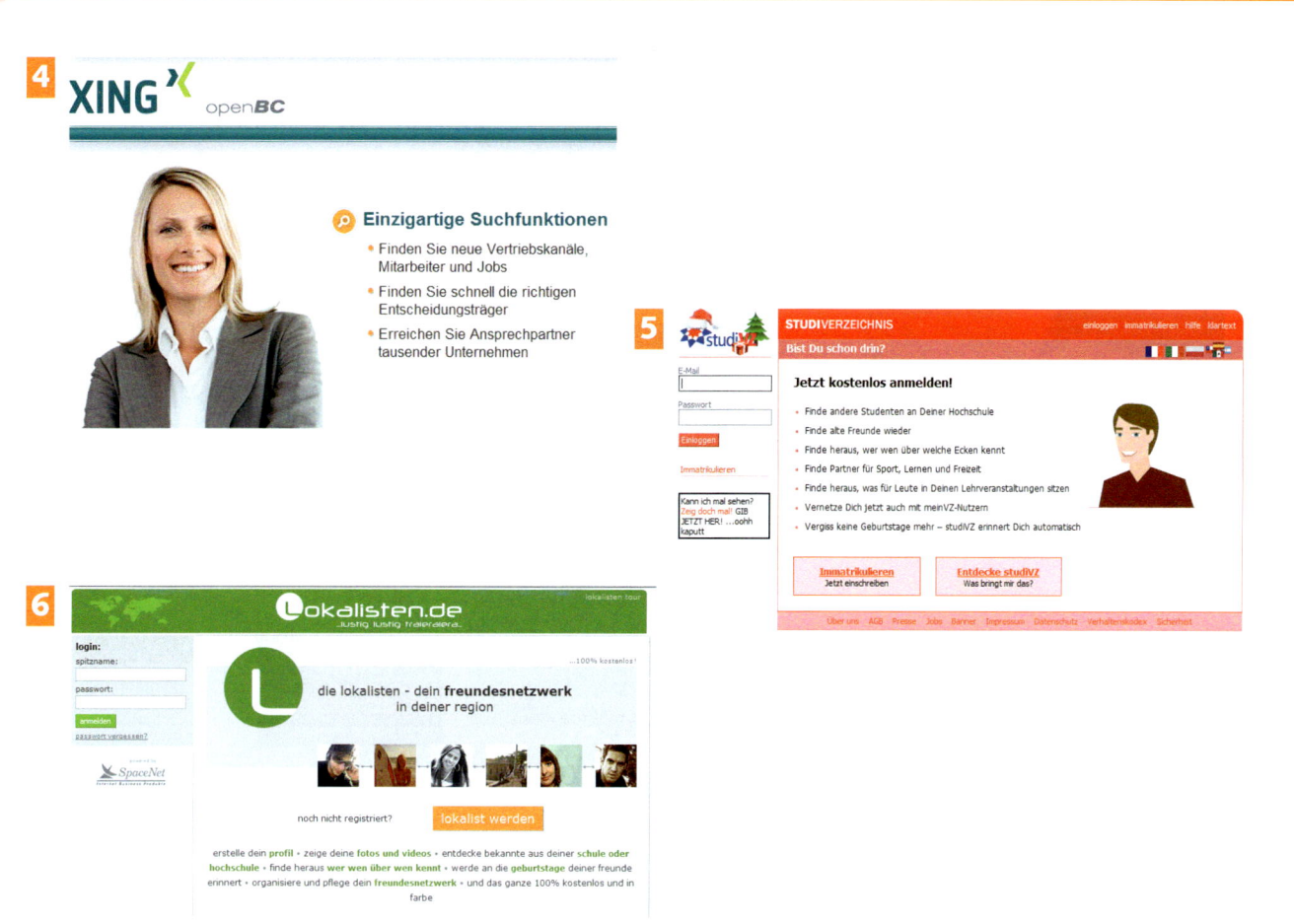

4 Die größte Businesscommunity XING (Open Business Club) hat weltweit Millionen Mitglieder (www.xing.de).

5 StudiVZ (www.studivz.de), die Informations- und Chat-Plattform für Studenten, ist die größte deutsche Community.

6 Die Lokalisten kümmern sich um regionale Freundschaften und Bekanntschaften (www.lokalisten.de).

> Für die Freizeit: www.freizeitagentur.de
> Für Schüler: www.schuelerprofile.de
> Für Familien: www.mausespeck.com
> Für Kinder: www.kindernetz.de
> Für Senioren: www.forum-fuer-senioren.de
>
> **HINWEIS**

102 Communitys und Chatrooms

7 In der virtuellen Stadt Metropolis leben mehr als 1,6 Millionen Bürger.

8 Bei Moove erschaffen sich die Mitglieder ihre eigene virtuelle Welt im 3D-Design.

9 Um die einsamen Herzen kümmern sich zahllose Anbieter, die meisten wollen natürlich Geld für ihre Dienste.

Communitys erfreuen sich wachsender Beliebtheit bei der Internetgemeinde. Sie werden für Weblogs benutzt und sind meist auch Freizeit- und Partnerbörsen, Plauderecken und Informationsportale.

WISSEN

5 Web 2.0 – die weltweite Community

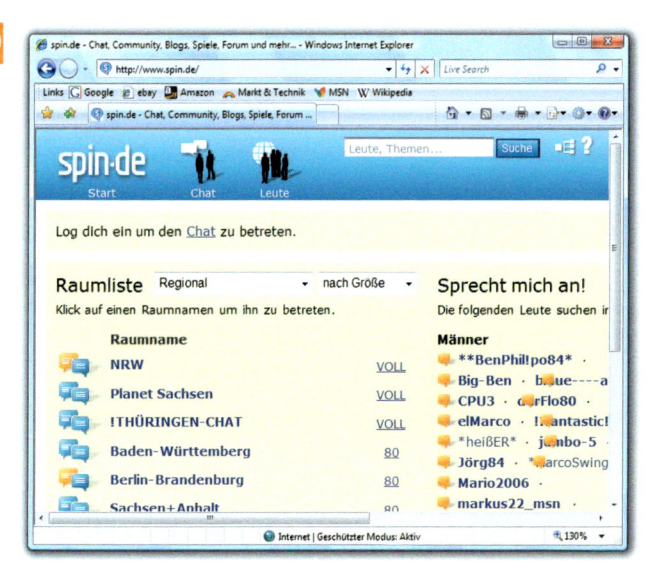

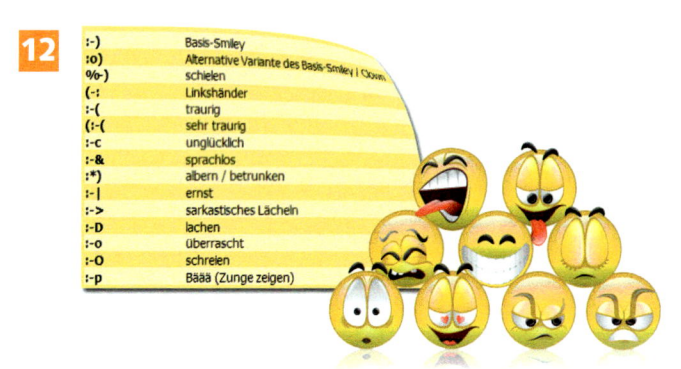

10 Chatrooms sind fester Bestandteil in jeder Community und auf vielen Internetseiten zu finden.

11 Chatter haben ihre eigene Sprache, Höflichkeit ist aber trotzdem meist angesagt.

12 Mit Emoticons drücken Chatter aus, was mit Buchstaben nicht zu vermitteln ist.

IRC heißt die Technik für Chats, die in einem Fenster außerhalb des Browsers laufen. Viele Communitywebseiten bieten solche mit Java programmierten Chats an.

IRC: Internet Relay Chat.
Java: Programmiersprache für Webseiten.

TIPP

FACHWORT

104 Twitter

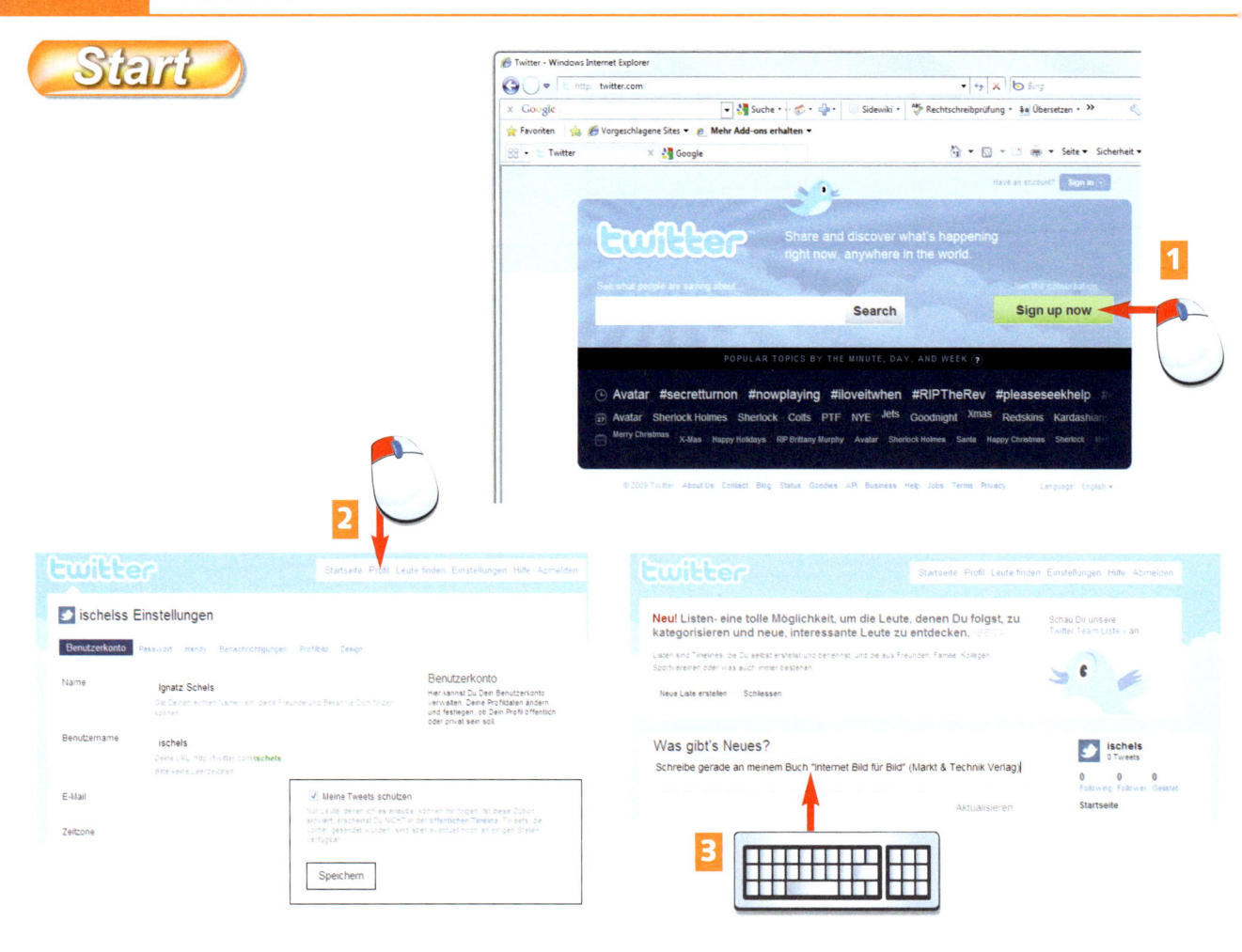

1 Starten Sie Ihren Browser und öffnen Sie die Webseite von Twitter. Mit einem Klick auf *Sign up now* melden Sie sich an.

2 Richten Sie ein neues Konto ein. Im Benutzerprofil bestimmen Sie, ob Sie privat oder öffentlich twittern.

3 Und schon kann es losgehen. Geben Sie Ihre erste Textnachricht (tweet) mit maximal 140 Zeichen ein und senden Sie sie ab.

WISSEN

Soziales Netzwerk, weltweiter Blog oder öffentliches Tagebuch – Twitter (engl. To twitter = zwitschern) ist ein Medium für schnelle private Kurznachrichten, die den Rest der Welt interessieren (oder auch nicht).

5 Web 2.0 – die weltweite Community 105

4 Mit einem Klick auf *Leute finden* öffnen Sie ein Suchfeld. Geben Sie ein, wen Sie im Twitter-Netzwerk finden wollen.

5 Die Nachrichten einzelner Twitterer können Sie abonnieren. Richten Sie gleich Listen mit Twitteradressen ein.

6 Die schnellste Methode zu twittern bietet das Handy: Richten Sie eine SMS-Schnittstelle oder Apps für Twitter ein.

Die Twitter-Sprache:
Nachricht schreiben: Twittern
Nachricht: Tweet
Abonnierte Nachricht: Followup
Leser eines Autors: Follower
Nachrichtenliste: Log

Tweetscan (www.tweetscan.com) oder Summize (www.summize.com) findet Gleichgesinnte im Zwitschernetz.

FACHWORT   **TIPP**

106 mySpace

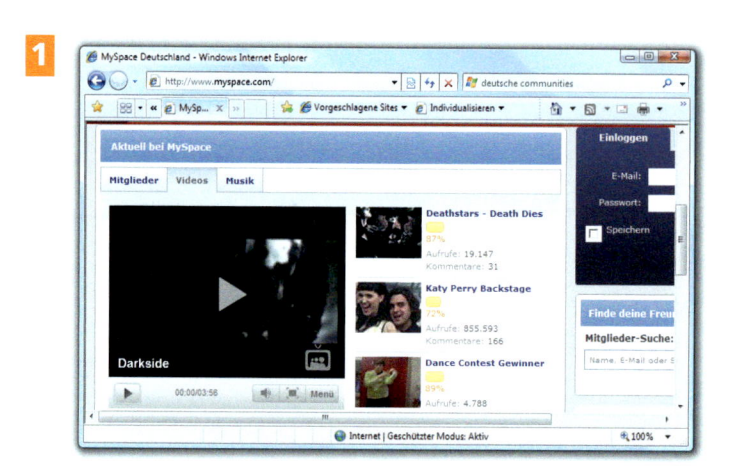

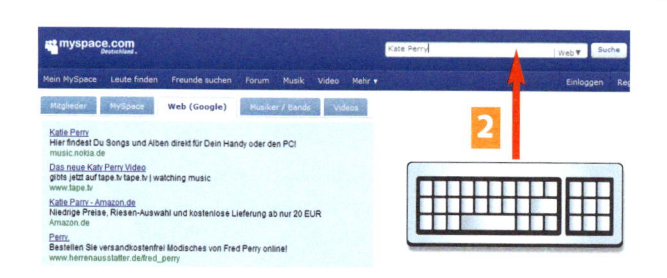

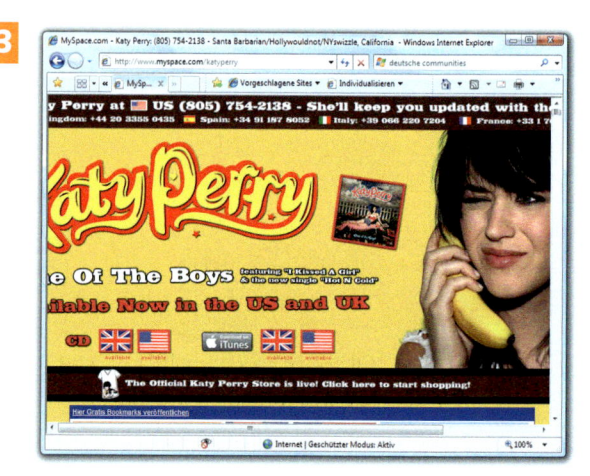

Start

1. Starten Sie mySpace über die Webadresse www.myspace.de.
2. Wenn Sie ein bestimmtes Profil suchen, geben Sie einen Namen in das Suchfeld ein.
3. Auf der Profilseite finden Sie alles über das gesuchte mySpace-Mitglied.

mySpace ist die weltweit größte Community mit den meisten Mitgliedern (mehr als 160 Millionen). Diese legen ihre persönlichen Profile an, treffen sich (digital) und tauschen Nachrichten aus. In mySpace sind auch viele Prominente, Musiker und Schauspieler vertreten.

WISSEN

5 Web 2.0 – die weltweite Community | 107

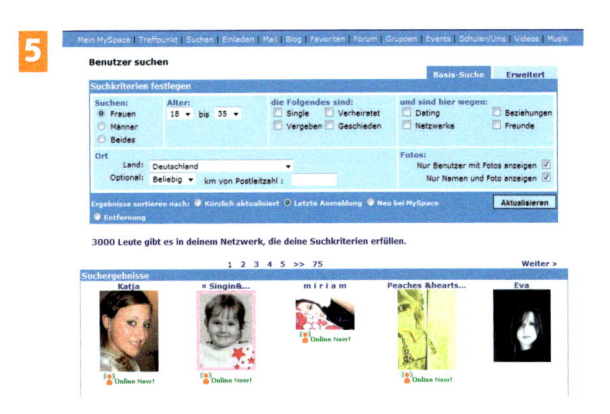

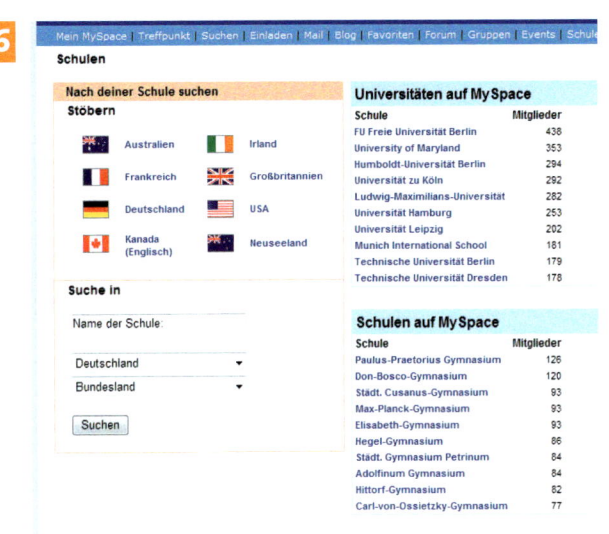

4 Über den Login können Sie einen Account einrichten und Ihr eigenes Profil erstellen.

5 Die Benutzersuche ermöglicht Recherchen nach Land, Geschlecht, Altersgruppe und weiteren Kriterien, für die Community gibt es Foren und Gruppen.

6 Suchen Sie auch nach Mitgliedern, die Ihre Uni oder Ihre Schule besucht haben.

Künstler und Musiker pflegen ihre „spaces" oder lassen sich von Agenturen pflegen und bieten so topaktuelle Infos über Songs (mit Downloads), Alben und Tourneedaten.

In der Rubrik *Blog* finden Sie aktuelle Blogs von mySpace-Mitgliedern. Für Videos und Musik gibt es eigene Rubriken.

HINWEIS **HINWEIS**

6

Fotos, Videos und Mashups

Fotos im Internet

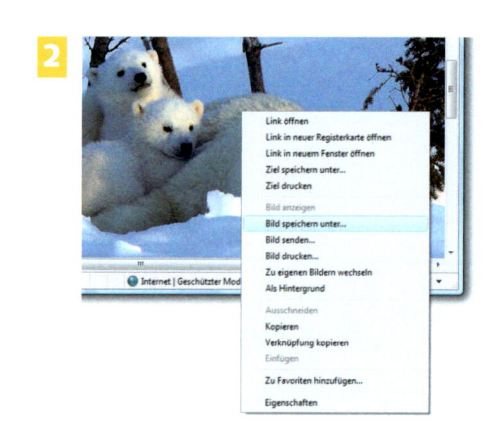

Start

1. Internetseiten präsentieren neben interessanten Texten meist auch schöne Bilder.

2. Klicken Sie ein Bild mit der rechten Maustaste an und speichern Sie es auf die Festplatte oder auf einen anderen Datenträger.

3. Sie können das Bild auch in die Zwischenablage kopieren und in eine andere Applikation (Word-Textdokument) einsetzen.

Das Internet ist Multimedia pur. Mit der Erfindung der komprimierten Bilddateien (GIF, JPG) können Webseiten die schönsten Bilder ohne lange Ladezeiten anbieten. Bedienen Sie sich, achten Sie aber auf die Bildrechte.

WISSEN

6 Fotos, Videos und Mashups 111

4 Große Bilder können Sie mit der Druck-Taste in die Zwischenablage „fotografieren". Drücken Sie [Alt]+[Druck], wenn Sie nur das Fenster haben wollen.

5 Mit der Bildersuchfunktion von Google finden Sie die besten Bilder. Stellen Sie die Bildqualität unter *Erweiterte Bildsuche* auf *Groß*.

6 Ein Klick auf die Vorschaugrafik vergrößert das Bild in einem eigenen Fenster. Achten Sie auf die angezeigten Bildformate und die Copyright-Hinweise.

HINWEIS	TIPP	HINWEIS
Die Dateiendung zeigt, welches Bild vorliegt: GIFs sind kleine Vorschaubilder mit geringer Qualität (256 Farben), JPG ist das Format für große Bilder und Fotos.	Klicken Sie ein Bild mit der rechten Maustaste an und wählen Sie *Eigenschaften*. Jetzt sehen Sie den Bildtyp und die Originalgröße.	Über das Kontextmenü der rechten Maustaste können Sie ein Bild auch per Mail versenden, als Windows-Hintergrundbild speichern oder direkt ausdrucken.

Fotos im Internet

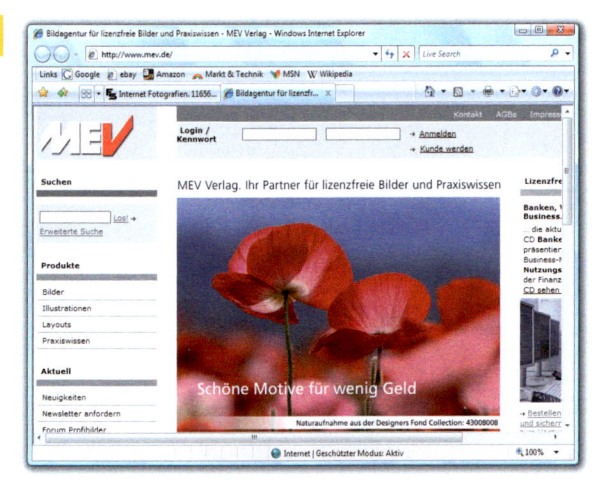

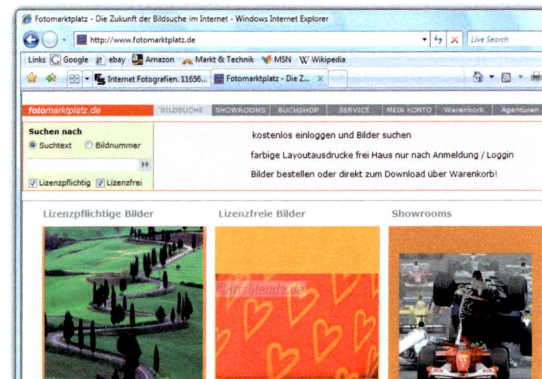

7 Professionelle Bilder und Fotos in bester Qualität liefern Bilddatenbanken gegen Lizenzgebühr.

8 Auf Fotomarktplätzen können Sie Bilder nach Stichworten suchen und einzeln oder im Paket kaufen.

9 Vorschaubilder in Bilddatenbanken sind mit digitalen Wasserzeichen geschützt, ein „Bilderklau" lohnt sich also nicht.

Das Internet ist auch eine Fundgrube für professionelle Bildverwerter. Bilddatenbanken, Fotoagenturen und freie Fotografen bieten ihre Kunstwerke zum Download an. Hier finden Sie für wenig Geld das passende Bild zu allen Gelegenheiten.

WISSEN

6 Fotos, Videos und Mashups   113

10 Fotolia bietet die Möglichkeit, eigene Bilder hochzuladen und anzubieten. Für verkaufte Bilder gibt es Credits, die wieder zum Bilderkauf verwendet werden.

11 Bei VisiPix finden Sie hochauflösende Fotos von Kunstwerken mit freiem Copyright: www.visipix.com.

12 Eine gute Quelle sind Pressearchive. Hier finden Sie hochwertige Produktfotos, die von den Firmen für Publikationen freigegeben sind.

Ende

Achten Sie auf die Bildlizenz, manche Anbieter räumen Einmalbenutzung ein, andere geben das bezahlte Bild komplett frei.

Die meisten Bilddatenbanken bieten ihre Sammlungen auch auf CDs an, preislich meist günstiger als beim Einzelbildkauf.

Links:
www.mev.de
www.fotomarktplatz.de
www.fotos-direkt.de
www.onetox.de
www.fotolia.de

TIPP   **TIPP**   **HINWEIS**

Photosharing mit Flickr

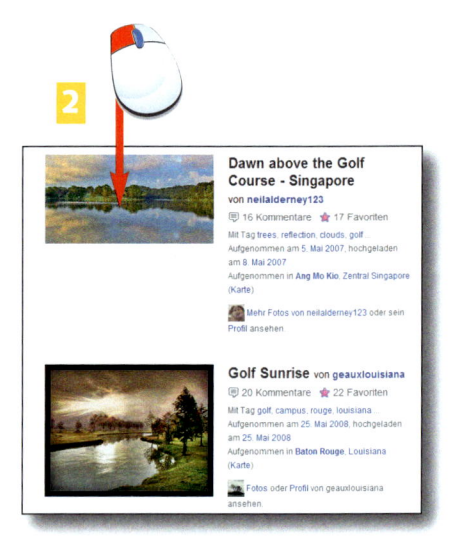

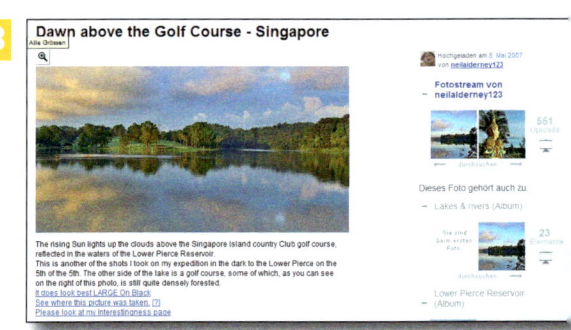

1. Starten Sie Flickr über die Webadresse www.flickr.com. Für eine schnelle Bildrecherche geben Sie den Suchbegriff in das Suchfeld ein.

2. Die Fotos werden angezeigt, durchsuchen Sie die Liste. Klicken Sie das Bild an, das Sie kopieren wollen.

3. Links oben finden Sie ein Symbol, das alle verfügbaren Auflösungen anzeigt. Achten Sie auf die Copyright-Angaben rechts unten.

Flickr ist eine Web 2.0-Photosharing-Plattform, auf der Fotos gespeichert, sortiert, kategorisiert und mit der ganzen Internetwelt geteilt werden können. Flickr hat 5 Millionen registrierte Benutzer und derzeit ca. 4,5 Milliarden Bilder. Machen Sie sich ein Bild …

WISSEN

6 Fotos, Videos und Mashups · 115

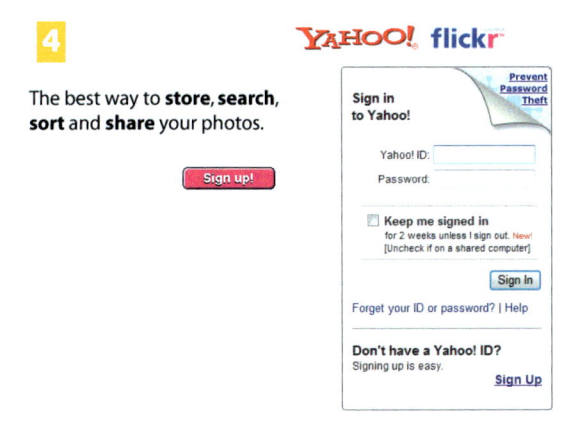

4 Um eigene Fotogalerien anlegen, Fotos kommentieren oder an Gruppen teilnehmen zu können, müssen Sie sich bei Flickr (Yahoo) anmelden.

5 Mit dem Uploader stellen Sie Ihre eigene Fotogalerie ins Internet.

6 Hier finden Sie ein umfangreiches Tutorial zu Flickr in deutscher Sprache: http://www.marsianer.de/flickr/schule/.

Ende

TIPP

Die Nokia-Handys der Nseries können Bilder direkt aus der Galerie an Flickr senden.

HINWEIS

Der Basiszugang zu Flickr ist kostenlos, schränkt aber auf 5 MByte pro Bild ein. Mit einem bezahlten Pro Account haben Sie 10 MByte.

HINWEIS

Mit dem RSS-Button werden Flickr-Fotos in einem RSS-Feed verpackt. Nutzen Sie die vielen Erweiterungen, die es zu Flickr gibt, z. B. Google Earth-Anbindung und Widgets (Sammlung hier: http://www.pcwelt.de/know-how/online/77334/index.html).

116 Videos im Internet

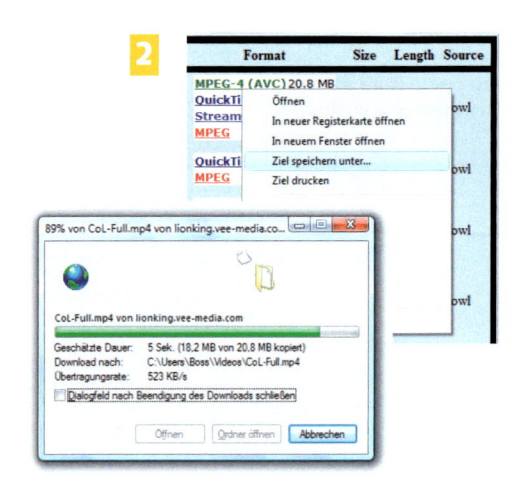

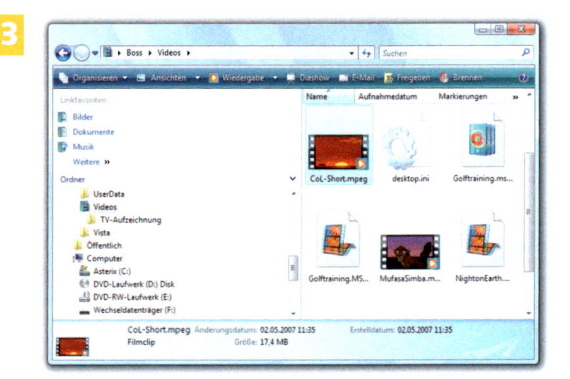

Start

1 Die Promotionseite des berühmten Disney-Films bietet kleine Videos an: www.lionking.org/movies.

2 Über das Kontextmenü der rechten Maustaste speichern Sie ein Video als Datei ab (hier im MPEG-4-Format).

3 Im Windows-Explorer finden Sie die Datei anschließend im Ordner *Videos* bzw. *Eigene Videos*.

WISSEN

Videos gehören zu guten Internetseiten wie das Bild zum Prospekt. Mit neuen und besseren Übertragungstechniken wird Streaming (direkte Übertragung) zum Standard, häufig können die Clips aber auch als Dateien gespeichert werden.

6 Fotos, Videos und Mashups 117

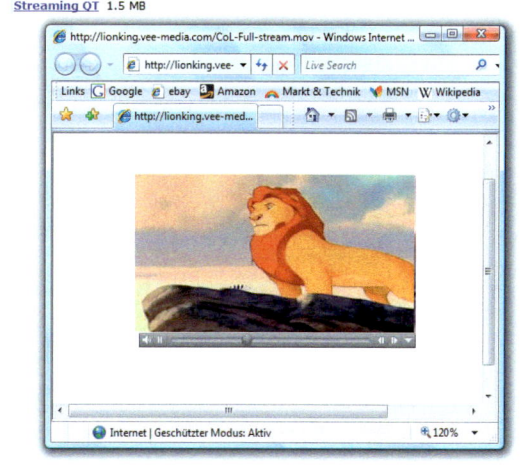

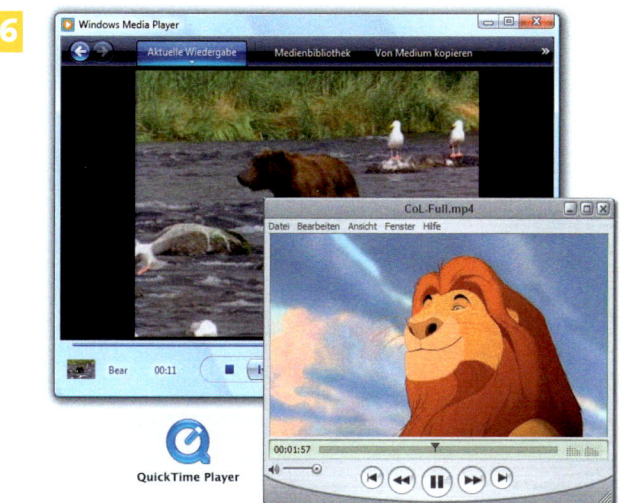

4 Mehrere Downloads gleichzeitig erledigt ein Download-Manager wie Accelerator Plus. Sie können ihn kostenlos von dieser Seite laden: www.speedbit.com.

5 Streaming-Videos werden direkt abgespielt, dazu wird ein neues Fenster aktiviert. Diese Videos lassen sich nicht so einfach als Datei speichern.

6 Die Software zum Abspielen von Videos steht unter Windows zur Verfügung oder wird nachinstalliert, sobald ein entsprechendes Format vorliegt.

Für Video-Streaming gibt es unterschiedliche Datei- und Übertragungsformate: MP3, MP4, Real-Audio, Real-Video, QuickTime, WMA.

Plug-Ins zum Abspielen von Videos:
Windows Media Player: www.microsoft.com/windows/windowsmedia/de
Apple QuickTime: www.apple.com/de/quicktime
Real Player: www.de.real.com/player/

HINWEIS   **HINWEIS**

118 Videokonferenzen und Webcams

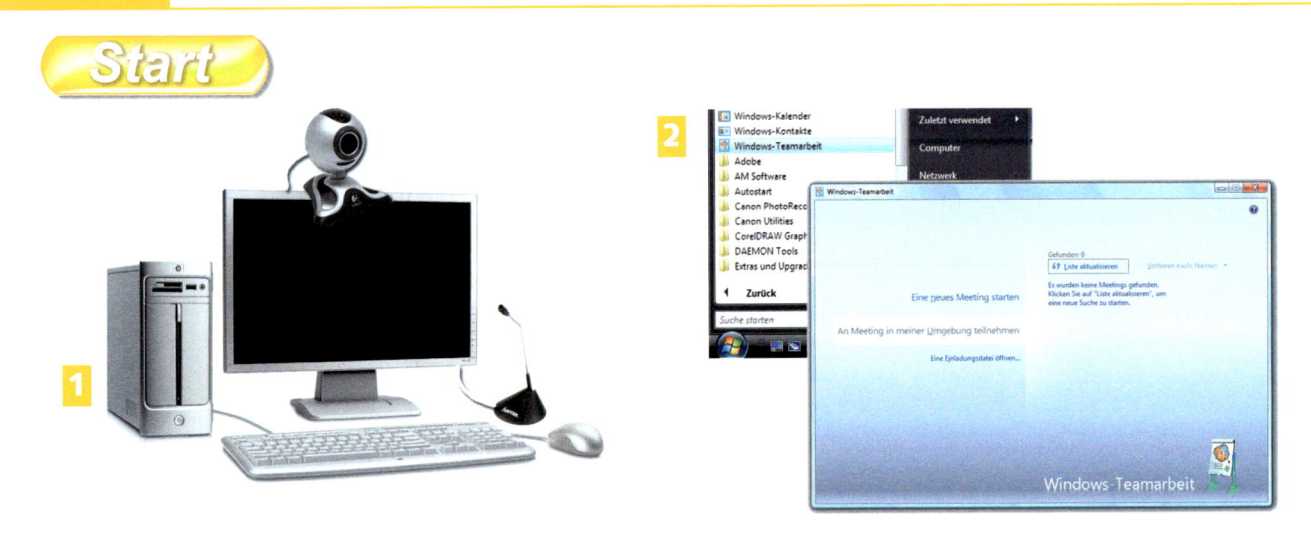

Start

1 Für Videokonferenzen brauchen Sie neben Lautsprechern und Mikrofon eine PC-Kamera (Webcam).

2 NetMeeting ist das Programm für Videokonferenzen in Windows XP. Windows Vista bietet dazu das Programm Windows Teamarbeit.

3 Für Pocket PCs, Handhelds oder Smartphone-Handys gibt es Microsoft Portrait. Laden Sie das Programm kostenlos bei Microsoft.

Mit einer Kaffeekanne fing es an. Die erste Webcam entstand, weil ein Student wissen wollte, ob es im ersten Stock noch Kaffee gab. Heute ist die Live-Videokamera fester Bestandteil vieler Webseiten, auch Bildtelefon und Videokonferenzen via Internet sind längst Standard.

WISSEN

6 Fotos, Videos und Mashups   119

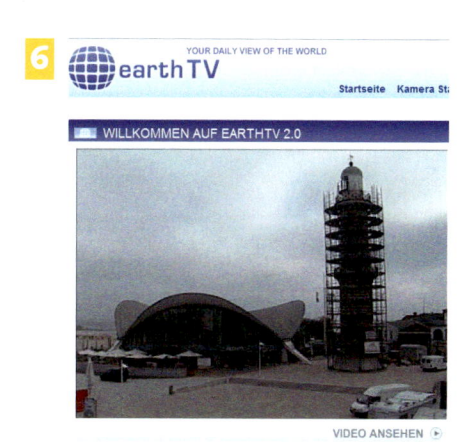

4 Webcams sind Live-Ansichten auf Landschaften, Büros, Gebäude, Wetterstationen und mehr. Sie werden auf zahlreichen Internetseiten angeboten.

5 Der Webcam-Navigator bietet viele Links und Informationen zu Webcams: www.netcamera.de.

6 Auf den Seiten von earthTV finden Sie viele Webcams und Videos von Standorten weltweit: http://earthtv.com/de.

Live-Videostreams:
www.tagesthemen.de
Video on demand:
www.t-online-vision.de
Die Webcam in Ihrer Stadt:
www.city-webcams.de

Microsoft Portrait:
http://research.microsoft.com/mcom/portrait

TIPP

HINWEIS

120 Internet-TV

1 Auf der Internetseite www.glotzdirekt.de finden Sie Fernsehsender, die frei über das Internet zu empfangen sind.

2 Starten Sie das Programm per Doppelklick auf das Logo, hier zum Beispiel den Nachrichtensender n-tv.

3 Zahlreiche Firmen bieten gebührenpflichtiges Internet-TV an. Dazu wird nach Anmeldung eine Software installiert.

Das traditionelle Pantoffelkino hat ausgedient. Internet-TV ersetzt langsam, aber sicher Kabelfernsehen, SAT-TV und Digital-TV. Anbieter gibt es bereits genug, aber der Markt entwickelt sich erst. Und Formate wie Joost sind erst der Anfang.

WISSEN

6 Fotos, Videos und Mashups | 121

4 T-Online bietet mit T-Home eine Komplettlösung für Internet und TV mit Videorekorder und digitaler Fernsehzeitschrift.

5 Mit dem Online-Videorekorder zeichnen Sie Sendungen auf und holen diese per Download als Dateien auf den Computer.

6 Sehen Sie bei Joost nach, wie das Fernsehen der Zukunft aussehen könnte.

Ende

Joost (www.joost.com, vorher Venice Project) bietet neben Sendern für Dokumentation, Sport und Musik auch die Möglichkeit, einer Community mit Blog und Chat beizutreten.

Internet-TV mit Witz: www.ehrensenf.de

Die Kosten für Internet-TV sind geringer als normale Fernsehgebühren, aber die Preise werden noch stärker fallen.

TIPP   **TIPP**   **HINWEIS**

YouTube

Start

1 Starten Sie YouTube von der Webseite www.youtube.de (deutsche Version) oder bei www.youtube.com (Englisch).

2 Suchen Sie in den Kategorien, in der Tags-Liste oder in den Top Ten nach den Videos, die Sie sehen wollen.

3 Ein Klick auf das Vorschaubild öffnet das Video. Mit dem Wiedergabeknopf stoppen und starten Sie den Film.

WISSEN

Das Videosharing-Portal YouTube wurde 2005 gegründet und 2006 von Google übernommen. Die Webseite bietet Millionen von Musikvideos, Film- und Fernsehausschnitte und selbstgedrehte Filmchen von Usern aus aller Welt. Und das könnten auch Sie sein ...

6 Fotos, Videos und Mashups · 123

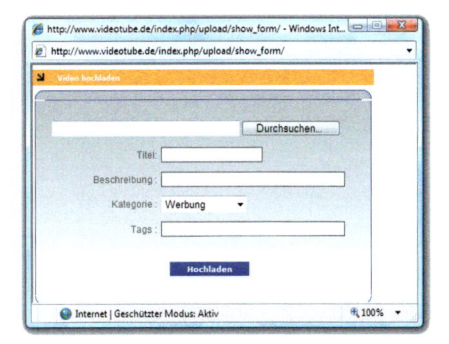

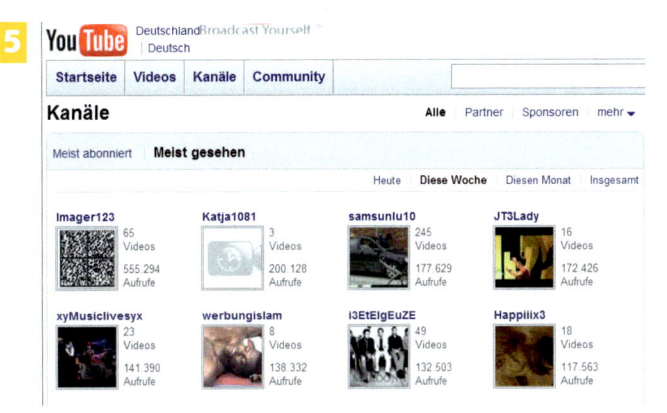

4 Um selbst ein Video hochzuladen, müssen Sie sich zunächst (kostenlos) registrieren. Klicken Sie dann auf *Hochladen* und geben Sie den Dateinamen ein.

5 Sehen Sie die Channels an, hier finden Sie auch nützliche und informative Videosammlungen.

6 Schicken Sie Ihren Freunden den Link, der unter Aktionen angezeigt wird, dann können sich diese das Video ebenfalls ansehen.

HINWEIS

Um die Videos anzeigen zu können, muss Ihr Computer das Plug-In Adobe Flash installiert haben.

TIPP

Hier können Sie YouTube-Videos als MPG-Dateien speichern:
www.snatchvid.com
www.keepv.com

HINWEIS

Bei YouTube werden täglich etwa 100 Millionen Clips angesehen, pro Tag kommen 65.000 neue Videos hinzu.

124 myVideo, sevenload und Clipfish

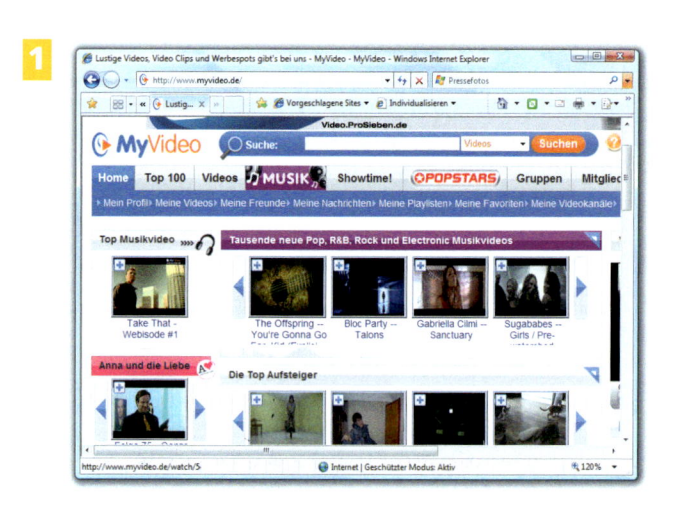

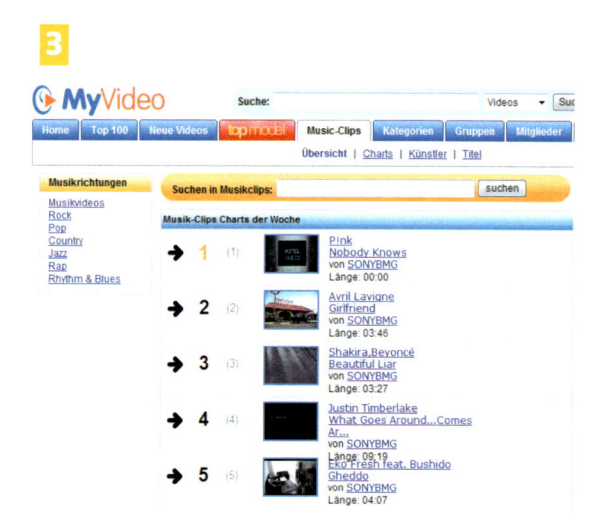

Start

1 Starten Sie myVideo über die Webadresse www.myvideo.de. Die Videos sind in verschiedene Gruppen und Kategorien unterteilt.

2 Auch bei myVideo müssen Sie sich anmelden, wenn Sie selbst Videos hochladen wollen.

3 Es gibt sogar Charts für die besten Musikclips.

WISSEN

Mit myVideo, Sevenload und Clipfish gibt es drei Videocommunitys in Deutschland, die YouTube Konkurrenz machen. Hier finden Sie hauptsächlich einheimische TV-Ausschnitte, Musikclips und selbst gedrehte Filmchen.

6 Fotos, Videos und Mashups

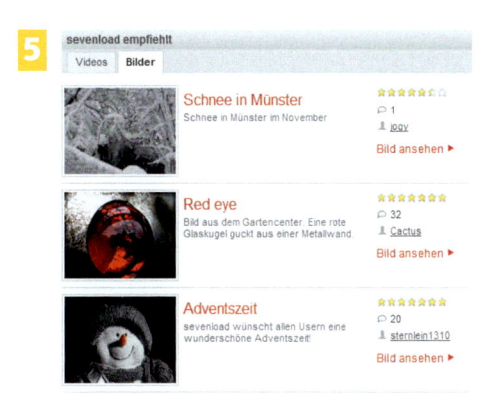

4 Das Videoportal Sevenload erreichen Sie unter www.sevenload.de. Hier finden Sie ebenfalls hauptsächlich einheimische Clips und Videos.

5 Bei Sevenload können Sie auch Bildergalerien nach schönen und interessanten Fotos durchsuchen und Bilder hochladen.

6 Clipfish ist ein weiteres Videoportal (www.clipfish.de). Suchen Sie hier nach Ihren Lieblingsvideos und teilen Sie diese mit Freunden.

Ende

Die Qualität ist bei den deutschen Communitys besser, die Videos werden schneller geladen.

TIPP

Registrieren und anmelden müssen Sie sich nur, wenn Sie Videos hochladen und an der Community teilnehmen wollen.

HINWEIS

Mashups

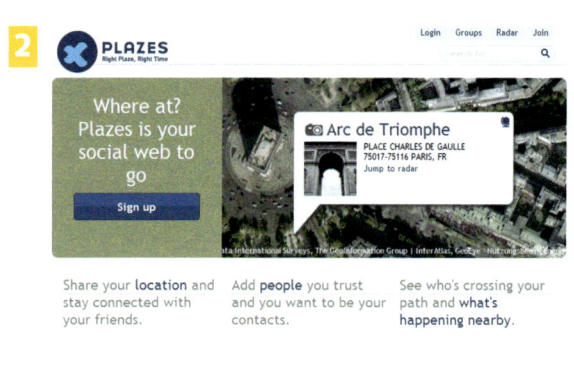

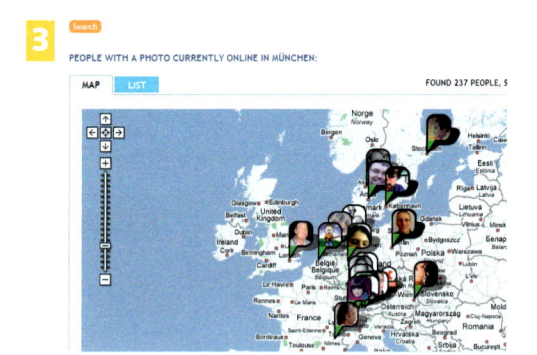

Start

1 Die Internetseiten www.webmashup.com und www.programmableweb.com bieten offene Schnittstellen, Mashups und Infos für Entwickler.

2 Eine der ersten Mashup-Seiten ist www.plazes.com. Tragen Sie Ihre Position auf der Google Map ein …

3 … und Sie können weltweit lokalisiert werden, auf Wunsch auch mit Bild und anderen Infos zur Person.

WISSEN

Mashups sind Internetseiten, die Inhalte aus den unterschiedlichsten Bereichen mixen (engl.: to mash = mischen). Texte, Bilder, Musik und Videos werden kombiniert, Mashups nutzen dazu die offenen Inhalte anderer Internetseiten, zum Beispiel von Google Maps.

6 Fotos, Videos und Mashups | 127

4 Geocaster ist ein weiteres Mashup, mit dem Personen oder Gruppen lokalisiert werden können (www.geocaster.com).

5 Auf www.ewirt.de finden Sie Restaurants in Ihrer Region. Tragen Sie Ihr Lieblingsrestaurant ein.

6 Jogmap (www.jogmap.de) ist die Infoseite für Jogger, Läufer und Walker mit Laufstrecken auf Google Maps.

Eine Liste mit deutschsprachigen und internationalen Mashups finden Sie hier: www.web2null.de/category/mashup

TIPP

Die deutsche Google-Maps-Community: www.planet-gmaps.de

TIPP

Mashups arbeiten mit APIs (Application Programming Interface), häufig mit Karten von Google Maps, aber auch mit Flickr, YouTube u. a.

HINWEIS

7

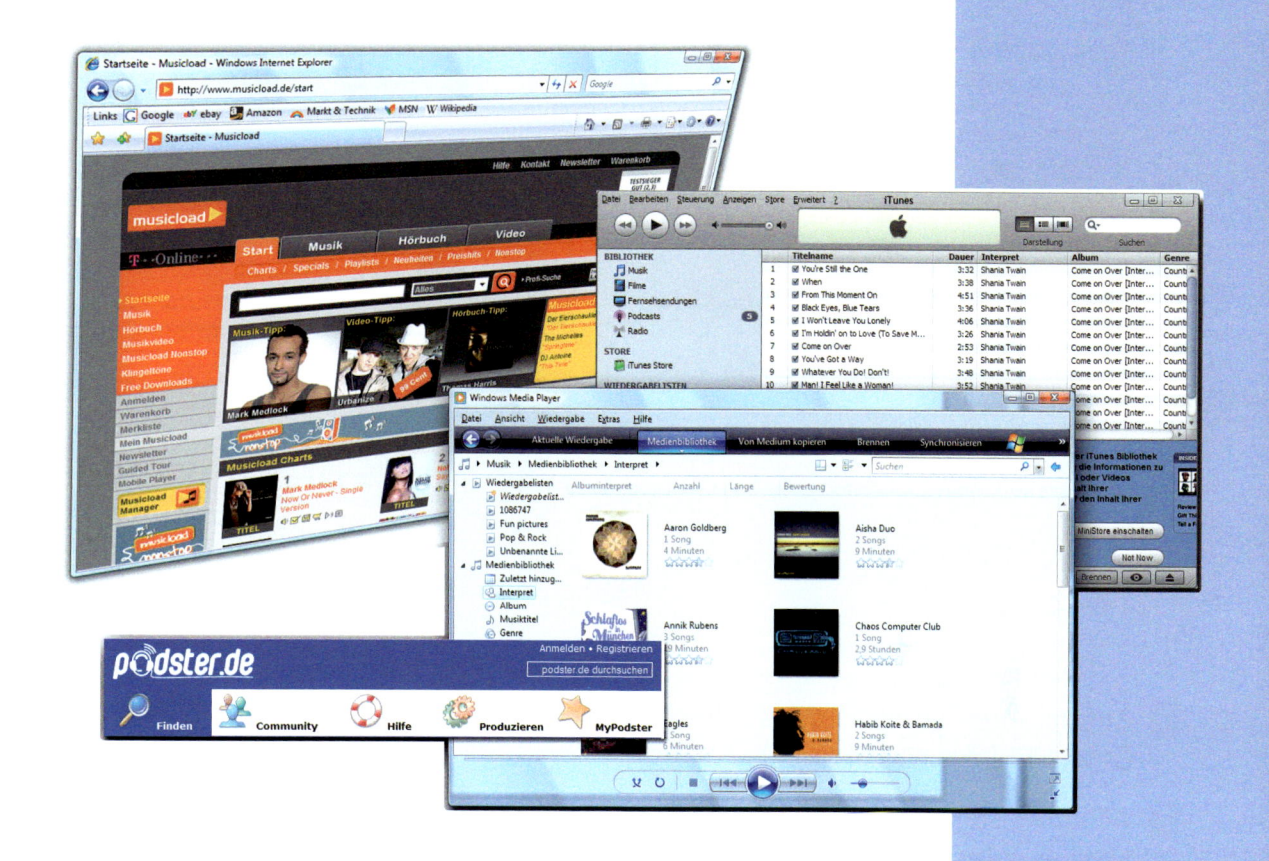

Musik, Radio, Podcasts

MP3 – das Musikformat im Internet

Start

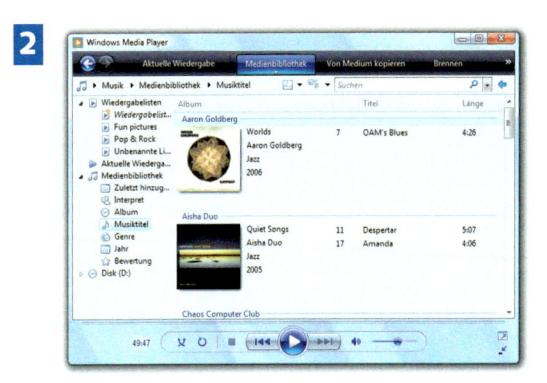

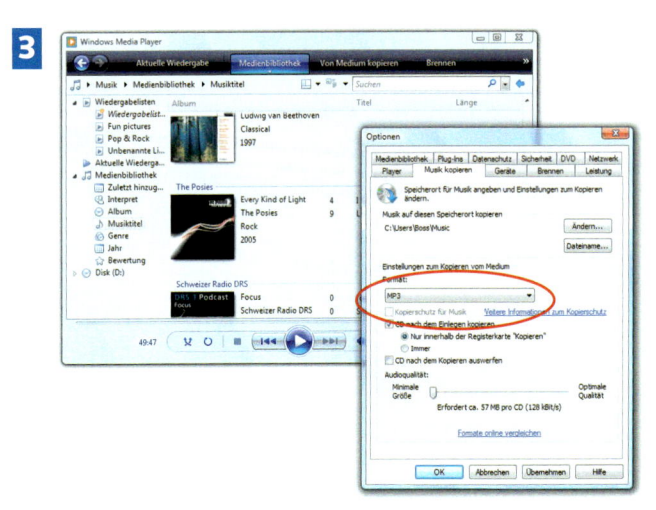

1 Auf der Internetseite des Fraunhofer Instituts (www.iis.fraunhofer.de) finden Sie die Geschichte des MP3-Formats.

2 Windows stellt den Media Player zum Abspielen zur Verfügung. Laden Sie die neueste Version unter www.microsoft.com/windows/windowsmedia/de herunter.

3 Drücken Sie die [Alt]-Taste, wählen Sie *Extras/Optionen* und stellen Sie unter Musik kopieren das MP3-Format ein.

Musik gibt es im Internet direkt und live oder als Downloads. MP3 ist das Dateiformat, das Musikdaten komprimiert, indem es die Töne eliminiert, die das menschliche Ohr nicht hört. Erst die Erfindung der komprimierten Musikdatei durch das Fraunhofer Institut hat Musik auf dem Computer ermöglicht.

WISSEN

7 Musik, Radio, Podcasts

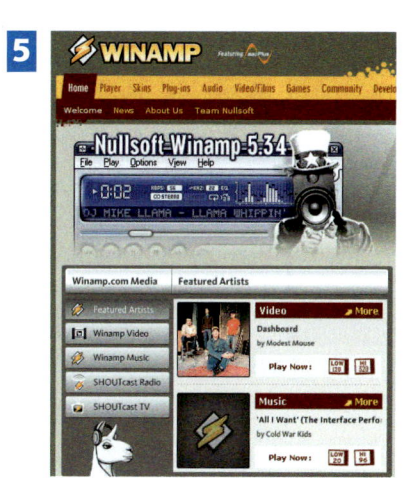

4 Mit iTunes bietet Apple einen MP3-Player für Windows und Mac an. Hier können Sie iTunes kostenlos laden: www.apple.com/de/itunes.

5 Winamp ist MP3-Software und Musikportal in einem. Hier finden Sie das Programm, MP3s und Musikvideos: www.winamp.com.

6 Über die USB-Schnittstelle können die Songs zwischen Computer und MP3-Player kopiert werden.

Ende

HINWEIS

Apples iPod arbeitet nur mit iTunes zusammen, alle anderen MP3-Player auch mit Windows Media Player oder Winamp.

HINWEIS

Sehen Sie im *Windows Update* nach, ob es neue Versionen vom Windows Media Player gibt. MP3 wird erst ab der Version 10.0 unterstützt.

132 Reinhören, Abspielen, Downloaden

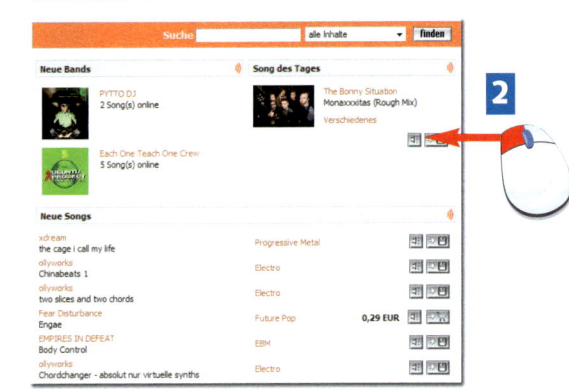

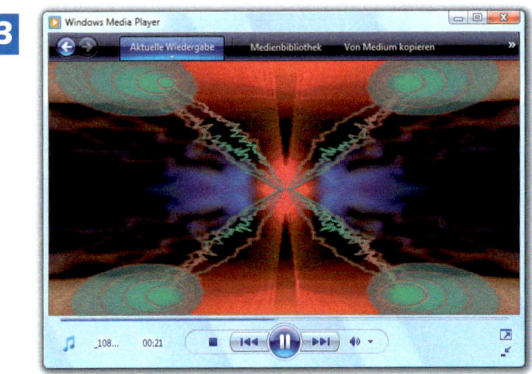

Start

1. Bei MP3 (www.mp3.de) finden Sie viele Songs von bekannten und unbekannten Künstlern. Viele können Sie kostenlos anhören und downloaden.

2. Suchen Sie über das Suchfeld oder stöbern Sie in den Listen und klicken Sie auf *Preview*, um den Song anzuhören.

3. Der aktuelle Player (Media Player oder iTunes) startet und präsentiert das Musikstück.

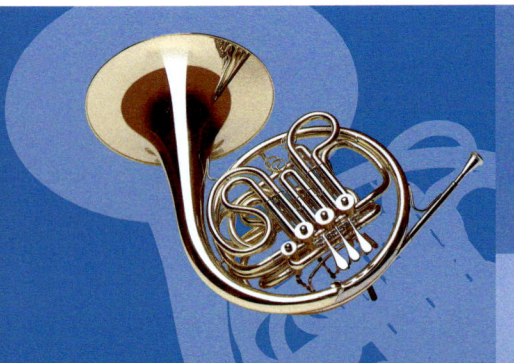

Das Internet ist eine unerschöpfliche Musikquelle, und so ziemlich jeder Song, der irgendwann einmal geschrieben wurde, ist auch digital im Web vertreten. Viele Musiker nutzen die Musikbörsen und bieten Songs kostenlos an, um sie bekannt zu machen.

WISSEN

7 Musik, Radio, Podcasts | **133**

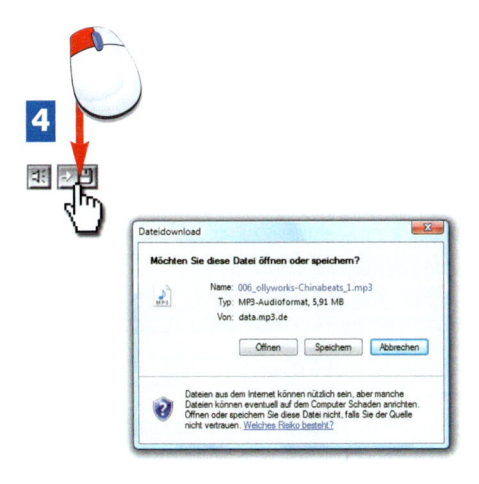

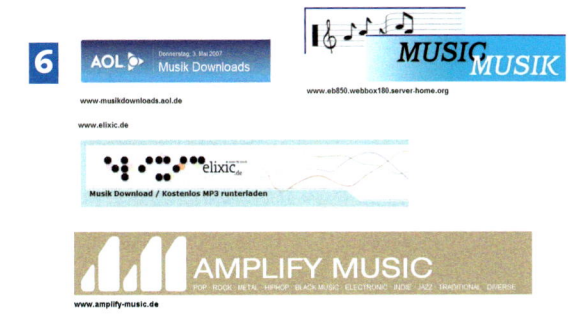

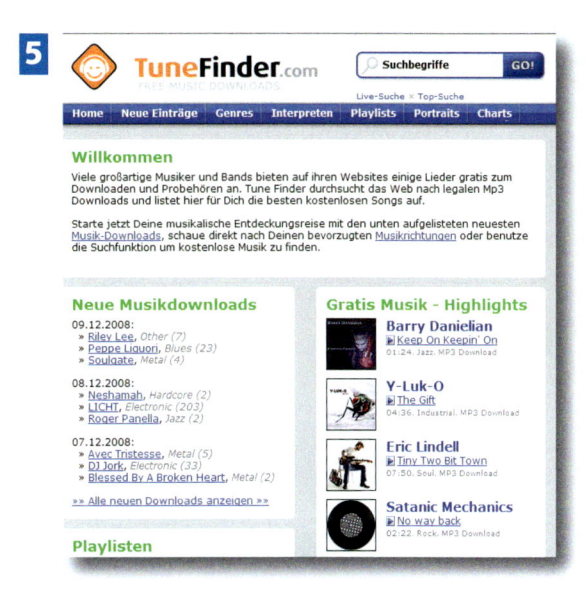

4. Klicken Sie auf *Download* und speichern Sie den Song als MP3-Datei auf Ihrer Festplatte.

5. Bei Tunefinder (www.tunefinder.de) finden Sie ebenfalls viele Songs, katalogisiert nach Gruppen und Genres.

6. Sehen Sie sich auch diese Angebote an, hier finden Sie Musik in allen Variationen.

TIPP

Ganz legale Downloads:
www.neon.stern.de
Forum für klassische Musik:
www.klassikopen.de

TIPP

Das Portal für Musiker:
www.musiker-flohmarkt.de

HINWEIS

Viel Musik gibt es natürlich auch in den virtuellen Communitys. Bei mySpace wird Musik getauscht und auch ganz offiziell in Downloadlisten angeboten.

134 Musikbörsen

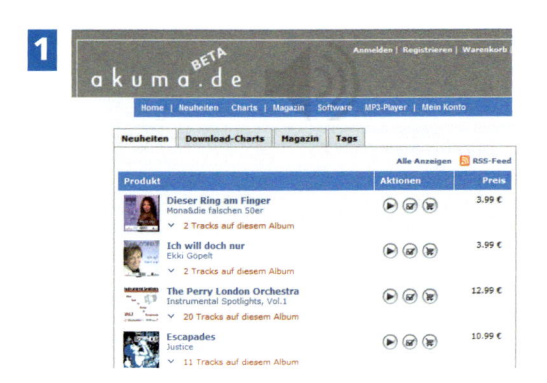

Start

1 Gute und bekannte Musik ist selten kostenlos, aber viele Internetseiten bieten erstklassige Musik zu vernünftigen Preisen.

2 Beim deutschen Musikdienst musicload.de finden Sie alle Neuerscheinungen und ein großes Angebot an Downloads.

3 Napster bietet sogar eine Musik-Flatrate an.

WISSEN

Musik ganz legal downzuloaden und zu kaufen ist Standard geworden. Illegale Downloads über virenverseuchte Tauschbörsen sind out, Musikbörsen haben tolle und bezahlbare Angebote und liefern beste Qualität.

7 Musik, Radio, Podcasts

4 Der iTunes-Store ist nicht nur für Apple iPod-Besitzer offen, er bietet eine große Auswahl an Songs und Videos.

5 Im Digital Music Store von Amazon können Sie auch preisgünstig Musik einkaufen.

6 Viele Downloads gehen natürlich illegal über Tauschbörsen und Fileserver. Die Gefahr, sich ein Virus, Spyware oder Trojaner einzufangen, ist aber sehr hoch.

TIPP

Internationale Musikbörsen:
www.msn-radio.com
www.easymusicdownload.com
www.musicdownloads.walmart.com

HINWEIS

Häufig sind Songs aus dem Internet mit Lizenzen versehen oder mit DRM-Labels (Digital Rights Management), die nur eingeschränkte Benutzung erlauben. Klicken Sie eine Datei mit der rechten Maustaste an und wählen Sie *Eigenschaften*, um diese Labels einzusehen.

136 Musikprojekte im Internet

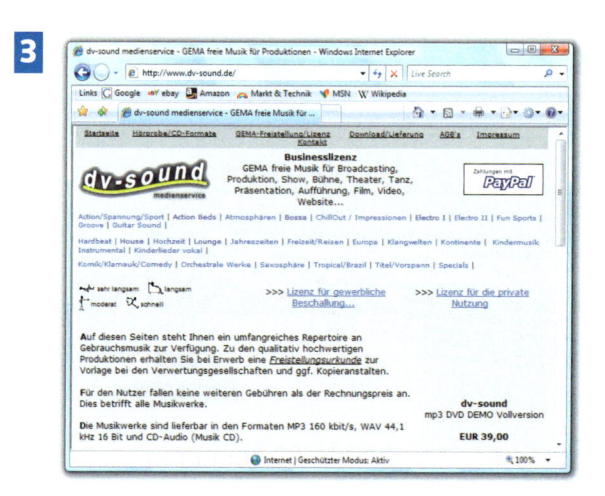

Start

1 Viele Internetseiten befassen sich mit Projekten rund um Musik. Hier zum Beispiel das Schulprojekt in Freiburg (www.schulmusik-online.de).

2 Das Orpheus-Portal enthält zahlreiche Links zu allen möglichen Musikthemen.

3 Musik für alle Anlässe, GEMA-gebührenfrei zum Download bieten Webseiten wie www.dv-sound.de und www.gemafreie-welten.de.

Für Musikliebhaber bietet das Internet noch viel mehr als Hits und Charts. Zahlreiche Seiten befassen sich mit Musikprojekten, bieten Informationen und Tools für Musiker und berichten von den neuesten Trends im Musikmarkt.

WISSEN

7 Musik, Radio, Podcasts

4 Über 800 Hörbücher und e-Books finden Sie bei readersplanet (www.readersplanet.de) zum Downloaden. Nutzen Sie die vielen Hörproben.

5 Musikmagazine informieren über neueste Trends im Musikmarkt und enthalten zahlreiche Downloads (www.omm.de).

6 Hier eine Auswahl weiterer Musikmagazine im Internet.

TIPP

Für Leute, die keine Zeit zum Lesen haben: www-short-books.de bietet Zusammenfassungen von Sachbüchern und Romanen als Hörbücher an.

TIPP

Das MixedTape-Projekt von Mercedes-Benz fördert junge Künstler: www3.mercedes-benz.com/mixedtape

TIPP

Links für Bands und Musiker:
www.kasino-royal.de
www.stagelife.de
www.band24.de
www.bandboard.de
www.onlinemusik.de

138 Webradio – das Ohr am Internet

Start

1 Starten Sie iTunes, das Medienprogramm von Apple, und wechseln Sie in der Menüleiste auf *Radio*. Die verfügbaren Sender werden als Streams angeboten.

2 In Windows Vista aktivieren Sie das *Media Center*. Hier gibt es *MCE Radio*, damit können Sie viele internationale Sender empfangen.

3 Auch der Windows Media Player lässt sich auf Radioempfang einstellen. Über die Webseite von WindowsMedia stellen Sie den Sender ein.

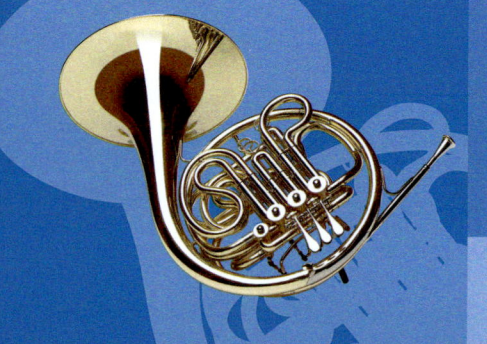

WISSEN

Radiohören war gestern, Internetradio heißt die Devise. Alle Radiosender bieten ihr Programm im Internet an. Hören Sie doch einfach mal klassische Musik aus Korea oder Country aus Alabama.

7 Musik, Radio, Podcasts 139

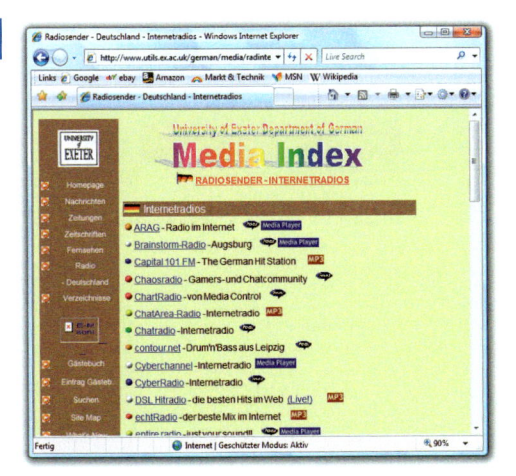

4 Im Media Index finden Sie eine Liste mit Internet-Radiosendern.

5 Die Radioszene bietet Informationen für Radiomacher (www.radioszene.de).

6 Unter www.radiosites.de finden Sie viele Informationen rund um das Internet-Radio.

TIPP
Den Polizeifunk von New York oder den Flugfunk der NASA hören? Kein Problem mit www.surfmusik.de.

TIPP
Hier legen Radiosender ihre Podcasts ab: www.streamonthefly.org

HINWEIS
Als Alternative zu den kommerziellen und halbstaatlichen Sendern haben sich freie Radios wie der Querfunk in Karlsruhe (www.querfunk.de) oder Radio Z in Nürnberg (www.radio-z.net) etabliert. Hier der deutsche Bundesverband: www.freie-radios.de.

140 Last.fm – die Online-Musikcommunity

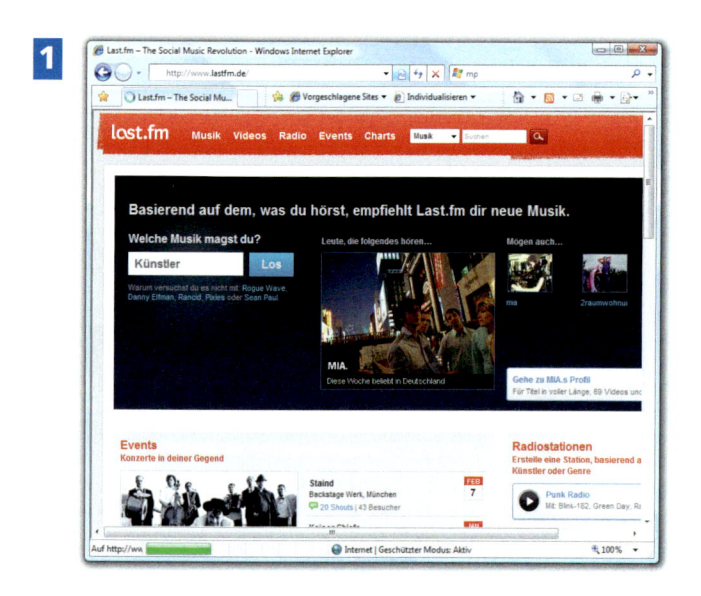

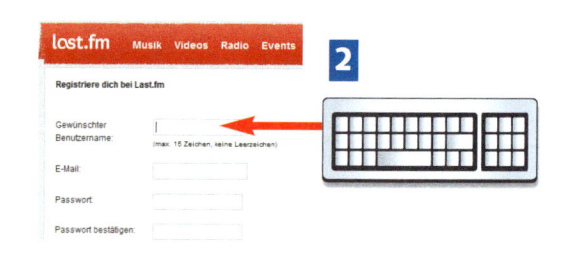

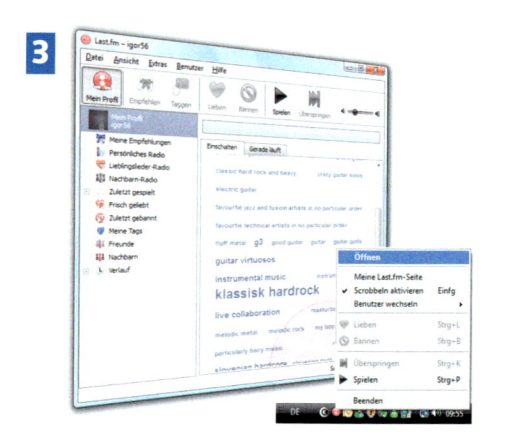

Start

1 Starten Sie last.fm im Internet Browser unter der Adresse www.lastfm.de.

2 Die Anmeldung ist kostenlos, erstellen Sie Ihr Profil und laden Sie gleich die Scrobble-Software. Installieren Sie das Plug-In auf der Festplatte.

3 Über das Symbol im Systembereich können Sie den last.fm-Player aktivieren. Spielen Sie Ihre Lieblingsmusik, und legen Sie Tags und Loves an.

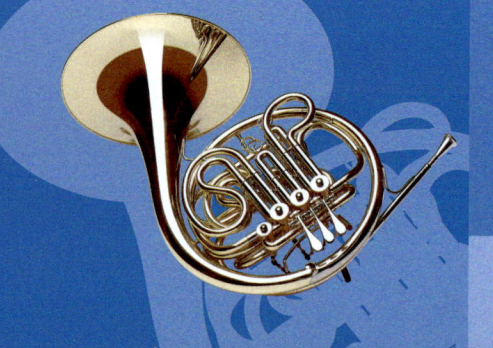

Die Web 2.0-Anwendung Last.fm ist eine Musikdatenbank, ein Internetradio und eine internationale Community von Musikliebhabern. Im „social internet radio" hat jeder Hörer ein persönliches Profil mit seiner Lieblingsmusik, das last.fm „scrobbelt", um Empfehlungen für neue Musik zu geben.

WISSEN

7 Musik, Radio, Podcasts 141

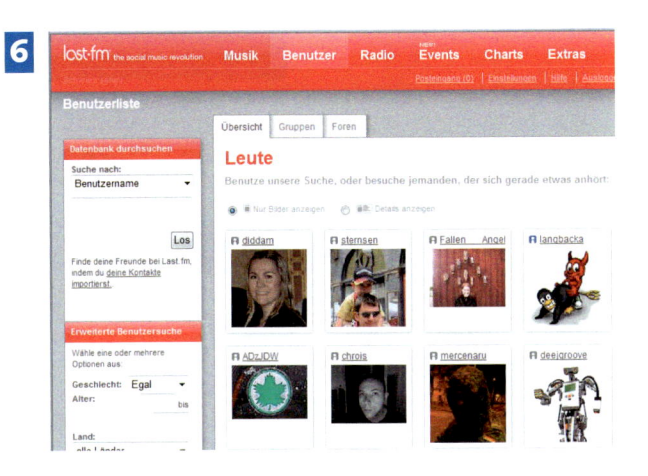

4 Auf der Musik-Seite finden Sie neue Künster und neue Hits, Empfehlungen und Downloads für Ihre Musikrichtung.

5 Konzerte und Musikveranstaltungen in Ihrer Umgebung zeigt Ihnen last.fm auf der Registerkarte Events.

6 Werden Sie Teil der Community. Bei last.fm können Sie mit Musikfans aus aller Welt Interessengruppen gründen und Infos oder Empfehlungen austauschen.

TIPP

Sie können für last.fm auch Ihren eigenen Player verwenden (iTunes, Winamp, Windows Media), geben Sie ihn bei der Installation des Plug-Ins an.

FACHWORT

Scrobbeln: Die installierte last.fm-Software registriert, welche Musik der Anwender am liebsten hört und erstellt daraus ein Profil.

142 Radiosendungen mitschneiden

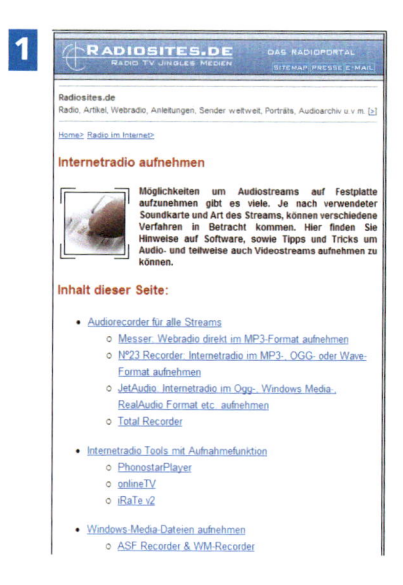

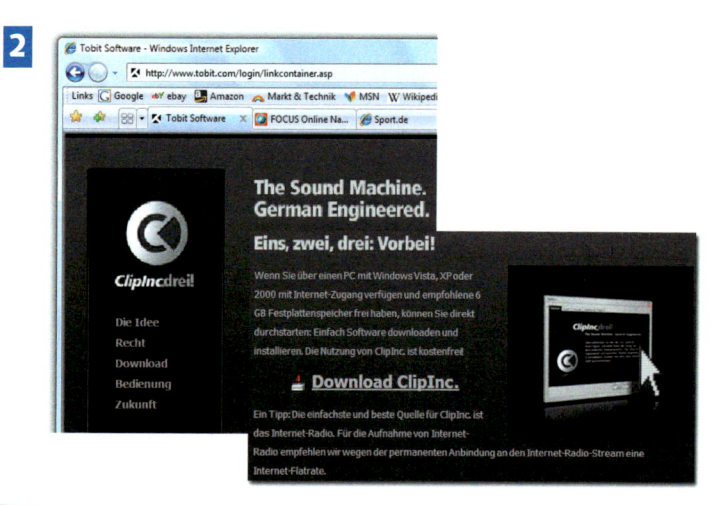

Start

1 Auf der Webseite www.radiosites.de finden Sie Informationen über das Aufnehmen von Internet-Radiostreams.

2 ClipInc ist eine kostenlose Software zum Mitschneiden von Radiosendern aus aller Welt. Laden Sie das Programm unter www.clipinc.de.

3 Nach der Installation finden Sie ein Symbol im Systembereich der Taskleiste, starten Sie damit den ClipInc-Player.

WISSEN

Wollen Sie die Songs aus dem Internetradio mitschneiden? Kein Problem, laden Sie sich einen Streamripper aus dem Netz, stellen Sie Ihren Sender ein und zeichnen Sie kostenlos und völlig legal Musik aus dem Internet auf.

7 Musik, Radio, Podcasts 143

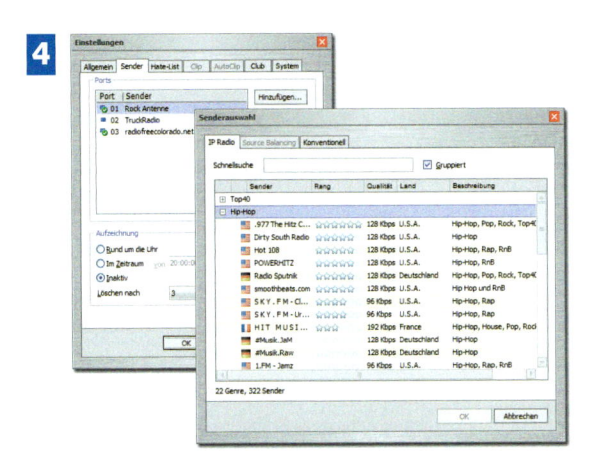

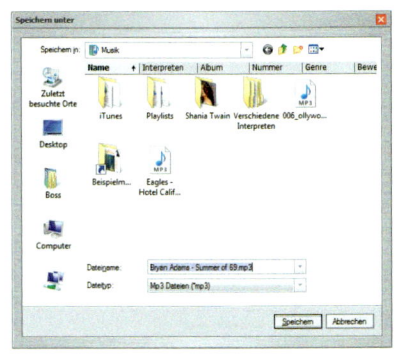

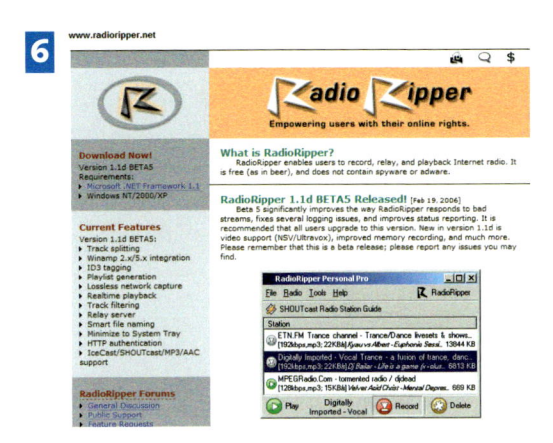

4 Suchen Sie über *Extras/Einstellungen* Ihre Lieblingssender. Alle Sender sind nach Kategorien geordnet.

5 Wenn der Sender „tags" aussendet, werden die Clips gleich richtig benannt, Sie können einzelne Clips als MP3-Dateien abspeichern.

6 Hier noch ein weiteres, einfaches Streaming-Tool. Der Radio Ripper lässt sich in Media Player integrieren.

Achten Sie bei ClipInc darauf, ob der Sender Tags aussendet. Nur mit diesen werden die Songs eindeutig bezeichnet.

Für Aufnahmen im WAV-Format oder MP3:
www.waverec.de
www.mp3encoder.de
www.mpex.at

TIPP

HINWEIS

144 Podcasting

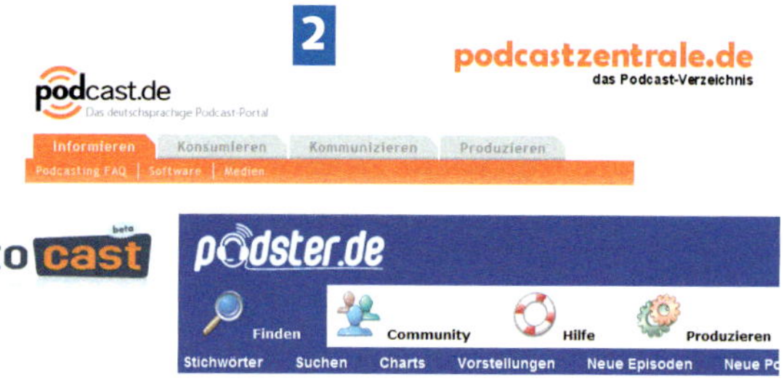

Start

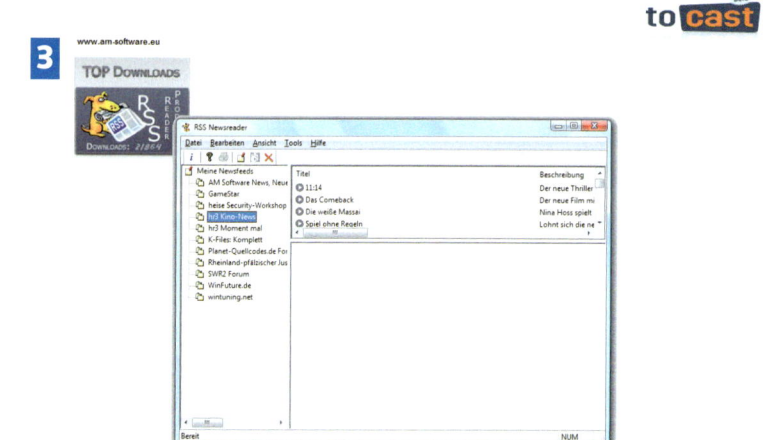

1 Der Podcaster erstellt Audiodateien und stellt diese über RSS zur Verfügung. Zum Anhören wird ein Audioplayer (iTunes, Media Player) benötigt.

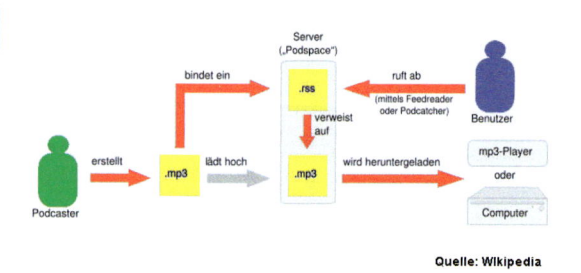

2 Sehen Sie sich bei den deutschsprachigen Podcast-Verzeichnissen um, hier finden Sie viele Podcasts.

3 Mit dem RSS-Newsreader (www.am-software.eu) können Sie Podcasts erstellen und abonnieren.

Mit Podcasting wird das Produzieren und Downloaden von Audiodateien über RSS bezeichnet. Radiosender bieten ihre Produkte als Podcasts an, Musik, Nachrichten, Fachvorträge werden in dieser neuen Kommunikationsform angeboten. Werden auch Sie zum Podcaster …

WISSEN

7 Musik, Radio, Podcasts   145

4 Suchen Sie in der entsprechenden Kategorie nach einem Podcast und klicken Sie ihn an.

5 Senden Sie den Podcast zu iTunes oder kopieren Sie den Link in Ihren RSS Newsreader (Office Outlook).

6 Podcasts gehören zu jeder Internetseite, die Informationen anbietet. Video-Podcasts sind Dateien im MP4-Format, die per Videoplayer abgespielt werden.

Ende

TIPP	HINWEIS	FACHWORT
Suchmaschinen und Podcast-Verzeichnisse: www.podzinger.com http://www.drweb.de/weblog/weblog/?p=467 www.dopcast.de	Podcasts werden als RSS abonniert, dazu wird ein RSS-Newsreader oder ein passendes Mailprogramm (Office Outlook) benötigt.	**Podcast:** Kunstwort aus „iPod" und „broadcasting". **Feed:** Radiosender **RSS:** Real Simple Syndication (siehe Kapitel 5).

8

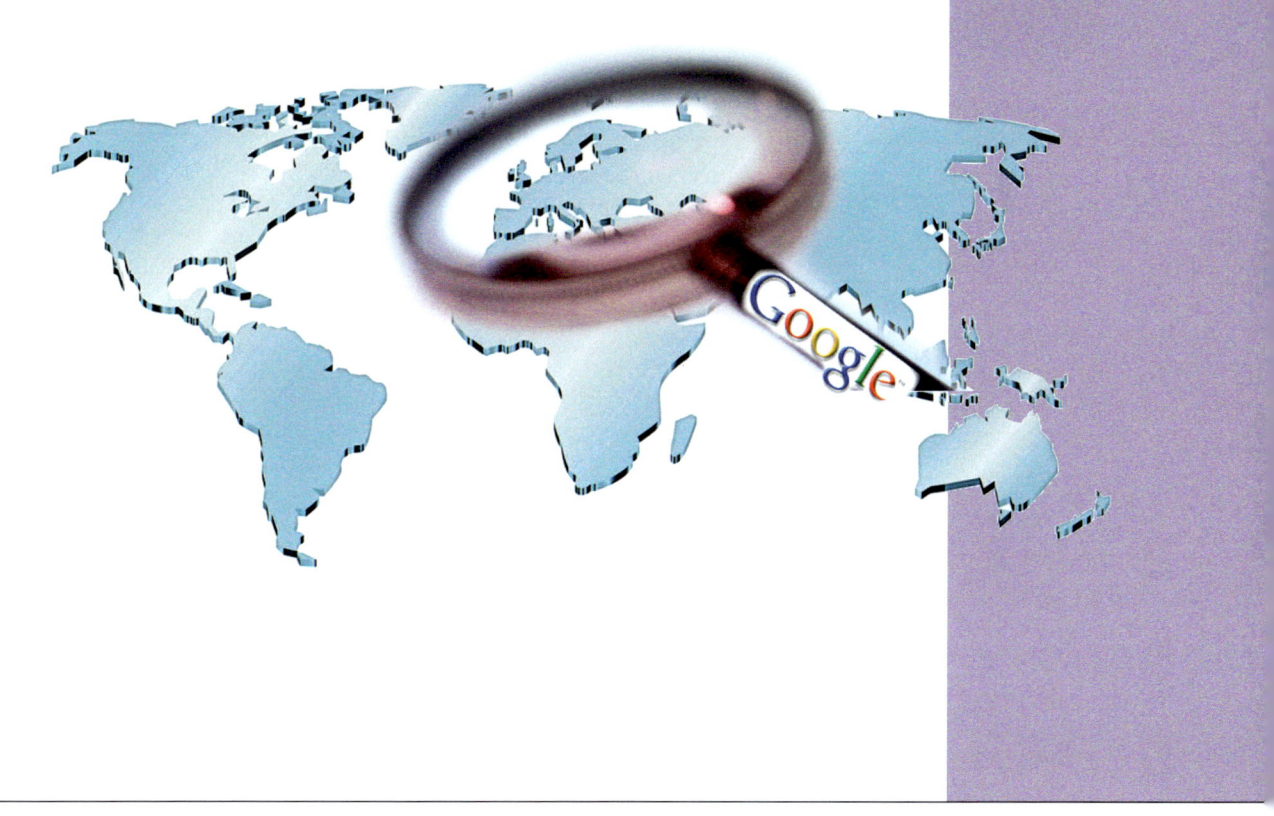

Google & Co

148 Suchmaschinen im Internet

Start

1 Wie viele Seiten im Internet angeboten werden, lässt sich kaum noch realistisch schätzen, es sind aber sicher mehrere Milliarden.

2 Gezielt Informationen zu finden ist damit nicht mehr einfach. Suchmaschinen sind hier die Lösung. Das Angebot ist groß.

3 Die meisten Suchmaschinen bieten sowohl die Suche nach einzelnen Begriffen an als auch Webverzeichnisse mit Kategorien.

Das Internet wird immer größer und es wird immer schwieriger, Informationen zu finden. Suchmaschinen wie Google und Co. bahnen den Weg durch den Datendschungel.

WISSEN

8 Google & Co

4 Viele Suchmaschinen sind zum Webportal geworden und bieten aktuelle Nachrichten und viele weitere Dienste.

5 Die Suchfibel ist die kompetenteste Übersicht über das Suchen im Netz.

6 Im Suchlexikon finden Sie über 2.500 Suchmaschinen, nach Rubriken gegliedert.

HINWEIS

Die meisten Suchmaschinen finanzieren sich durch den Verkauf von Links (AdWords), die in der Liste der Suchergebnisse vorrangig erscheinen.

HINWEIS

Das deutsche Suchmaschinen-Magazin mit Lexikon und Diskussionsforum:
www.suchmaschinentricks.de

150 Suchdienst einstellen im Internet Explorer

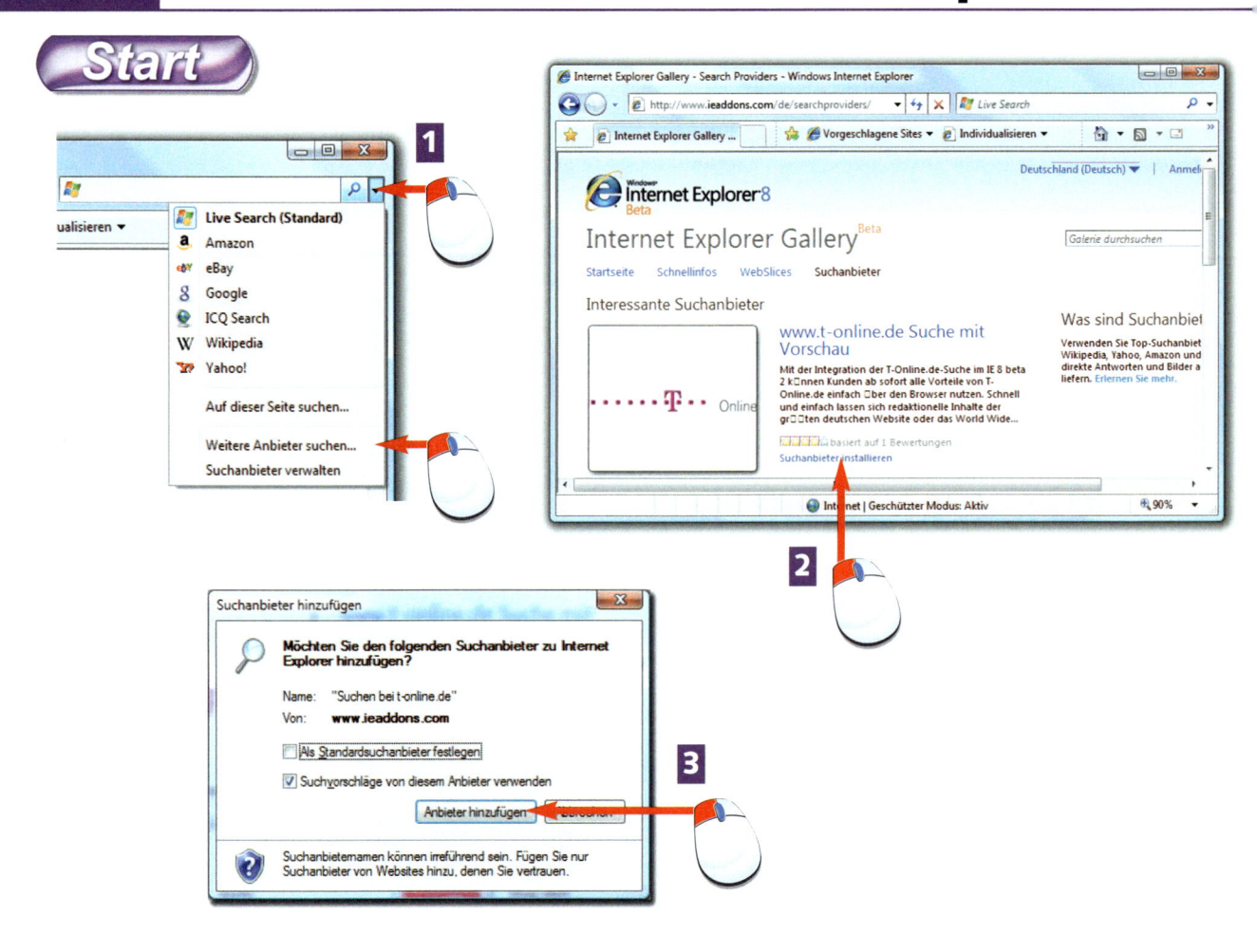

1 Klicken Sie auf das Pfeilsymbol am Suchfeld und wählen Sie einen der Suchdienstanbieter. Ein Klick auf *Weitere Anbieter suchen …*

2 … und die Internet Explorer Gallery mit weiteren, neuen Angeboten wird eingeblendet. Klicken Sie auf *Suchanbieter installieren …*

3 … und bestätigen Sie mit *Anbieter hinzufügen*. Der neue Suchdienst wird anschließend in der Liste angeboten und gleich zum Standard erklärt.

Der Internet Explorer enthält rechts oben ein Suchfenster, das die Seiten von Amazon, eBay, Google, Wikipedia, ICQ und Yahoo für eine Recherche nach dem eingetragenen Begriff anbietet. Sie können weitere Anbieter einrichten, die Internet Explorer Gallery liefert passende Add-ons.

WISSEN

8 Google & Co

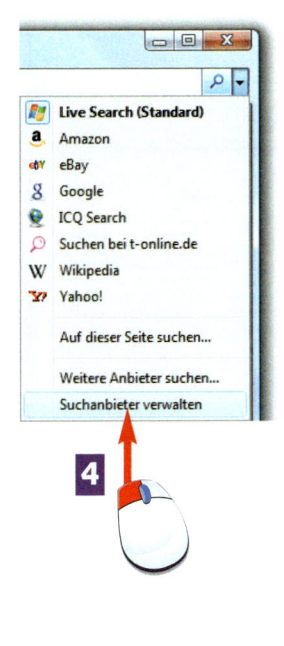

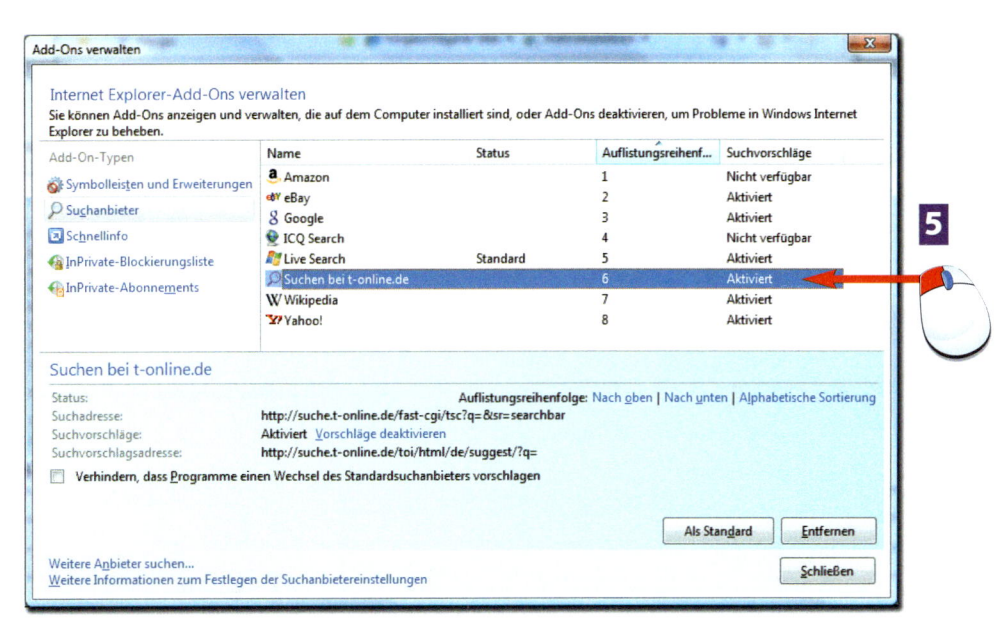

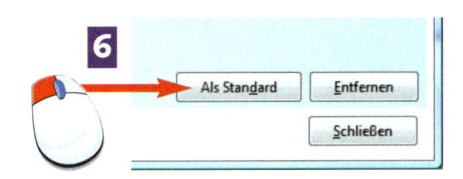

4 Mit einem Klick auf *Suchanbieter verwalten* aktivieren Sie die Liste der bereits integrierten Suchdienste.

5 Markieren Sie einen Suchdienst, sehen Sie im Infobereich die Webadresse.

6 Klicken Sie auf *Als Standard*, wenn Sie den markierten Dienst als Standarddienst einrichten wollen, oder auf *Entfernen*, um ihn zu löschen.

Ende

TIPP

Drücken Sie nach Eingabe des Suchbegriffs [Alt] + [⏎], damit die Suchergebnisse in einer neuen Registerkarte angezeigt werden.

HINWEIS

Mit der Option *Auf dieser Seite suchen* beschränken Sie die Suche nach dem eingetragenen Begriff auf die aktuelle Registerkarte.

152 | Schnell und treffsicher: Google

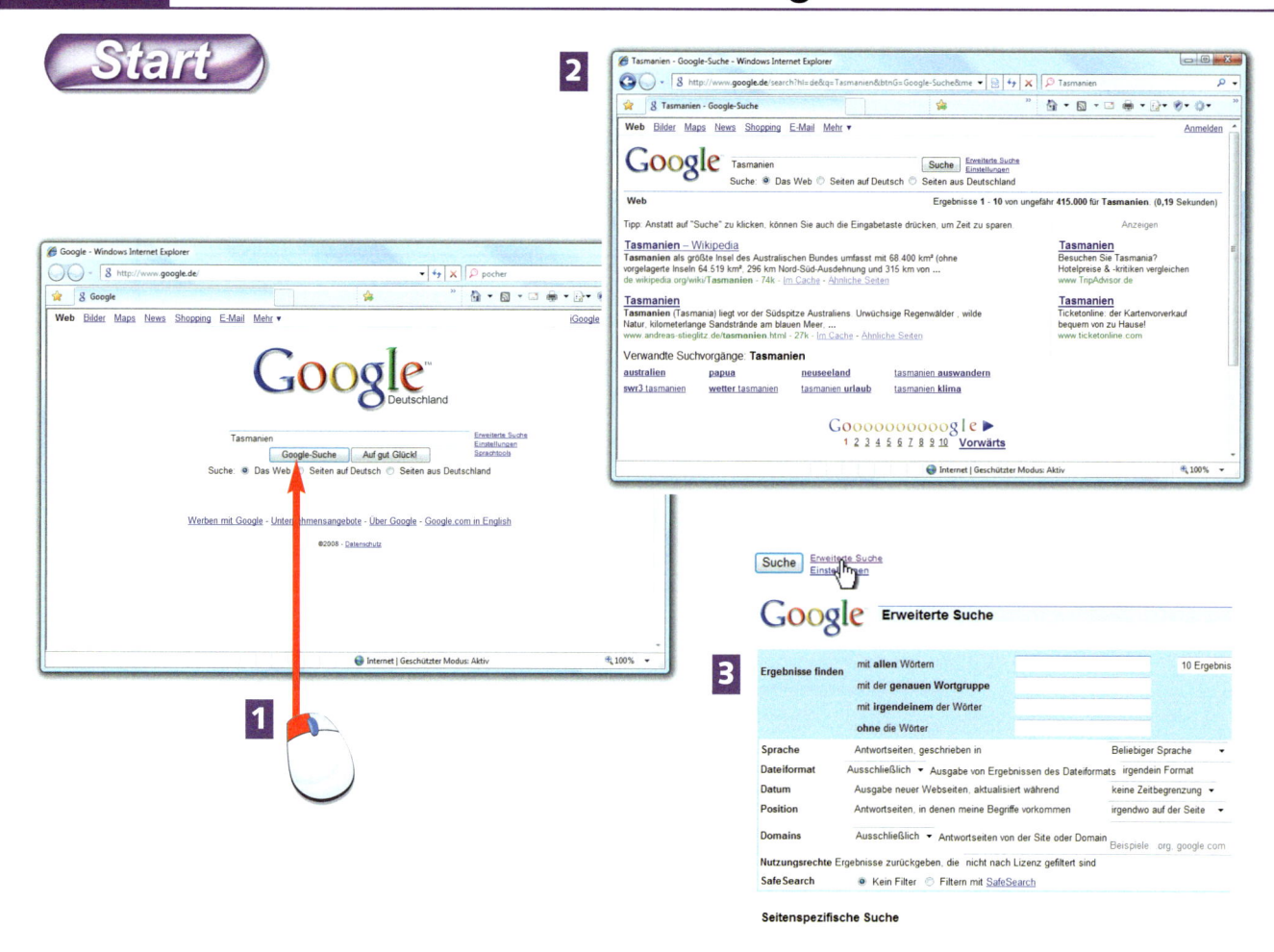

Start

1 Starten Sie Google über die Startseite www.google.de, geben Sie einen Suchbegriff ein und klicken Sie auf Google-Suche.

2 Die Treffer werden angezeigt, achten Sie auf die (meist riesige) Trefferzahl.

3 Über die erweiterte Suche können die Suchanfragen verfeinert werden, um die Zahl der Fundstellen einzugrenzen.

Zwei Stanford-Studenten, Larry Page und Sergey Brin, gründeten 1998 Google, die schnellste Suchmaschine der Welt, und machten das Unternehmen zu einem der erfolgreichsten der Welt. 2004 ging Google mit 1,7 Mrd. Dollar an die Börse (Börsenwert 2007: 103 Mrd. Euro).

WISSEN

8 Google & Co   153

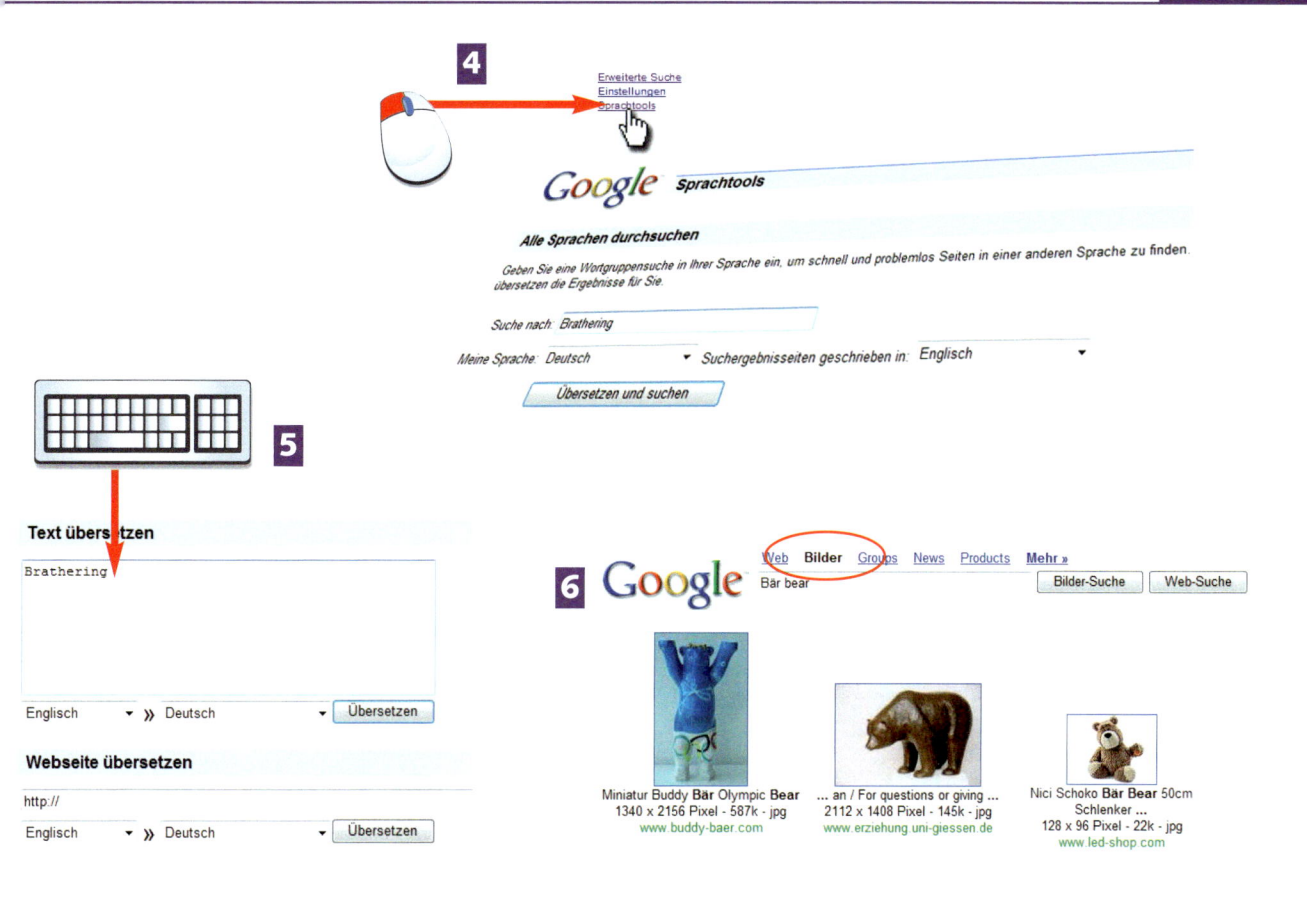

4 Klicken Sie auf *Sprachtools*, wenn Sie Google im Bereich bestimmter Länder oder Sprachen suchen lassen wollen.

5 Hier finden Sie auch ein nützliches Übersetzungsprogramm, das viele Sprachen akzeptiert und auch fast immer richtig liegt.

6 Die Bildersuche präsentiert Webseiten, auf denen Bilder im Kontext des Suchbegriffs zu finden sind.

TIPP

Suchen Sie auch mit logischen Operatoren:
Auto UND Golf
Bier ODER Wein

HINWEIS

Der Name Google stammt aus dem Kunstwort „Googol". So bezeichnete der amerikanische Mathematiker Edward Kastner die unvorstellbar große Zahl 10^{100}. Seit 2004 ist „googeln" ein Begriff im Duden.

Schnell und treffsicher: Google

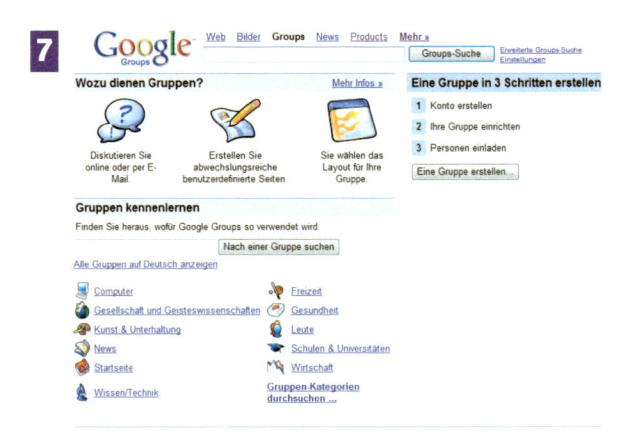

7 Newsgroups sind Diskussionsgruppen im Internet zu bestimmten Themenbereichen. Google findet sie alle.

8 Suchen Sie unter News nach den neuesten Schlagzeilen aus der Internetpresse. Diesen Dienst können Sie auch als RSS-Feed abonnieren.

9 Mit *Products* gehen Sie auf Produktsuche in den zahlreichen Webshops. Händler können Ihre Artikel über Google Base einstellen.

Google ist längt mehr als eine Suchmaschine. Ob Bilder, Newsgroups, Nachrichten oder Videos, Goggle findet einfach alles. Und das Angebot an nützlicher Internetsoftware wächst ständig.

WISSEN

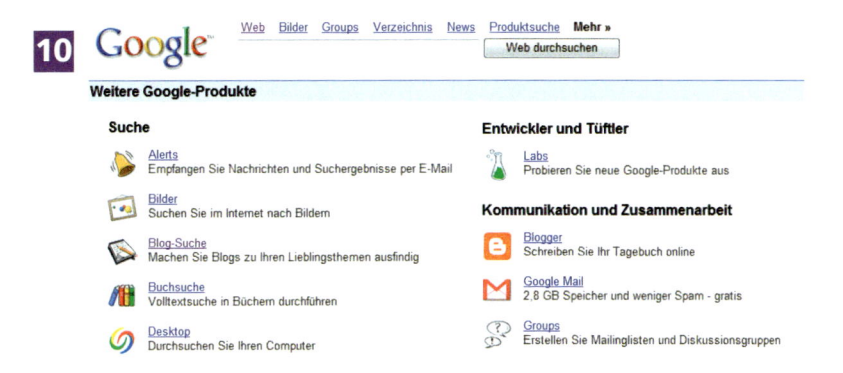

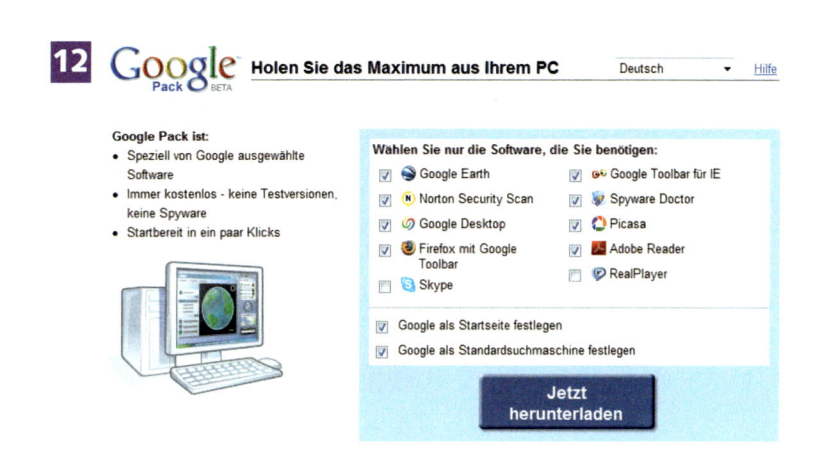

10 Ein Klick auf *Mehr* zeigt die Liste der Dienste an, die Google noch zu bieten hat. Melden Sie sich bei Google Mail an oder erstellen Sie Ihren eigenen Blog.

11 Das Google Pack liefert alle Softwarepakete, die Sie kostenlos bei Google abholen können, in einem Paket.

12 Laden Sie das Google Pack und installieren Sie damit acht nützliche Programme.

HINWEIS

Die Google Toolbar ist eine nützliche Erweiterung für den Browser, sie funktioniert mit dem Internet Explorer und mit Firefox.

TIPP

Spaß mit Google? Infos und witzige Dinge rund um Google hat Dr. Web: www.drweb.de/google

HINWEIS

Google Earth mit sensationellen 3D-Satellitenbildern von der Erde sollten Sie sich nicht entgehen lassen. Viele Mashups arbeiten damit (siehe Kapitel 6).

156 Suchmaschinen und Webportale

Start

1 AltaVista gehört zu den älteren, bewährten Suchdiensten; er bietet auch Übersetzungen und erweiterte Suchdienste an.

2 Yahoo und MSN haben sich von Suchmaschinen zu Webportalen entwickelt, die so ziemlich alles anbieten, was im Internet von Interesse sein kann.

3 Auch die Suchmaschine Lycos ist längt ein Webportal, das neben Suchdiensten auch einen günstigen DSL-Zugang anbietet.

Aus den Suchmaschinen der ersten Generation sind längst Webportale geworden, die mit immer größeren Angeboten und noch billigeren Flatrates versuchen, sich gegenseitig Kunden abzujagen. Aber – vergleichen lohnt sich immer.

WISSEN

8 Google & Co 157

4 Unter dem Dach von United Internet präsentieren GMX, Web.de und FreeNet Informationen, DSL-Flatrates und Suchdienste aller Art.

5 Auch Deutschlands größter Internetprovider T-Online hat ein riesiges Webportal mit einem entsprechenden Angebot.

6 Auf der Seite www.portal.de finden Sie eine Übersicht über Webportale und Branchenverzeichnisse.

AltaVista bietet einen Familienfilter, mit dem zweifelhafte und nicht jugendfreie Inhalte ausgefiltert werden können.

TIPP

Das T-Online-Portal (www.t-online.de) ist gleichzeitig auch Kundendienstcenter für Kunden der T-Com.

TIPP

Webportal: Internetseite, die neben Suchdiensten zusätzliche Angebote wie Nachrichten, Unterhaltung, Webservices und DSL-Flatrates anbietet.

FACHWORT

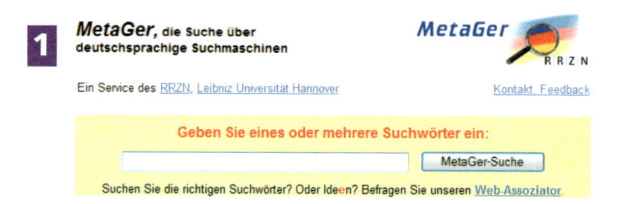

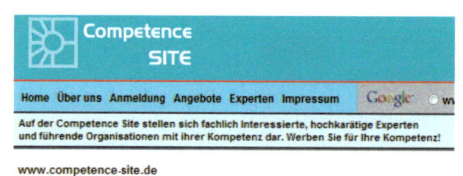

158 Spezialsuchmaschinen

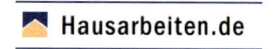

Start

1 MetaGer (www.metager.de) beauftragt einfach andere Suchmaschinen und kommt so auf sehr viele Treffer.

2 Wer Geschäfte macht, muss Informationen haben. Viele Suchmaschinen haben sich auf Businessinfos spezialisiert.

3 Nicht nur für Studenten und Schüler: Wissenschaftliche Arbeiten gibt es in vielen Varianten im Netz.

Spezialsuchmaschinen finden, was allgemeine Suchmaschinen nicht oder nicht sofort finden. Testen Sie MetaCrawler sowie MetaGer, Branchendienste und andere Spezialisten der Internetrecherche.

WISSEN

4 Wer Experten zu bestimmten Fachbereichen sucht, wird hier fündig.

5 Unter den vielen Routen- und Reiseplanern bietet web.de einen der zuverlässigsten.

6 Hotels in aller Welt sucht und reserviert man bei HRS und Suchen.de findet alles, was sonst nicht zu finden ist.

E-Mail-Adressen findet keine Suchmaschine, einige Dienste wie emayl.de bieten Kataloge an, in die man seine Mailadresse eintragen kann.

TIPP

Informationen, Anbieter, Händler aus Ihrer Region finden Sie bei meinestadt.de.

TIPP

160 Tipps und Trick für Suchmaschinen

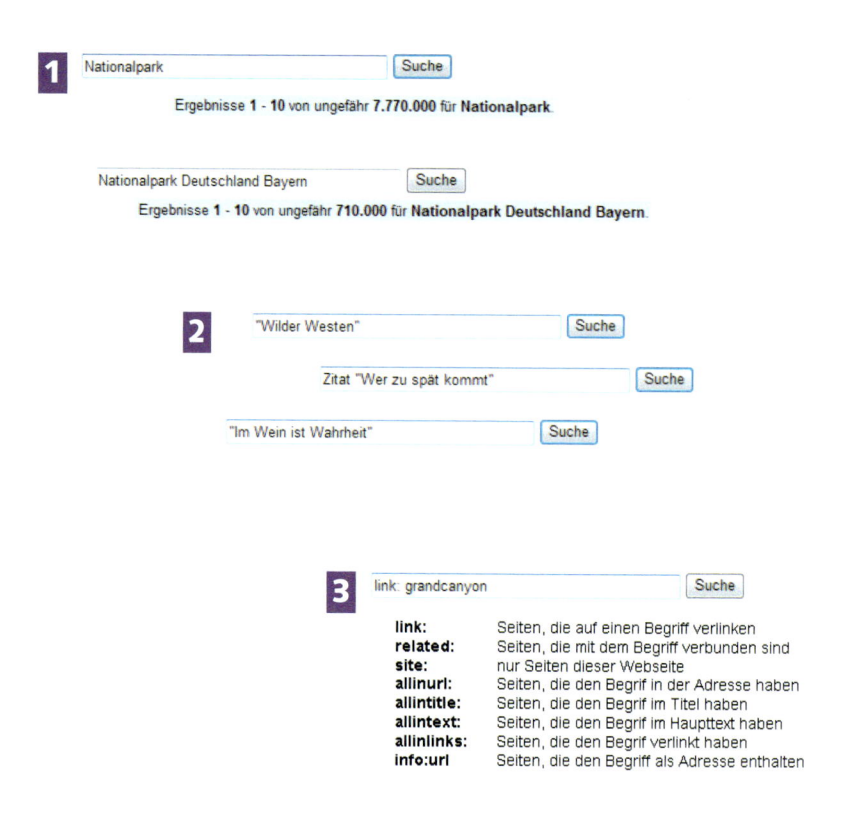

Start

1 Nationalpark — Suche
Ergebnisse 1 - 10 von ungefähr 7.770.000 für **Nationalpark**.

Nationalpark Deutschland Bayern — Suche
Ergebnisse 1 - 10 von ungefähr 710.000 für **Nationalpark Deutschland Bayern**.

2 "Wilder Westen" — Suche

Zitat "Wer zu spät kommt" — Suche

"Im Wein ist Wahrheit" — Suche

3 link: grandcanyon — Suche

link:	Seiten, die auf einen Begriff verlinken
related:	Seiten, die mit dem Begriff verbunden sind
site:	nur Seiten dieser Webseite
allinurl:	Seiten, die den Begrif in der Adresse haben
allintitle:	Seiten, die den Begriff im Titel haben
allintext:	Seiten, die den Begriff im Haupttext haben
allinlinks:	Seiten, die den Begrif verlinkt haben
info:url	Seiten, die den Begriff als Adresse enthalten

1 Alle Suchmaschinen liefern zu einzelnen Begriffen viele Tausend Einträge. Grenzen Sie die Suche ein, indem Sie mehrere Begriffe eingeben.

2 Begriffe, die zusammengehören, oder Zitate tippen Sie in Anführungszeichen ein.

3 Stellen Sie ein Spezialwort mit Doppelpunkt vor den Suchbegriff, um gezielt nach bestimmten Seiten zu suchen.

Früher standen Internetsuchende oft vor dem Problem, dass nichts zu finden war. Heute ist es umgekehrt: Mit Suchmaschinentricks muss die Suche eingegrenzt werden, damit nicht zu viele Fundstellen angezeigt werden.

WISSEN

8 Google & Co

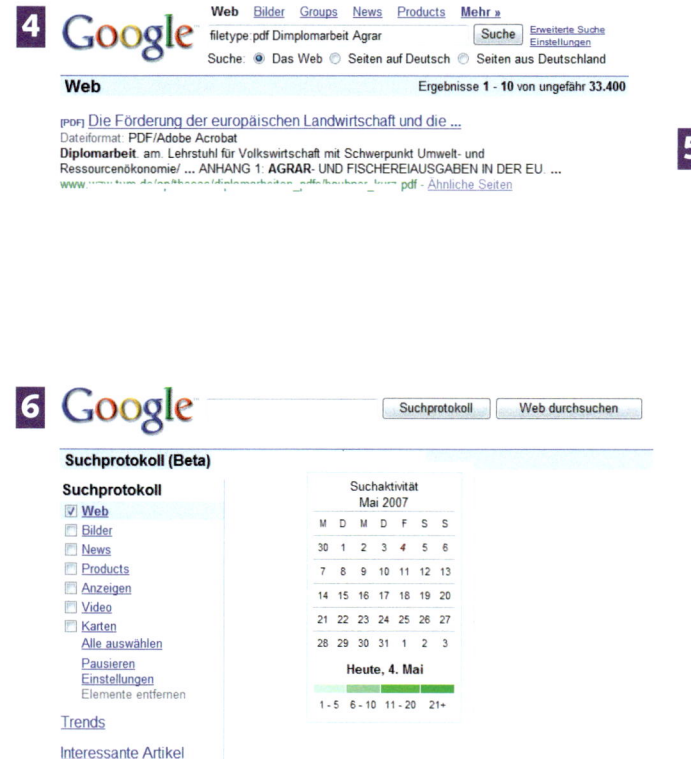

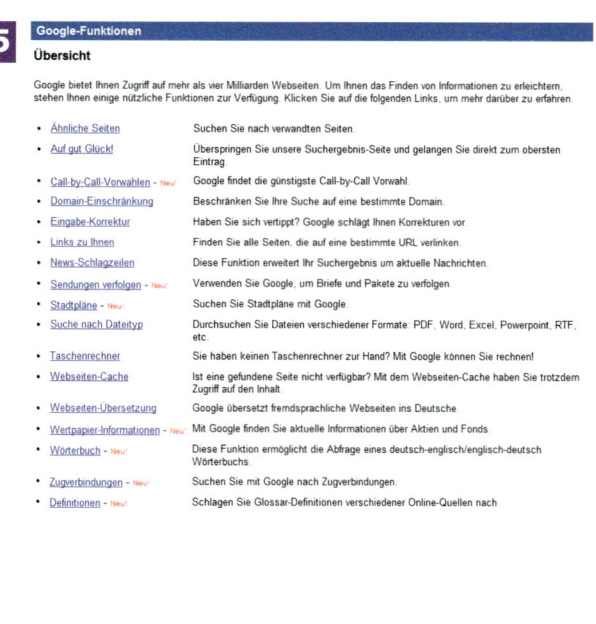

4 Mit *filetype* vor dem Suchbegriff findet die Suchmaschine Dateien in einem bestimmten Dateiformat.

5 Google zeigt in der Hilfe, welche Zusatzfunktionen das Suchfenster zu bieten hat.

6 Und noch ein neuer Google-Dienst: Das *Suchprotokoll* archiviert Suchanfragen und verfeinert die Suche, indem es zuvor benutzte Suchanfragen einbindet.

> **TIPP**
>
> Wenn die Suchmaschine international suchen soll, geben Sie am besten ein zweites Wort in der entsprechenden Sprache mit ein. Bei Google können Sie auf das jeweilige Land umschalten.

Webshopping & Homebanking

164 Online kaufen, online bezahlen

Start

1 Beim Internetshopping brauchen Sie keine Tüten zu schleppen. Aussuchen, bestellen und bezahlen, alles bequem am PC.

2 Die großen Versandhäuser sind längst mit ihrem kompletten Katalogangebot online.

3 So einfach wird eingekauft: Waren aussuchen und in den Warenkorb legen, zur Kasse gehen und mit Kreditkarte bezahlen.

WISSEN

15,3 Mrd. Euro Umsatz haben Online-Shops im Jahr 2006 gemacht, 18 % mehr als im Vorjahr. Rund 44 % aller Bestellungen von Bekleidung über Heimtierbedarf, Möbel, Unterhaltungselektronik bis zu Weinen sind in diesem Jahr bereits online getätigt worden. Online-Shopping ist bequem, schnell und sicher geworden.

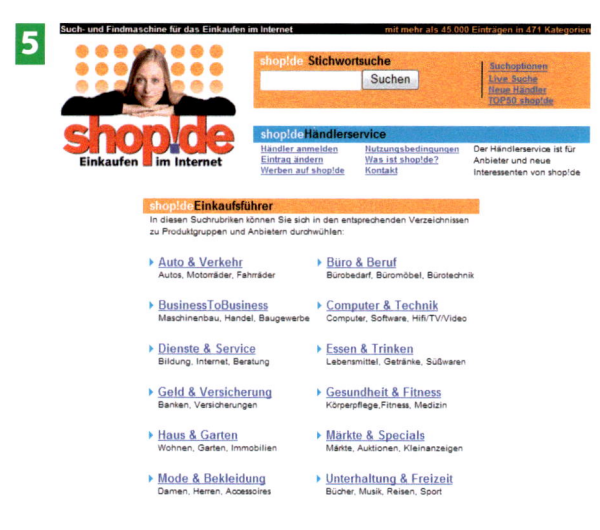

9 Webshopping & Homebanking

4 Aber auch kleine und regionale Anbieter profitieren vom Internetshopping. Pizza- und Restaurantdienste liefern zuverlässig und schnell.

5 Das Angebot ist riesig und nicht einfach zu durchsuchen. Shopping-Suchmaschinen helfen dabei.

6 Preisagenturen haben sich darauf spezialisiert, die Preise verschiedener Anbieter zu vergleichen.

TIPP

Shoppen und bezahlen Sie per Kreditkarte nur bei Händlern, die mit sicherer Datenübertragung (https:/-Protokoll, SSL-Server) arbeiten. Preise müssen inklusive Steuern und Lieferung ausgewiesen sein.

TIPP

Fernabsatzgesetz, gültig ab 1. Juli 2000: Über das Internet bestellte Ware kann innerhalb von zwei Wochen nach Erhalt ohne Angabe von Gründen an den Verkäufer zurückgeschickt werden.

FACHWORT

E-Commerce: Vermarktung und Handel mit Waren und Dienstleistungen über elektronische Medien.

166 Bücher, CDs und DVDs online kaufen

Start

1 Die umsatzstärksten Internetshops betreiben die Online-Buchhändler, die längst nicht nur Bücher anbieten.

2 Bei bol.de und amazon.de finden Sie auch CDs, DVDs, Elektroartikel, Spielwaren und Sportartikel.

3 Vor dem ersten Einkauf müssen Sie sich mit E-Mail und vollständiger Adresse registrieren. Alle Angaben werden überprüft.

Der Handel mit Büchern, CDs, DVDs und Elektronikartikeln hat sich weitgehend ins Internet verlagert. Mit BOL und Amazon teilen sich zwei Firmen diesen Riesenmarkt.

WISSEN

9 Webshopping & Homebanking 167

4 Jetzt können Sie das riesige Angebot durchstöbern oder gezielt nach Büchern Ihres Lieblingsautors suchen. Geben Sie einfach den Suchbegriff in das Suchfeld ein.

5 Haben Sie gefunden, was Ihnen gefällt, schicken Sie den Artikel in den Einkaufswagen. An der Kasse wird bezahlt (auch gegen Nachnahme oder auf Rechnung).

6 Ihre Bestellungen können Sie unter *Mein Konto* jederzeit überprüfen.

Ende

TIPP

Bei Amazon bezahlen Sie mit Ihrem guten Namen gegen Rechnung (Neukunden: max. 100 €). Die Daten für Bankeinzug und Kreditkartenkauf werden über sichere Server abgewickelt.

TIPP

Amazon hat einen Jahresumsatz von über 8 Mrd. Dollar. Ihr lokaler Buchhändler liefert übrigens jede Bestellung auch innerhalb von zwei Tagen.

168 Ihr persönlicher Internetshop

Start

1 Die meisten Internetprovider bieten Ihren Kunden die Einrichtung eines Online-Shops als Service an.

2 Wer sich auskennt, besorgt sich Software zur Programmierung von Webshops. Bei Microshop.de kann man einen Shop auch mieten.

3 Yatego hat eine große Shopübersicht und bietet Händlern eine einfache Webshop-Einrichtung an.

Wollen Sie selbst teilhaben am großen E-Business? Fangen Sie mit einem Webshop an, Einrichtung und Software gibt es für wenig Geld bei Ihrem Provider oder bei Spezialfirmen. Die erste Umsatzmillion im Internet ist schnell gemacht ...

WISSEN

9 Webshopping & Homebanking

4 Im ShopLand können Sie ebenso schnell und einfach einen Webshop einrichten.

5 Suchen Sie nach einem Webshop in Ihrer Region, benutzen Sie am besten ein Shopverzeichnis (www.dsvz.de). Shopbetreiber registrieren sich kostenlos.

6 Mit wenig Aufwand gehören auch Sie bald zu den meistbesuchten Online-Shopanbietern.

Achten Sie beim Betrieb von Webshops auf Rechtssicherheit. Die Konkurrenz versteht keinen Spaß bei unlauterem Wettbewerb. Das Buch „Die rechtssichere Webseite" gibt Auskunft: http://www.ebook-berater.de/ebook_recht

Webshopsysteme:
www.websale-ag.de
Webshop-Controlling:
www.econda.de

TIPP **HINWEIS**

170 Homebanking

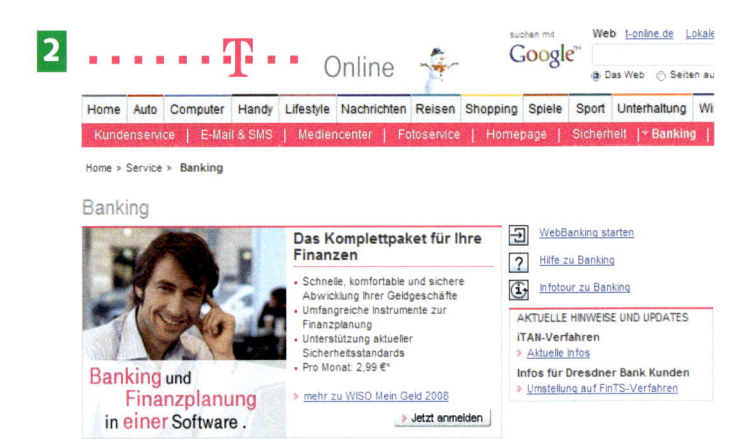

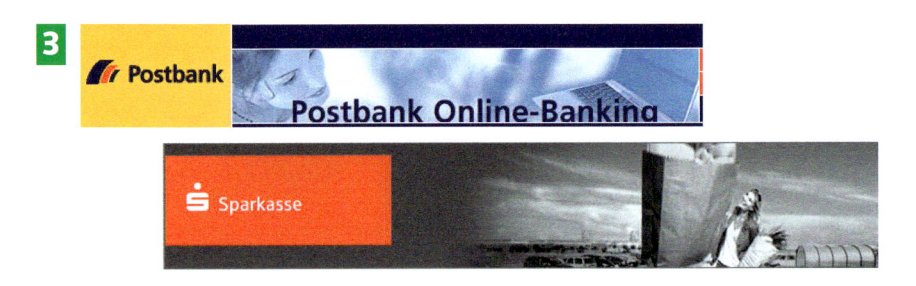

Start

1 Geldgeschäfte erledigen Sie mittels Homebanking schnell, problemlos und sicher vom PC aus über Homebanking.

2 Die Software dazu finden Sie bei T-Online, bei MSN oder anderen Anbietern, die sich darauf spezialisiert haben.

3 Fragen Sie Ihre Bank, welche Dienste sie über das Internet anbietet.

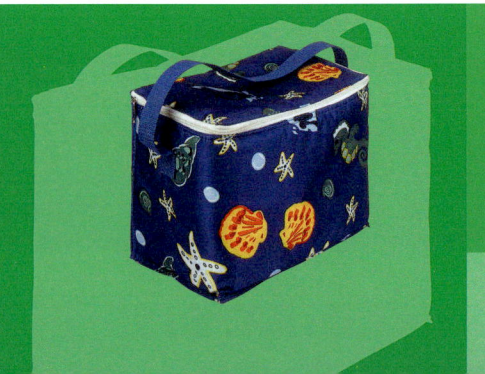

Mit neuen Techniken und sicheren Übertragungsleitungen hat sich auch das Homebanking etabliert. Alle Geldinstitute bieten darüber hinaus zusätzliche Dienste über ihre Internetseiten an.

WISSEN

9 Webshopping & Homebanking 171

4 Für Homebanking mit HBCI brauchen Sie ein Kartenlesegerät und eine Chipkarte von der Bank.

5 Mobiles Banking mit dem PDA (Organizer) oder über Mobiltelefon ist einfach und sicher, Sie brauchen nur die passende Software.

6 Auf dieser Internetseite finden Sie viele Informationen, Ratschläge, RSS-Feeds und ein Forum zum Thema Homebanking.

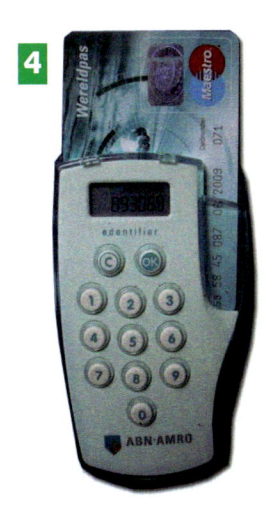

www.homebanking-hilfe.de
www.onlinebanking-forum.de

HINWEIS

Sicherheit geht vor, und vor Phishing (Ausspähen von Passwörtern) ist man nie sicher. Loggen Sie sich niemals an einem fremden Computer (zum Beispiel im Internetcafé) zum Homebanking ein. Schützen Sie Ihren PC mit Antivirensoftware, Phishingfilter und Firewall.

FACHWORT

HBCI: Home Banking Computer Interface. Software für den Datenverkehr mit der Bank über sichere Leitungen.

10

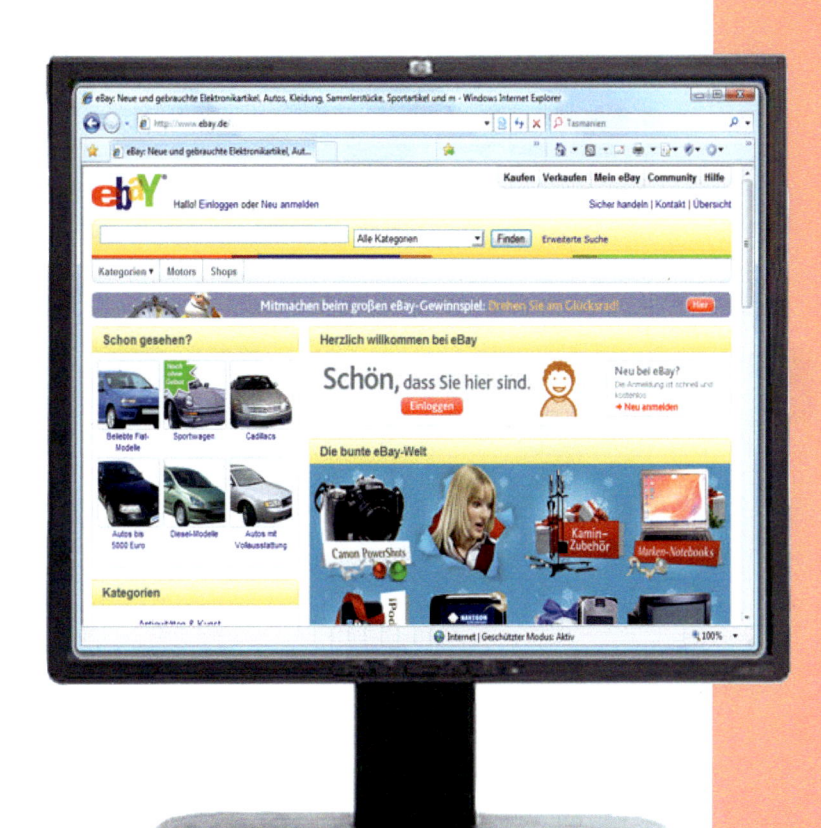

eBay – Bieten, Kaufen, Verkaufen

174 Erste Schritte – eBay kennen lernen

Start

1 eBay ist ein Online-Marktplatz, ein Warenumschlagplatz im Internet, auf dem Waren versteigert, verkauft und gekauft werden.

2 Bei eBay werden Auktionen abgewickelt. Der Anbieter schreibt seine Ware zu einem niedrigen Einstandspreis aus und setzt eine Frist für die Gebote.

3 Nach Ablauf der Frist kauft der Höchstbietende die Ware zu dem Preis, den er geboten hatte.

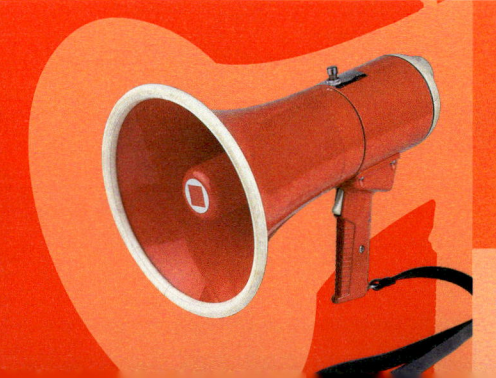

WISSEN

eBay ist eine der größten Erfolgsstorys im Internet. Das virtuelle Auktionshaus hat nur wenige Jahre gebraucht, um sich als Marktführer zu etablieren (Umsatz 2006: 6 Mrd. Dollar). Allein in Deutschland gibt es 20 Millionen registrierte Benutzer.

10 eBay – Bieten, Kaufen, Verkaufen | 175

4 Neben den Auktionen sind auch Direktverkäufe von Händlern erlaubt, die aber ebenfalls zeitlich begrenzt sind.

5 Verkauft wird alles vom Düsenjet bis zum Feuerzeug, neu und gebraucht. Die Verkaufsabschlüsse sind rechtlich bindend.

6 Für Käufer ist eBay kostenlos, Verkäufer zahlen eine geringe Gebühr pro verkauften Artikel an eBay.

Ende

HINWEIS

Der teuerste Artikel, der je bei eBay verkauft wurde, war ein Flugzeug im Wert von mehreren Milliarden Dollar.

HINWEIS

Kuriose Verkäufe wie der Papst-Golf, Mars oder Ersatzluftblasen für Wasserwagen gibt es genug. Hier eine Liste: www.wortfilter.de/kurios.html

176 Das Auktionsprinzip

1 Jeder Teilnehmer, ob Käufer oder Verkäufer, meldet sich bei eBay mit voller Anschrift und einer gültigen E-Mail-Adresse an. Die Daten werden überprüft.

2 Damit alle persönlichen Daten bei Auktionen anonym bleiben, kann sich jeder Teilnehmer ein Pseudonym (Nickname) zulegen.

3 Dann kann verkauft, geboten und gekauft werden. eBay stellt die Angebote auf die Listen, kontrolliert die Gebote und die Dauer und informiert per E-Mail.

Auktionen laufen so lange anonym, bis sie zu Ende sind und der Verkäufer das Höchstgebot erhalten hat. Dieses Gebot ist für beide Seiten bindend.

WISSEN

10 eBay – Bieten, Kaufen, Verkaufen 177

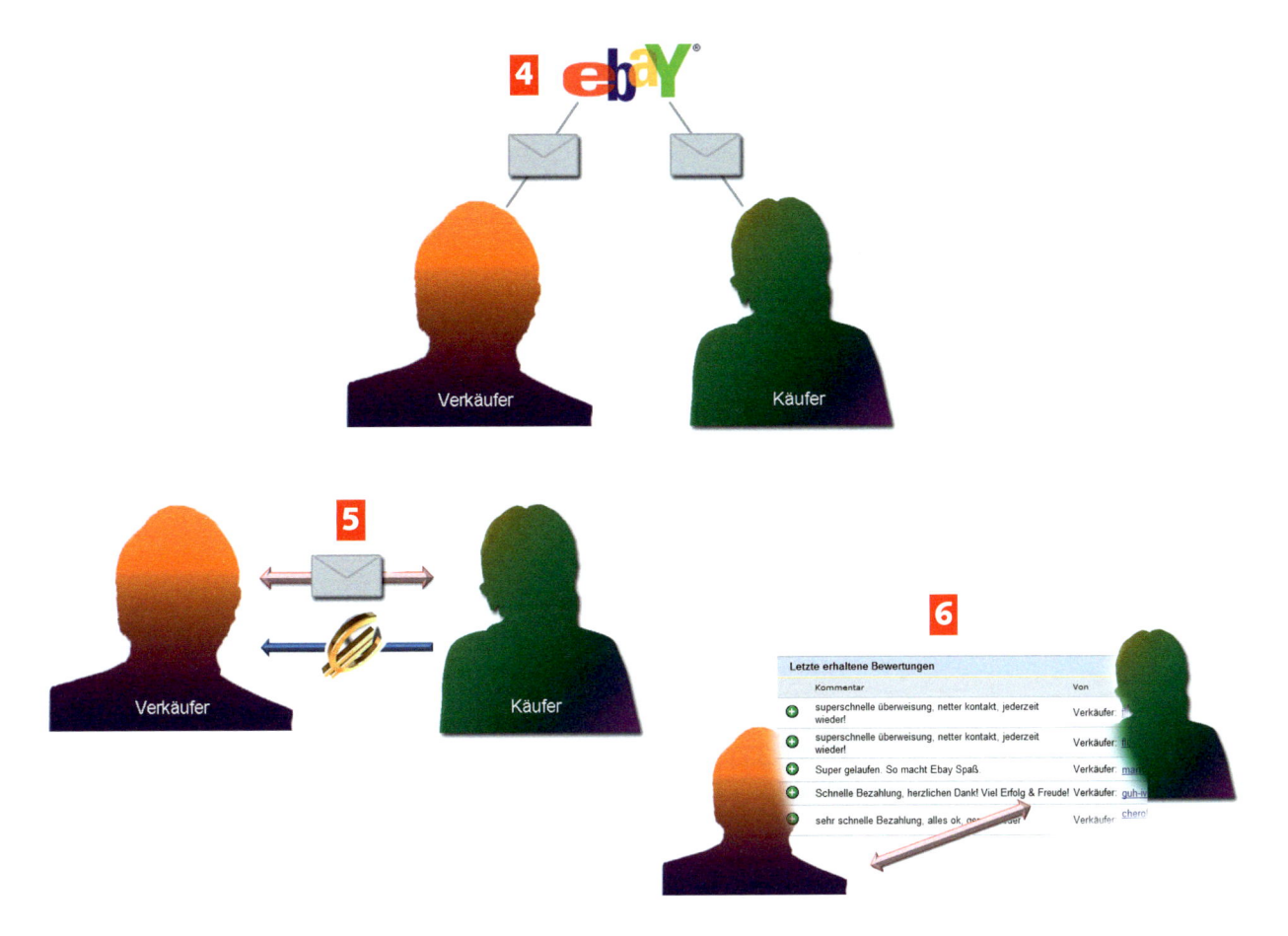

4 Wenn die Auktion abgewickelt und der Artikel verkauft ist, sendet eBay eine Mail mit den Verkäuferdaten an den Käufer.

5 Käufer und Verkäufer nehmen Kontakt auf und schließen den Handel ab. Der Verkauf kann auch gleich über eBay erfolgen.

6 Käufer und Verkäufer bewerten sich gegenseitig mit Punkten. Anhand des Bewertungsprofils erkennen andere Teilnehmer, wie zuverlässig ein eBayer ist.

> Das Bewertungsverfahren soll sicherstellen, dass sich keine schwarzen Schafe unter Käufern und Verkäufern etablieren können. Teilnehmer mit schlechten Profilen haben auch schlechte Karten, ein Namenswechsel hilft auch nichts.

HINWEIS

178 Anmelden bei eBay

Start

1. Der erste Schritt: Rufen Sie die Startseite von eBay auf: www.ebay.de.
2. Ein Klick auf *Anmelden* startet die Anmeldeprozedur.
3. Geben Sie Ihre persönlichen Daten vollständig ein. Die E-Mail-Adresse ist Pflicht, damit eBay mit Ihnen Kontakt aufnehmen kann.

Die Anmeldung bei eBay ist problemlos, schnell und sicher. Ihre Daten werden überprüft, bevor Sie einen eBay-Account bekommen. Wer privat oder gewerblich verkaufen will, muss auch seine Kontodaten preisgeben.

WISSEN

10 eBay – Bieten, Kaufen, Verkaufen

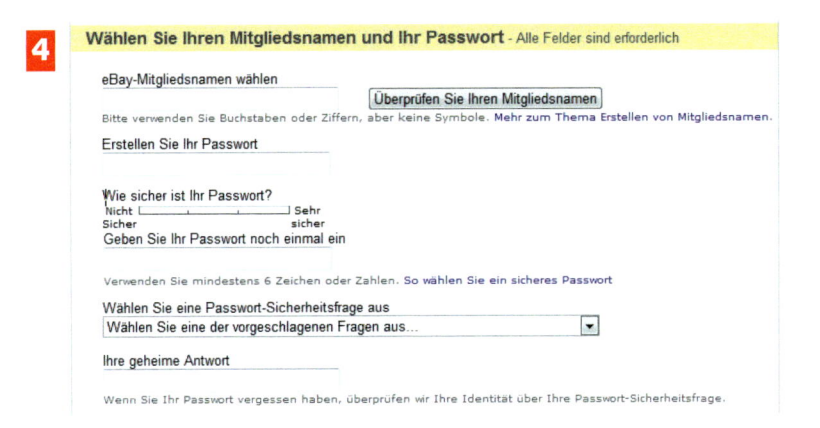

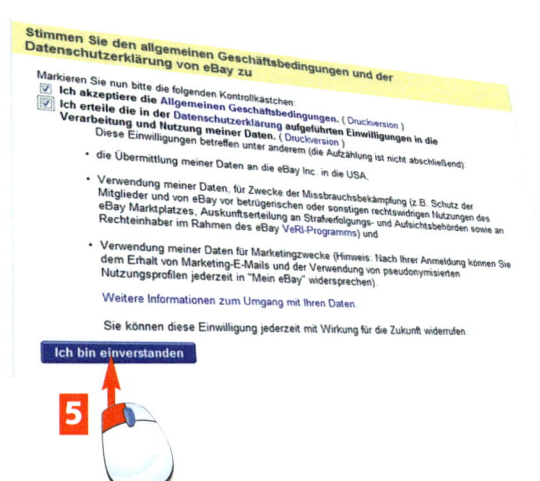

4 Den Mitgliedsnamen können Sie frei wählen. Überprüfen Sie, was noch frei ist. Geben Sie ein sicheres Passwort ein (Buchstaben, Zahlen, Sonderzeichen).

5 Noch zwei Bestätigungen, dann wird Ihre Anmeldung überprüft. Wenn alles okay ist, werden Sie sofort freigeschaltet.

6 Klicken Sie auf *Hilfe* und wählen Sie *Online-Trainings*. Hier finden Sie Trainingsmodule, in denen alles ganz genau erklärt wird.

Wenn Sie eine E-Mail-Adresse eines Freemail-Anbieters haben, müssen Sie zur Sicherheit eine Kreditkartennummer angeben oder auf den Registrierschlüssel warten, der per Post geschickt wird.

Nutzen Sie die Audio- und Videotouren im Online-Training, wenn Sie Probleme bei der Anmeldung haben. Unter Hilfe finden Sie Antworten auf die wichtigsten Fragen.

HINWEIS **TIPP**

Suchen, Bieten, Kaufen

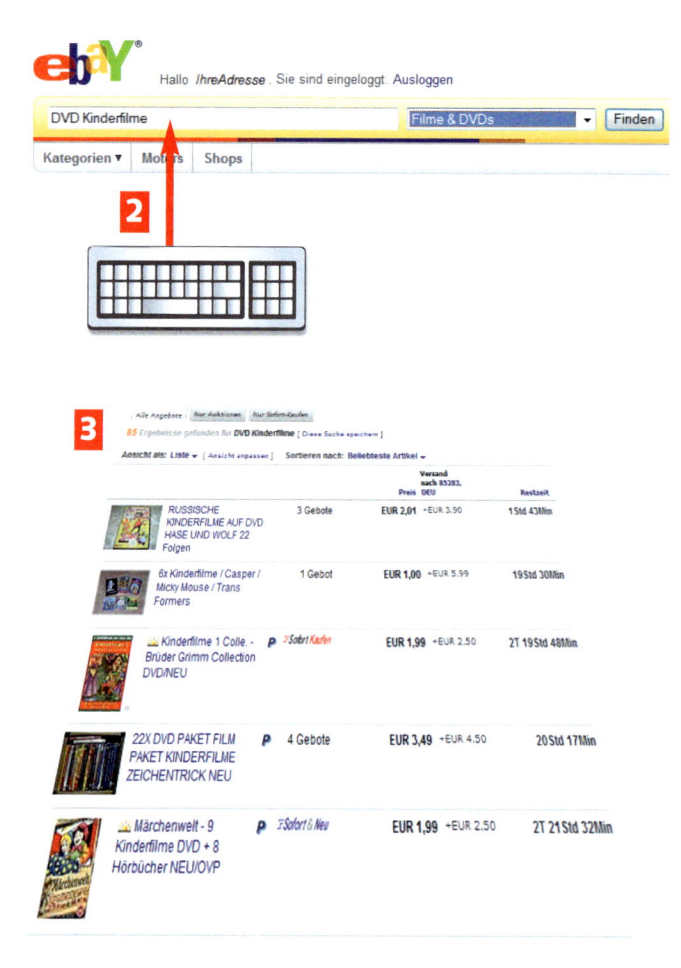

1 Melden Sie sich an, klicken Sie dazu auf *Einloggen* und geben Sie Ihre Benutzerdaten ein.

2 Ihr Benutzername wird angezeigt, jetzt können Sie die Suche nach einem Artikel starten. Nutzen Sie gleich das Suchfeld, geben Sie ein, wonach Sie suchen.

3 Tippen Sie die Suchbegriffe ohne Bindewörter (und, oder, mit) ein. Die Liste mit Fundstellen wird angezeigt …

Alle Artikel sind bei eBay in Kategorien eingeordnet, was die Suche nach bestimmten Artikeln erleichtert. Sie können aber auch einfach einen Suchbegriff eingeben und in allen Kategorien danach suchen lassen.

WISSEN

10 eBay – Bieten, Kaufen, Verkaufen

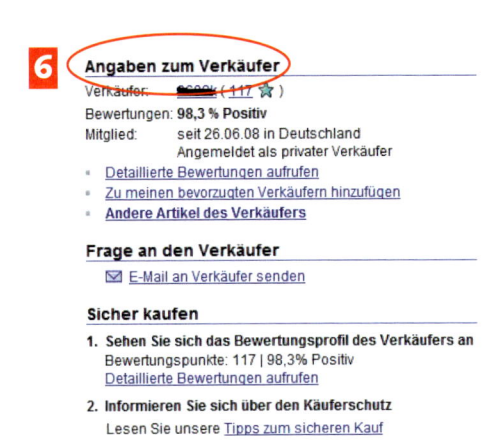

4 … sie kann nach verschiedenen Kriterien sortiert werden. Standardmäßig stehen die bald endenden Gebote ganz oben.

5 Klicken Sie auf den Artikel, der Sie näher interessiert, um das Artikelbild, die Gebotsdaten und die Kosten zu sehen.

6 Unter *Angaben zum Verkäufer* sehen Sie das Profil des Verkäufers. Sie können die Kommentare lesen, die andere Käufer abgegeben haben.

Achten Sie auf die teilweise hohen Versandkosten, die immer der Käufer zu tragen hat. Blättern Sie die Seite nach unten, um weitere Informationen zu dem angezeigten Artikel zu erhalten.

Mit dem PayPal-Käuferschutz versichern Sie Ihre Käufe bis zu 500 Euro.

TIPP

HINWEIS

Suchen, Bieten, Kaufen

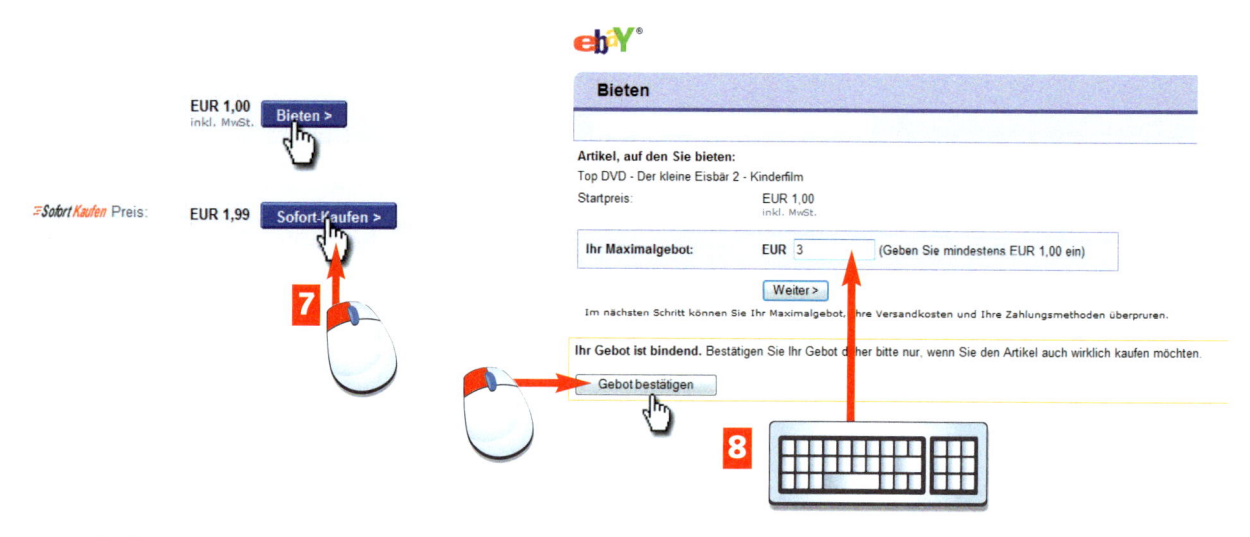

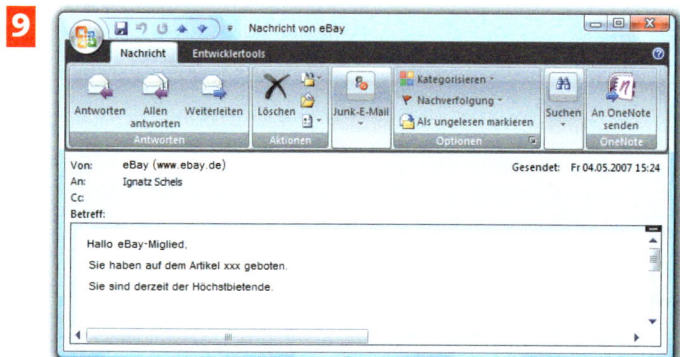

7 Klicken Sie auf *Bieten*, um Ihr Gebot abzugeben, oder auf *Sofort kaufen*, wenn der Artikel nur in dieser Form zu haben ist.

8 Geben Sie ein Gebot ein, das höher ist als das angezeigte. Steigern Sie aber nur in kleinen Schritten, eBay überprüft, ob Sie der Höchstbietende sind.

9 Achten Sie auf Ihren Posteingang. eBay informiert Sie automatisch per Mail, wenn Sie überboten wurden oder wenn die Auktion zu Ende ist.

Wenn Sie an einer Auktion teilnehmen, geben Sie schrittweise Angebote ein. Tragen Sie nicht Ihren maximalen Höchstbetrag ein, sondern beobachten Sie die Gebote. Das Kaufgeschäft wickeln Sie mit dem Verkäufer direkt ab, Käufer und Verkäufer bewerten sich anschließend.

WISSEN

10 eBay – Bieten, Kaufen, Verkaufen 183

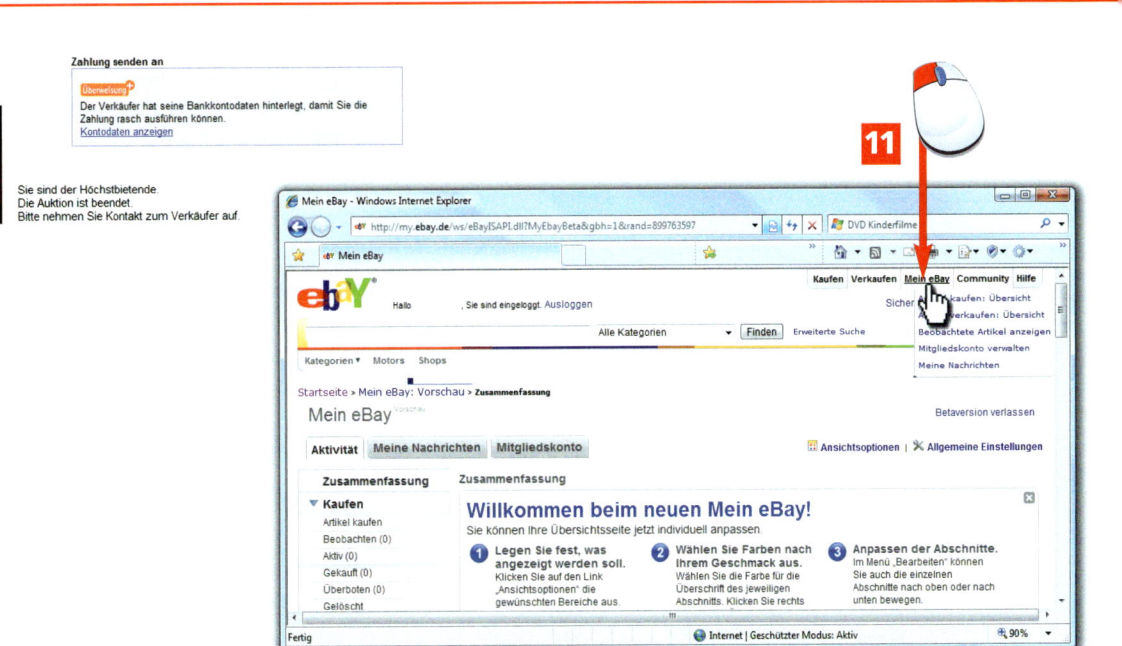

10 Sind Sie zum Auktionsende der Höchstbietende, erhalten Sie eine E-Mail mit den Daten des Verkäufers. Bankverbindung und Konto können Sie gleich abrufen.

11 Überweisen Sie den Betrag. Wenn der Verkäufer sein Geld hat, schickt er den Artikel los. Klicken Sie auf *Mein Ebay* und sehen Sie sich Ihre Transaktionen an.

12 Vergessen Sie nicht, den Verkäufer zu bewerten. Das Profil können Sie per Klick auf den Verkäufernamen einsehen.

Nützliche Tipps und Tricks zu eBay:
www.wortfilter.de/tipps.html
www.naanoo.com/artikel_40.html

TIPP

Bald endende Auktionen, die auf 1 Euro stehen:
www.auktion-lastminute.de
Auktionen in letzter Sekunde gewinnen:
www.mysniper.com

TIPP

Der Startpreis ist in der Regel sehr niedrig (1 Euro). In der Praxis beginnt die „Bieterschlacht" erst kurz vor Auktionsende. Unerfahrene Bieter werden erst in letzter Sekunde überboten.

HINWEIS

ns

Verkaufen bei eBay

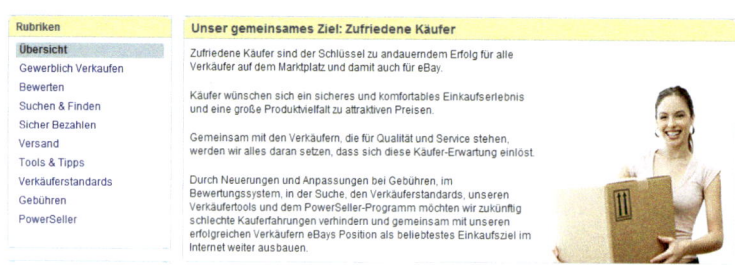

Start

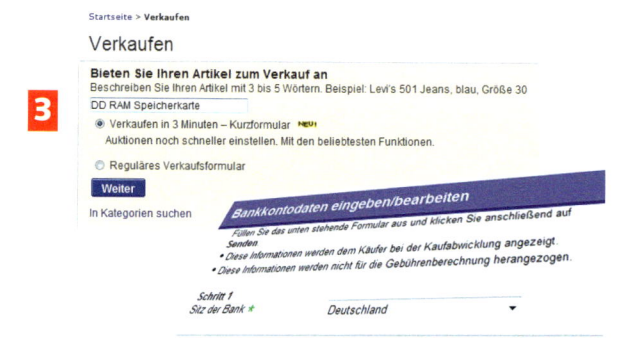

1 Sie wollen Artikel bei eBay verkaufen? Loggen Sie sich ein und klicken Sie im Hauptmenü auf *Verkaufen*.

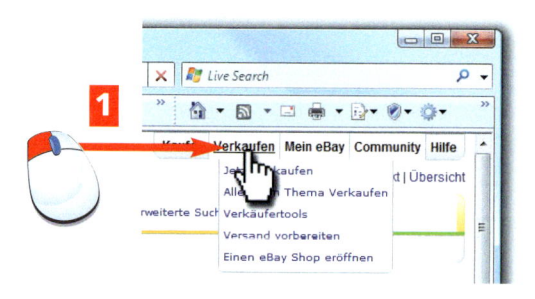

2 Alle wichtigen Informationen zum Thema *Verkaufen* finden Sie im Verkäuferportal.

3 Bevor Sie Ihren ersten Artikel einstellen, müssen Sie Ihre Bankkontodaten hinterlegen, damit eBay diese an die Käufer melden und Gebühren abbuchen kann.

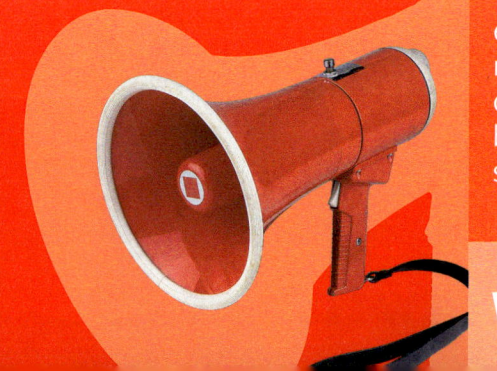

---

eBay-Verkäufer gliedern sich in diese Kategorien: Privatpersonen, die unregelmäßig Artikel verkaufen, Gewerbetreibende, die auch eBay-Handel betreiben, und Händler, die ausschließlich bei eBay verkaufen. eBay unterstützt sie alle mit Tipps und Ratschlägen, Softwaretools und Spezialangeboten.

WISSEN

10 eBay – Bieten, Kaufen, Verkaufen

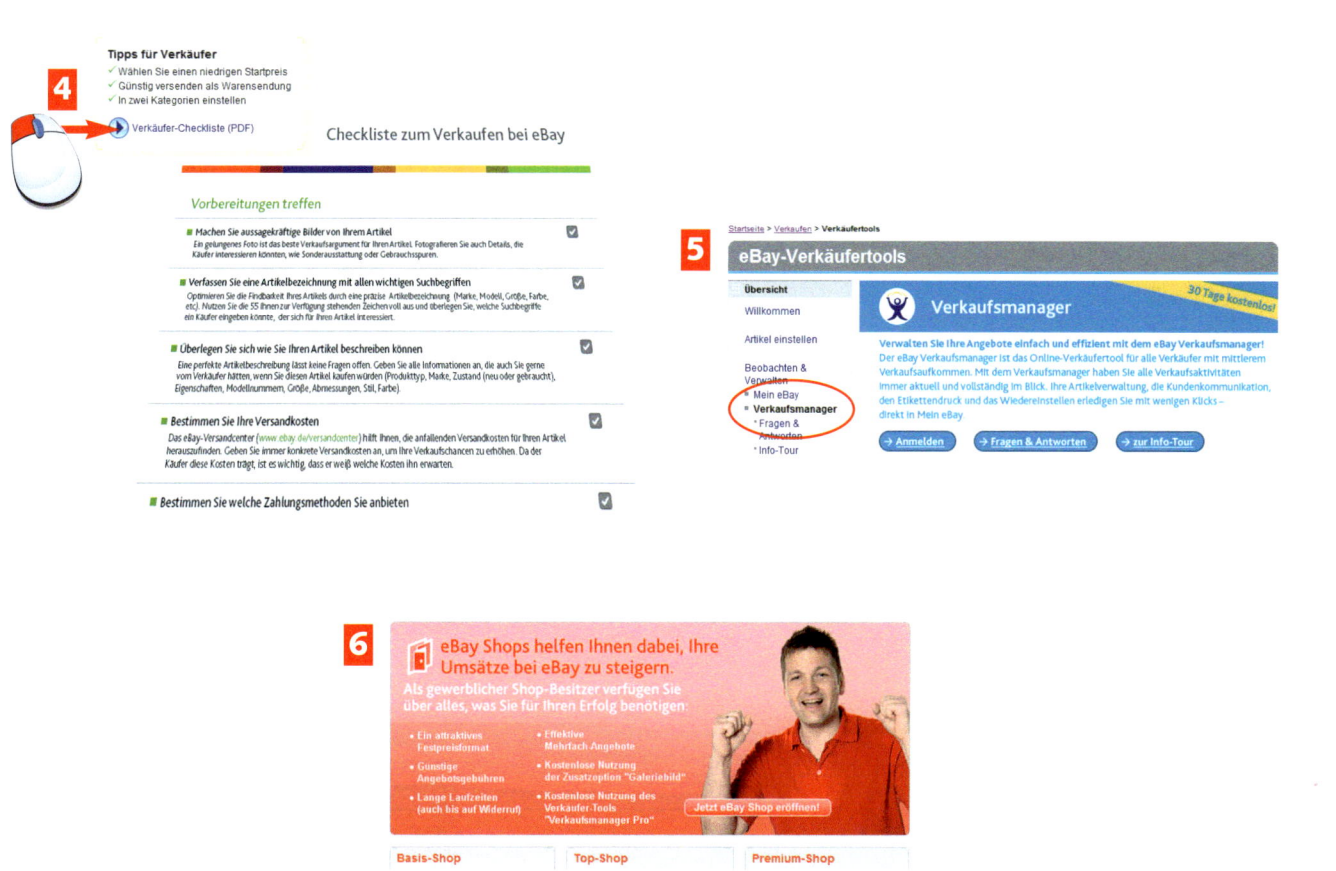

4 Lesen Sie sich die Informationen für Verkäufer in der Hilfe durch, damit Sie Ihre Verkäufe professionell aufbereiten können.

5 Verkaufshilfen wie der eBay-Verkaufsmanager erleichtern die Einstellung und Überwachung von Verkäufen. Sehen Sie in der Hilfe nach, welche Tools es gibt.

6 Sie können auch mit Hilfe von eBay einen eigenen Shop gründen und damit zusätzliche Funktionen nutzen.

Ende

HINWEIS

Verkäufer, die sehr viel verkaufen und überdurchschnittlich gut bewertet werden, sind PowerSeller. Sie erhalten von eBay besondere Unterstützung.

HINWEIS

Verkäufe mit großen Geldbeträgen sichert eBay auf Wunsch mit dem kostenpflichtigen Treuhandservice ab. Eingezahlt wird dabei auf ein Treuhandkonto, das Geld fließt erst, wenn die Ware beim Käufer ist.

186 Service, Hilfe und Support

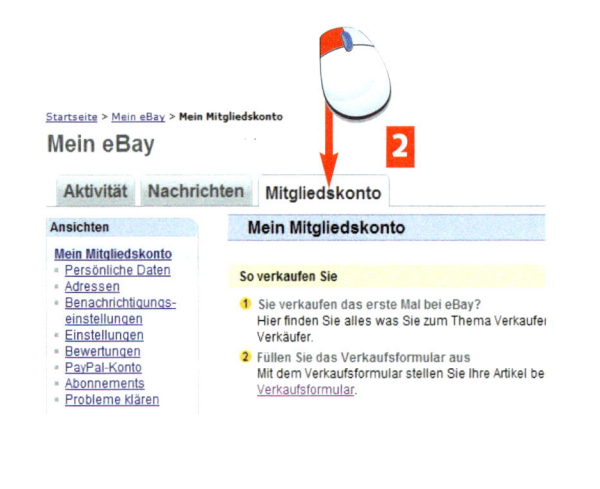

Start

1 *Mein eBay* ist Ihr persönliches Portal. Hier finden Sie die persönlichen Einstellungen und alle Aktivitäten in einer übersichtlichen Zusammenfassung.

2 Unter *Mitgliedskonto* können Sie Ihre Anmeldedaten prüfen und ändern.

3 Klicken Sie auf *Aktivität*, wenn Sie alle eBay-Teilbereiche in einer Liste sehen wollen.

Nutzen Sie das reichhaltige Serviceangebot bei eBay, um bei Käufen zu sparen und bei Verkäufen wettbewerbsfähig zu bleiben. Mit Mein eBay steht Ihnen ein persönliches Portfolio zur Verfügung, und wer nicht gerne allein „ebayt", schließt sich der Community an.

WISSEN

10 eBay – Bieten, Kaufen, Verkaufen | 187

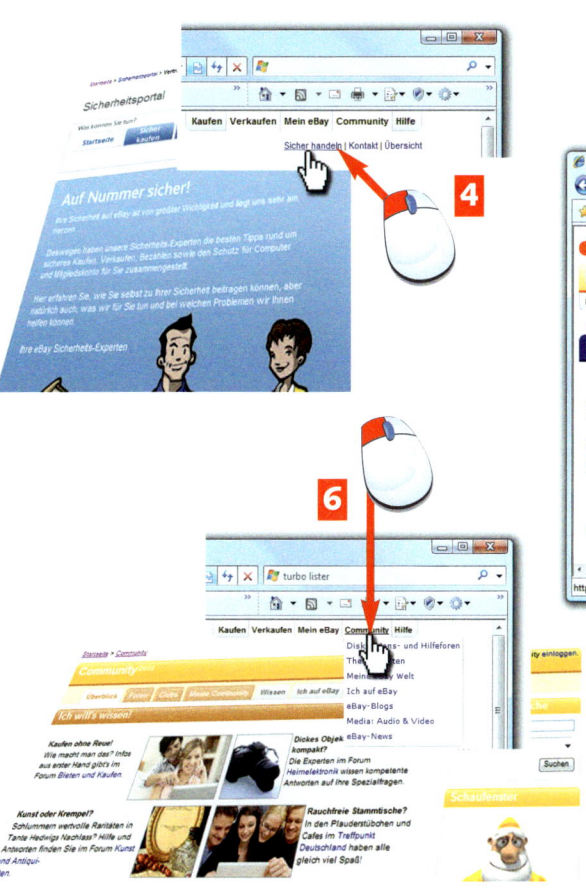

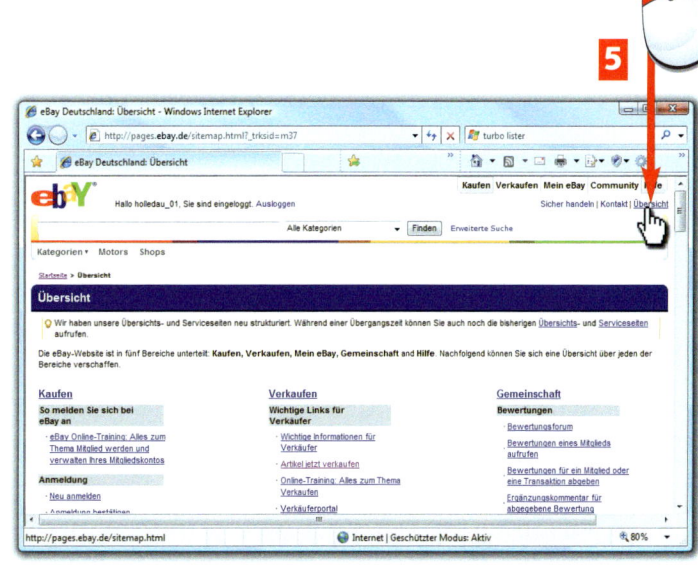

4 Unter *Sicher handeln* finden Sie alles, was zur Sicherheit Ihrer Transaktionen beiträgt.

5 Klicken Sie auf *Übersicht*, um alle eBay-Bereiche auf einer Seite gezeigt zu bekommen.

6 In der eBay-Community (Gemeinschaft) diskutieren „eBayer", helfen sich im Forum und erzählen ihre Geschichten. Und der Fan-Shop kleidet im eBay-Look ein.

Ende

Einen Mozilla Firefox-Spezialbrowser für eBay gibt es hier:
http://pages.ebay.de/firefox

Neu bei eBay:
Stars & Charity – Verkaufen für einen guten Zweck.

Audio und Video:
http://media.ebay.de
Das Magazin Marktplatz1 als Podcast:
http://www.ebay-audio.de/marktplatz1/podcast.php

TIPP | **TIPP** | **HINWEIS**

E-Mail

11

Die elektronische Post

Start

1. Die elektronische Post ist als Kommunikationsmittel nicht mehr wegzudenken. Das @-Zeichen wurde zum Symbol der neuen Technik.
2. Mehr als die Hälfte der deutschen Privathaushalte verschickt bereits E-Mails.
3. Moderne Menschen nutzen Handys und Organizer, um E-Mails zu schreiben und auszutauschen.

E-Mail ist die am meisten verbreitete Kommunikationsform überhaupt. Täglich gehen Milliarden E-Mails rund um den Globus, E-Mail hat die klassische Briefpost längst abgelöst.

WISSEN

11 E-Mail 191

4 Die elektronische Post geht über die Posteingangs- und Postausgangsserver der Provider, die Protokolle heißen POP3 und SMTP.

5 Mails enthalten neben geschriebenen Nachrichten auch Bilder, Videos, Datenbanken und andere Anhänge.

6 Der Vorteil der schnellen elektronischen Post ist auch ihr Nachteil: Zu viele Nachrichten, Spam und Werbemüll verstopfen das Postfach.

Ende

Das @-Zeichen bedeutet „bei". Die Adresse hans.mustermann@knax.de ist also so zu lesen: H. Mustermann bei der Firma Knax in Deutschland.

HINWEIS

Der erste E-Mail von Ray Tomlinson im Jahr 1972 enthielt die Buchstaben der ersten Reihe auf der amerikanischen Computertastatur: „QWERTYUIOP".

HINWEIS

Webmail – kostengünstig mailen im Internet

Start

1 Ein Internetzugang genügt, um E-Mails senden und empfangen zu können. Alle Online-Provider bieten auch E-Mail als Dienst an.

2 Im Angebot der FreeMailer ist meist ein kostenloses Mailkonto und eine Mailadresse enthalten. Zusatzdienste und mehr Komfort gibt es gegen Gebühr.

3 Registrierung und Überprüfung der Adresse ist bei den meisten Anbietern üblich.

WISSEN

Jeder Provider, der den Zugang zum Internet anbietet, stellt seinen Kunden auch einen E-Mail-Dienst zur Verfügung. Damit können Sie weltweit auf jedem Computer E-Mails schreiben, versenden und abrufen.

11 E-Mail

4 T-Online eMail Mobil

Stecken Sie Ihre eMails in die Tasche!
- Zugriff auf Ihre eMails auch von unterwegs
- Anbieterunabhängiger Zugriff über Mobiltelefon oder PDA

T-Online eMail Software 6.0

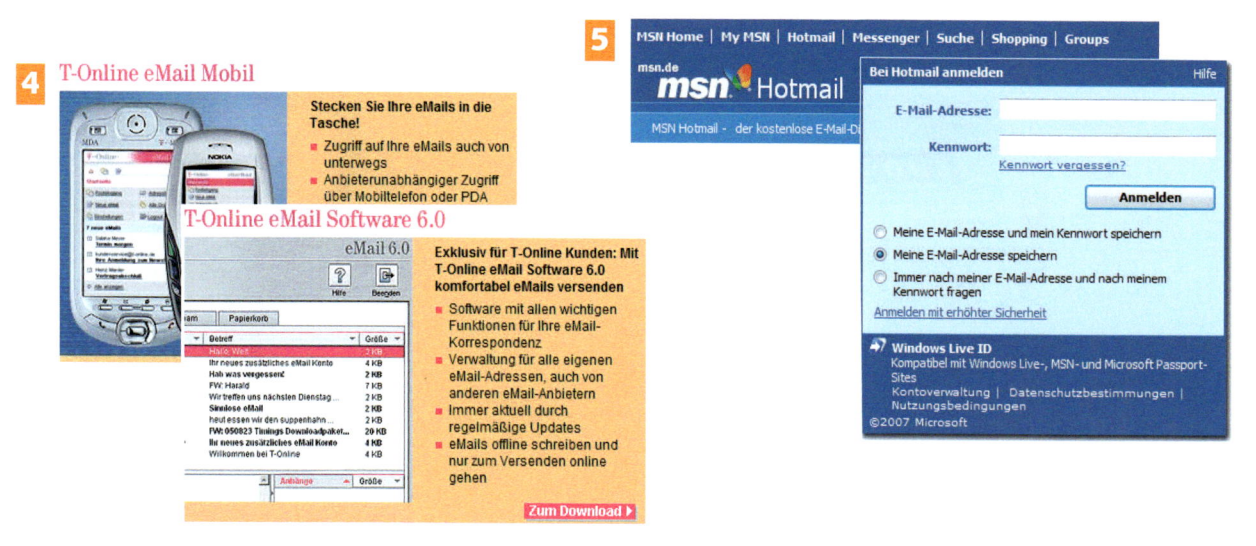

Exklusiv für T-Online Kunden: Mit T-Online eMail Software 6.0 komfortabel eMails versenden
- Software mit allen wichtigen Funktionen für Ihre eMail-Korrespondenz
- Verwaltung für alle eigenen eMail-Adressen, auch von anderen eMail-Anbietern
- Immer aktuell durch regelmäßige Updates
- eMails offline schreiben und nur zum Versenden online gehen

4 Die Software zum Schreiben und Empfangen von freien Internetmails gibt es in der Regel gratis dazu.

5 Webmail kann immer auch mit einem Internetbrowser abgerufen werden. Fragen Sie Ihren Provider, welches Mailprogramm er anbietet.

6 Damit ist der Dienst weltweit auf jedem Computer nutzbar, der online ist, zum Beispiel im Internet-Cafe.

TIPP

E-Mail-Software kann meist so konfiguriert werden, dass sie die Mails von verschiedenen Diensten abholt (Sammeldienst). Das ist nützlich, wenn Sie mehrere E-Mail-Provider haben.

HINWEIS

Erkundigen Sie sich, ob Ihr Maildienst einen eigenen Client erfordert (AOL) oder ob der Zugang auch für andere Programme frei ist.

194 Software für E-Mail

Start

1. Im Internet finden Sie zahlreiche Angebote für E-Mail-Software, auch E-Mail-Clients genannt. Eudora und Pegasus gehören zu den Klassikern.

2. Das Mailprogramm Thunderbird stammt aus dem Open-Source-Projekt Mozilla.

3. Google hat seit 2006 auch einen Mailclient im Portfolio, der maximal 2,6 GByte Speicher und einen guten Spam-Filter anbietet.

WISSEN

E-Mail-Programme gibt es in vielen Varianten und gute „Clients" sind sogar kostenlos zu haben. Google Mail hat derzeit den höchsten Zuwachs, Outlook und Lotus Notes dominieren den Markt für große netzbasierende Mailanwendungen.

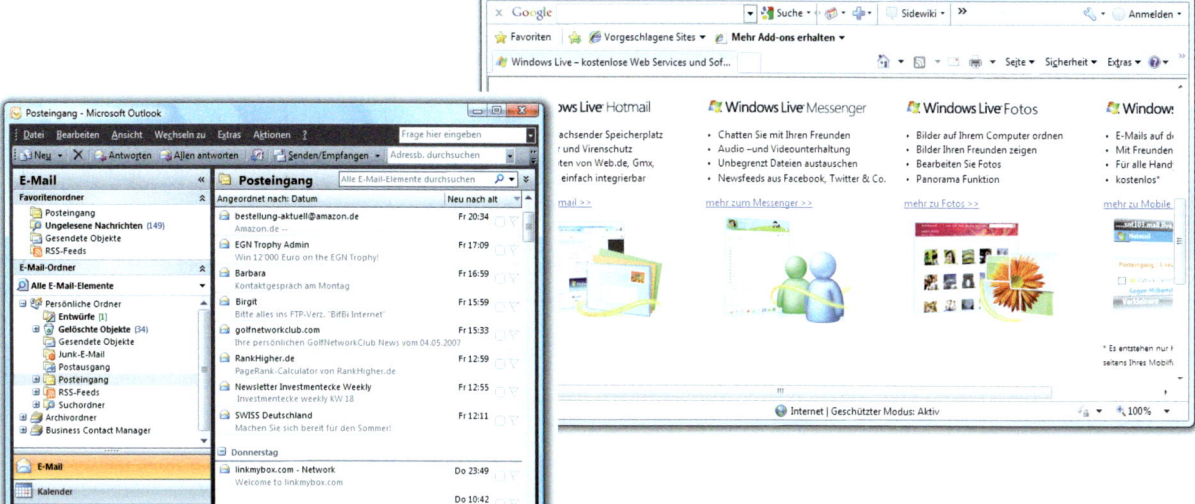

4 Große Mailclients mit vielen Funktionen, integriert in Unternehmensnetze, liefern IBM mit Lotus Notes …

5 … und Microsoft mit Outlook im Office-Paket. Der Exchange Server ist die Mailzentrale im Firmennetz.

6 Windows Mail ist das Mailprogramm von Windows Vista. Windows 7-Anwender finden bei Windows Live die kostenlosen Mailclienste *Hotmail* und *Windows Live Mail*.

Outlook und Windows Mail sind mit einem RSS-Reader ausgestattet, auch die meisten übrigen Clients können RSS und Podcasts importieren.

Ein guter Spam-Filter ist ein Kriterium bei der Auswahl des Mailclients. Stellen Sie sicher, dass dieser nicht zu viel Mailmüll durchlässt.

Spam: Kunstwort für lästige, ungefragt zugesandte Werbemails, auch virenverseuchte Mails und Phishingmails, die weltweit Milliarden Mailserver und Posteingänge verstopfen.

HINWEIS   **TIPP**   **FACHWORT**

Windows Mail – ein Mailkonto einrichten

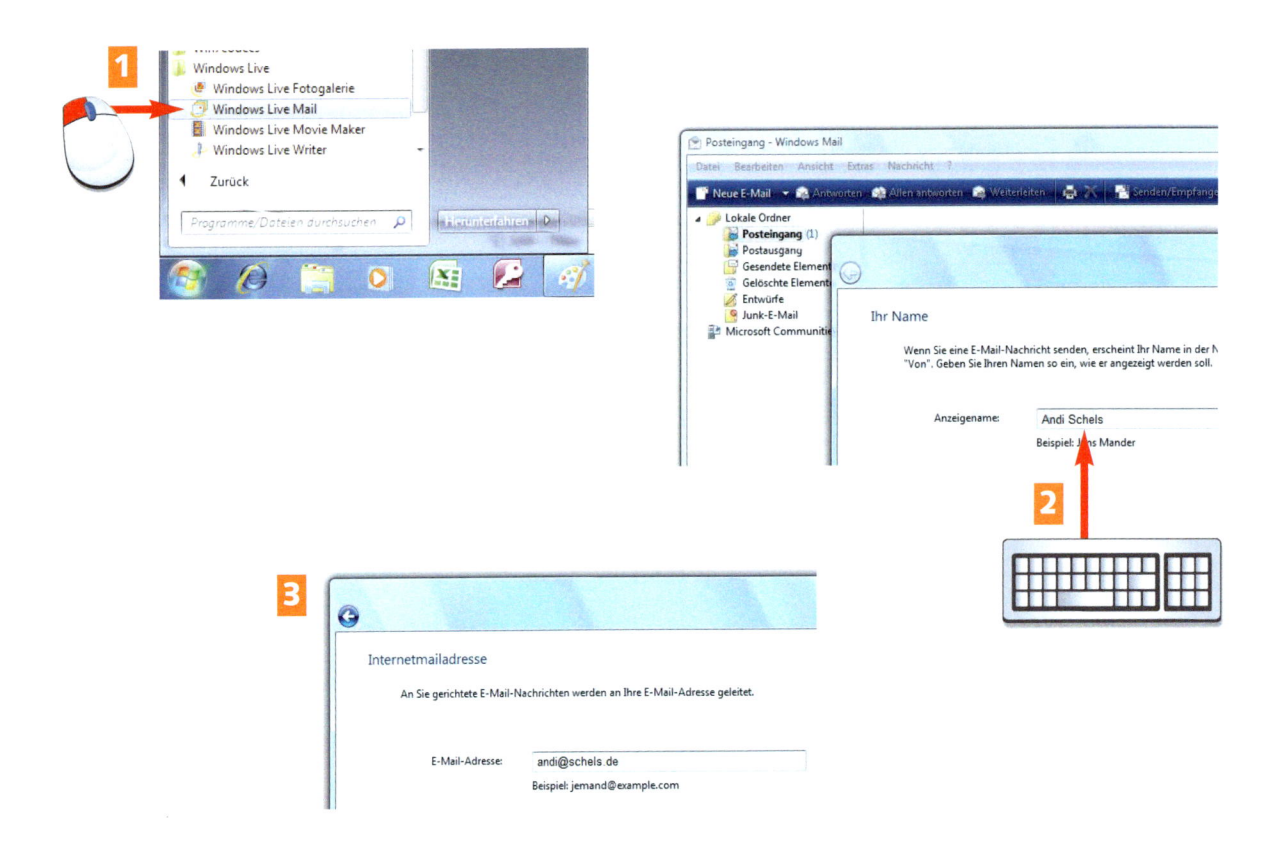

1 Starten Sie Windows Mail oder Windows Live Mail aus dem Startmenü unter *Programme*.

2 Beim ersten Start wird sofort ein Assistent aktiv, er hilft bei der Einrichtung eines Mailkontos. Geben Sie Ihren Namen an.

3 Geben Sie die für das Mailkonto vorgesehene Mailadresse ein.

Windows Mail ist der E-Mail-Client von Windows Vista. Das gleiche Programm heißt bei Windows 7 Windows Live Mail. Richten Sie gleich nach dem Start ein Mailkonto ein, ein Assistent wird Ihnen behilflich sein.

WISSEN

11 E-Mail

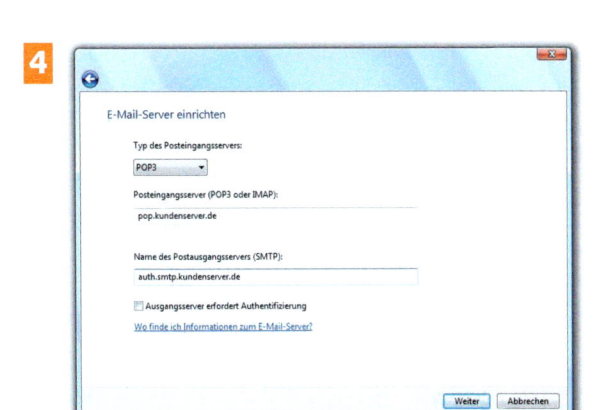

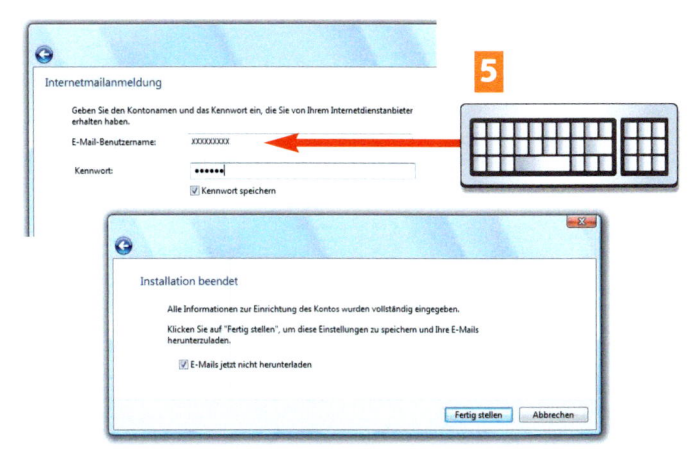

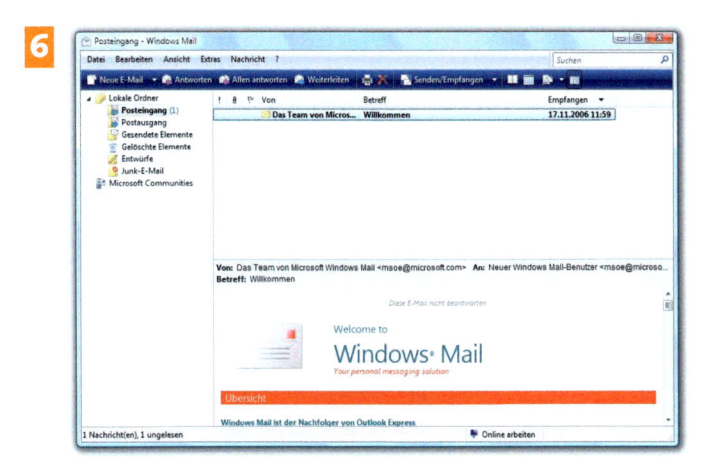

4 Im nächsten Schritt wird der Server bestimmt. Geben Sie ein, wie Ihr Mailserver erreichbar ist.

5 Tragen Sie dann den Namen des Benutzerkontos und das Passwort ein. Beides wurde Ihnen von Ihrem Maildienst-Anbieter geschickt.

6 Mit einem Klick auf *Fertig stellen* schließen Sie die Einrichtung des Kontos ab und Windows Mail bietet sich in einem Fenster an.

TIPP

Für das Mailkonto brauchen Sie eine gültige Mailadresse, zum Beispiel von web.de oder T-Online. Der Provider muss POP3 unterstützen (nicht AOL und einige FreeMailer).

FACHWORT

POP3: Ein Standardprotokoll, mit dem das Mailprogramm die Post beim Mailserver abholt.
Provider: Dienstanbieter für Mail- und Internetdienste.

Windows Mail – ein Mailkonto einrichten

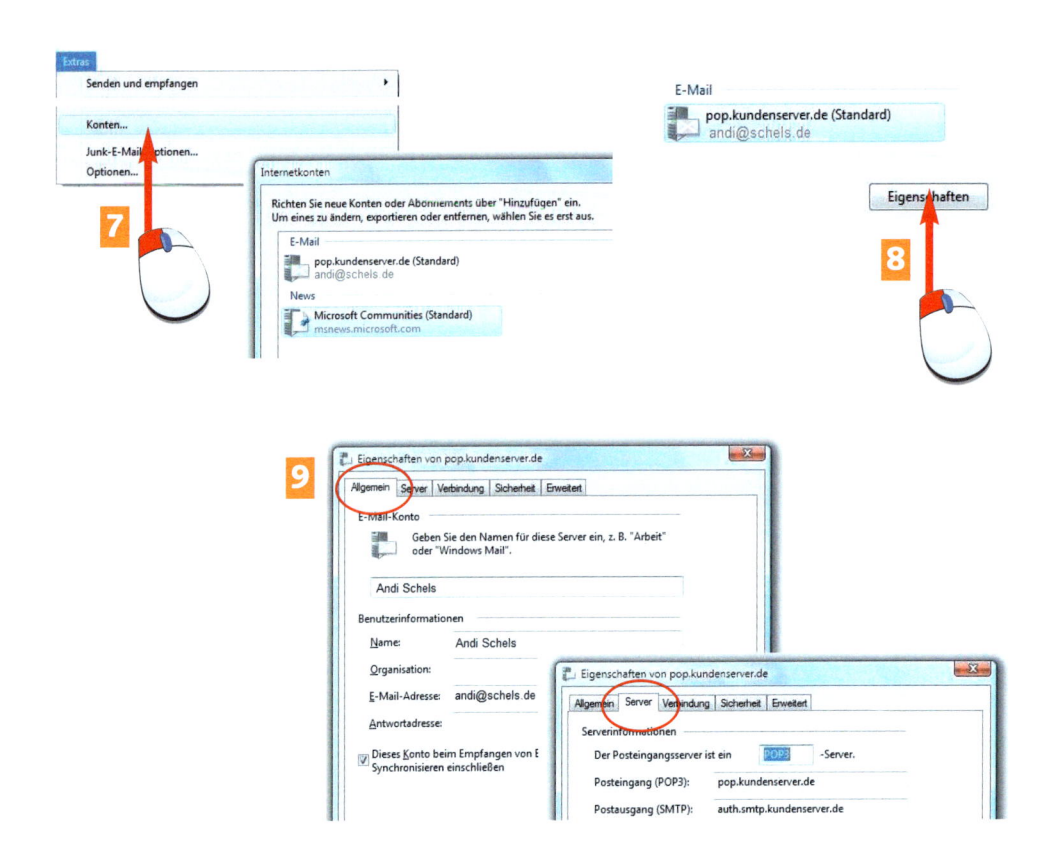

7 Wählen Sie *Extras/Konten*, um das Konto zu überprüfen oder weitere Konten einzurichten.

8 Markieren Sie das Konto und klicken Sie auf *Eigenschaften*.

9 Die Registerkarten *Allgemein* und *Server* enthalten Informationen über Benutzer und Maildienst.

Überprüfen Sie das neue Mailkonto, geben Sie weitere Informationen ein und legen Sie bei Bedarf weitere Konten an.

WISSEN

11 E-Mail 199

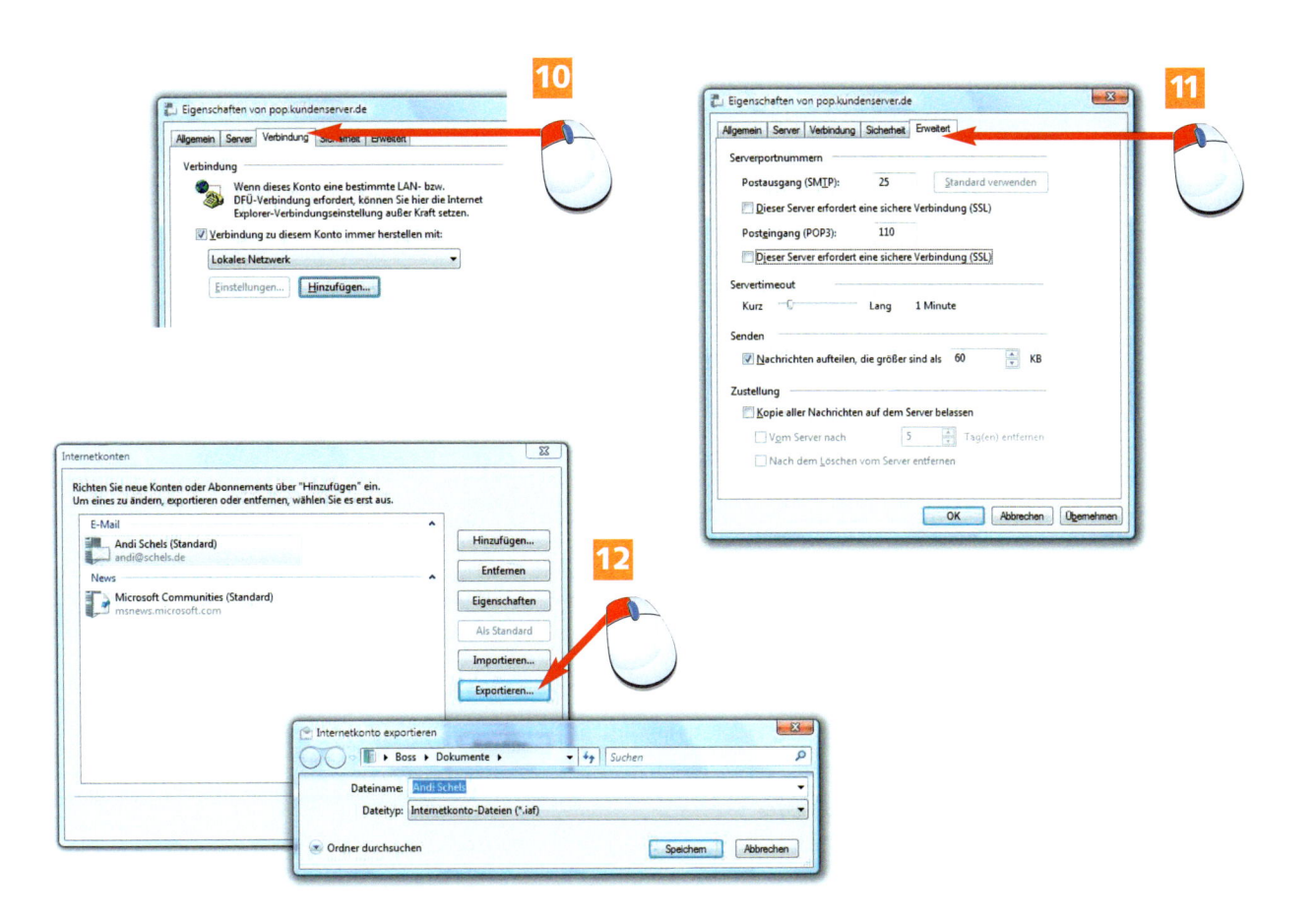

10 Klicken Sie auf *Verbindungen* und geben Sie die Verbindungsform (Modem, ISDN, Netzwerk) an.

11 Auf der Karte *Erweitert* kreuzen Sie Option an, wenn der Server eine sichere Verbindung erfordert.

12 Exportieren Sie das neue Konto gleich als Datei, damit die Informationen später schnell wieder zur Verfügung stehen.

Ende

TIPP

Wie der Posteingangs- und Postausgangsserver Ihres Providers heißt, erfahren Sie von ihm (z. B. auf der Homepage).

HINWEIS

SMTP: Simple Mail Transfer Protocol. Ein Übertragungsstandard für Programme, die Mails versenden oder empfangen.

Windows Mail – wichtige Einstellungen

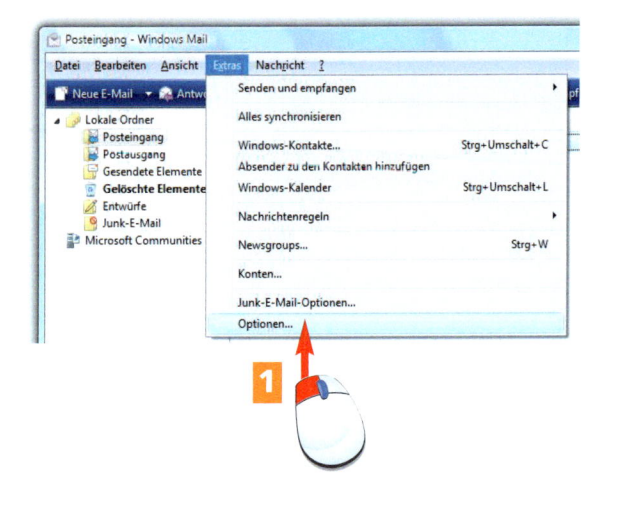

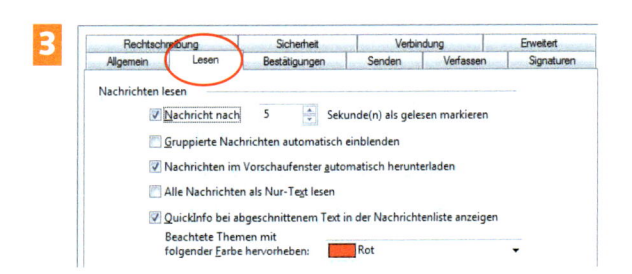

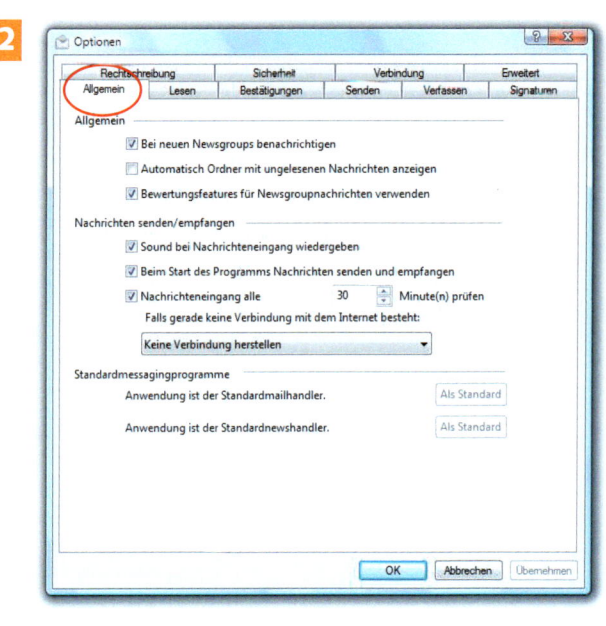

Start

1 Prüfen Sie die Einstellungen für das Mailprogramm unter *Extras/Optionen*.

2 Auf der Registerkarte *Allgemein* legen Sie fest, in welchem Intervall die Mails abgeholt werden.

3 Die Registerkarte *Lesen* regelt, was Windows Mail mit empfangenen Nachrichten macht.

WISSEN

Stellen Sie Ihr Mailprogramm auf automatischen Empfang, sorgen Sie aber dafür, dass es nachher auch wieder auflegt. In den Optionen finden Sie alle wichtigen Voreinstellungen.

11 E-Mail

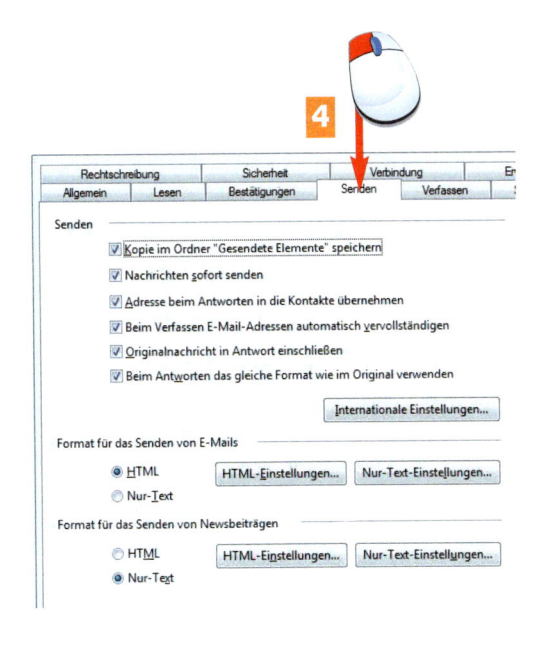

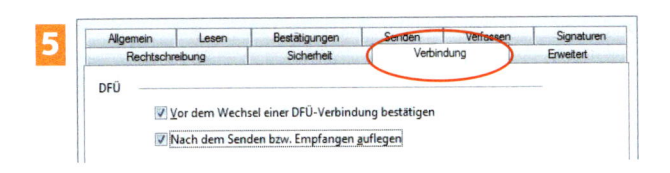

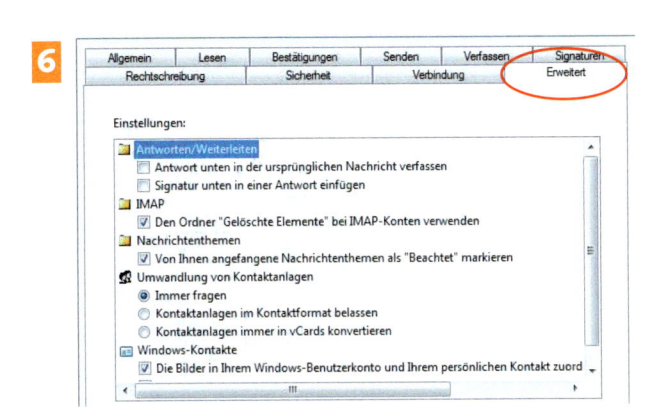

4 Schalten Sie auf *Senden* um und kreuzen Sie die Optionen für ausgehende Nachrichten an.

5 Vergessen Sie nicht, unter *Verbindung* nach dem Senden und Empfangen der Mails die Verbindung zu trennen.

6 Die Registerkarte *Erweitert* bietet zusätzliche Einstellungen, auch für Kontakte.

TIPP

Lesebestätigungen (Register Bestätigungen) sind nicht sehr beliebt, schalten Sie sie besser nicht ein.

HINWEIS

Unter *Extras/Optionen/ Senden* entscheiden Sie, ob die Mails im HTML-Format oder als reine Textnachrichten versendet werden.

FACHWORT

DFÜ: Datenfernübertragung

Windows Mail – E-Mails

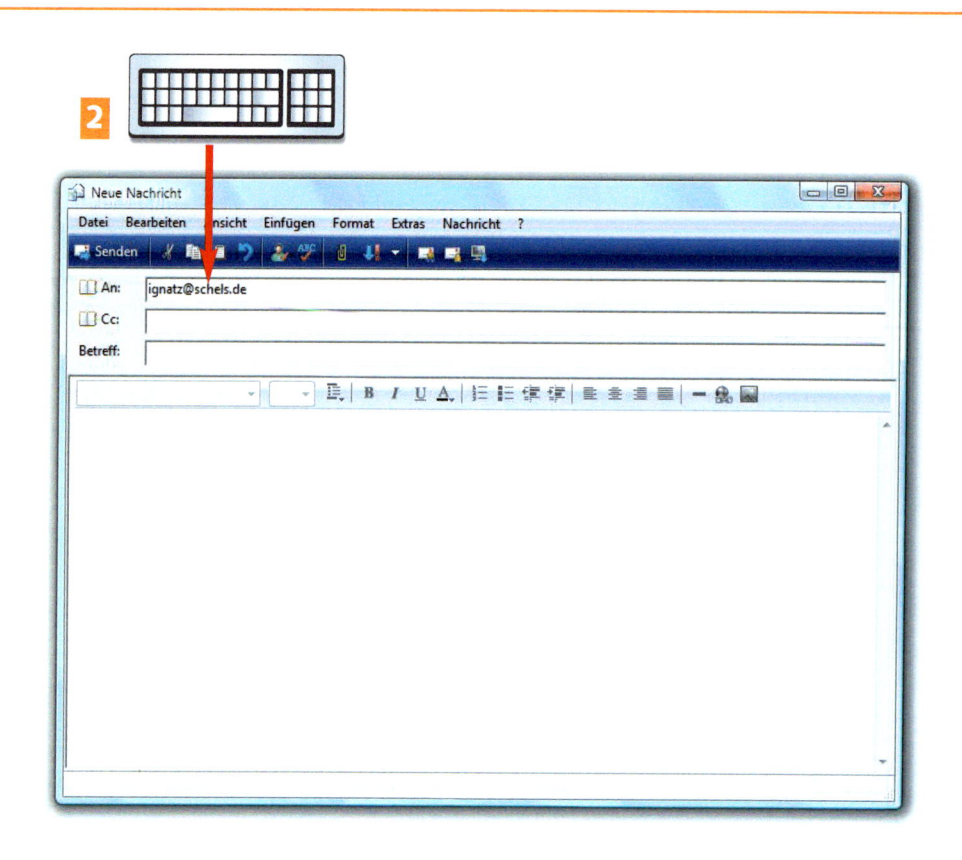

Start

1. Schreiben Sie eine erste E-Mail, klicken Sie dazu auf die Schaltfläche links oben.
2. Geben Sie in der Zeile An die E-Mail-Adresse des Empfängers ein.
3. Im Betreff schreiben Sie einen kurzen, prägnanten Hinweis. Diesen Text sieht der Empfänger in seiner Mailbox.

WISSEN

Für eine E-Mail tragen Sie eine Empfängeradresse ein, geben in der Betreffzeile den Zweck der Nachricht an und schreiben den Text. Fassen Sie sich kurz, auch das Lesen elektronischer Post kostet Zeit.

11 E-Mail 203

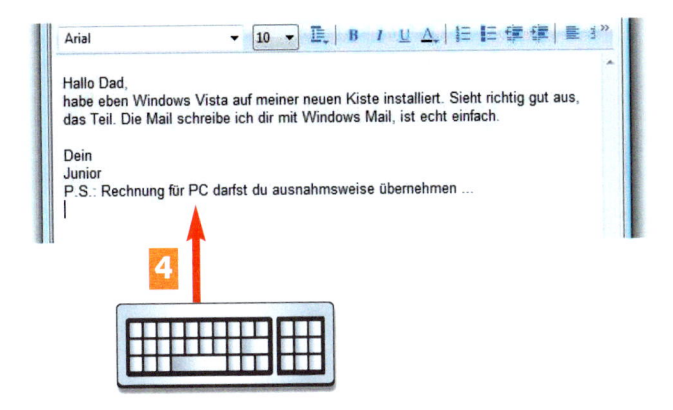

4 Im Nachrichtenfeld schreiben Sie den ausführlichen Text.

5 Formatieren Sie markierte Textteile mit den Symbolen am oberen Rand des Nachrichtenfensters, weisen Sie Farben und Schriftformate zu.

6 Jetzt kann die Nachricht verschickt werden. Klicken Sie auf *Senden*.

Kleiner E-Mail-Knigge:
– Guter Betreff ist wichtig
– Kurz und bündig schreiben, aber nichts abkürzen
– Nicht groß schreiben, auch nicht alles klein
– Emoticons wie ;-) oder :o(sind out …

cc heißt carbon copy, Empfänger, die in dieser Zeile stehen, erhalten eine Kopie der Mail.
Bcc steht für blind carbon copy. Empfänger, die hier eingetragen sind, werden den anderen Empfängern nicht gezeigt.

TIPP   **FACHWORT**

Windows Mail – E-Mails

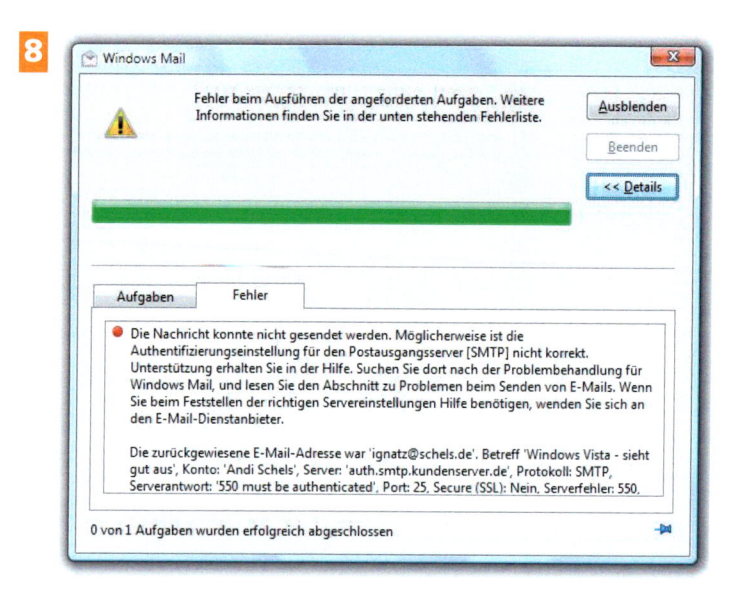

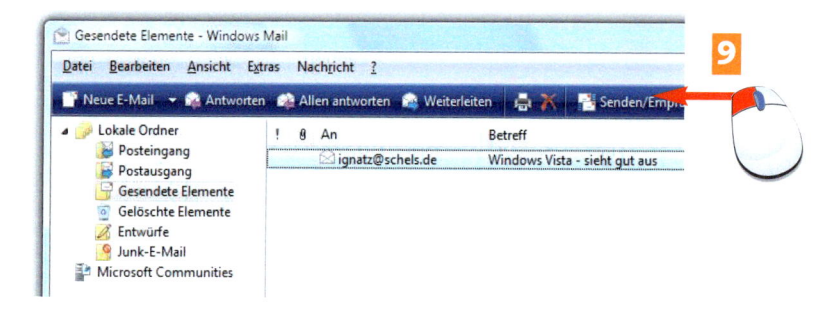

7 Die Nachricht wird kurz in den Postausgang gestellt und von dort an den Empfänger verschickt.

8 Wenn diese Fehlermeldung erscheint, kann die Nachricht nicht verschickt werden. Überprüfen Sie Anschlüsse und Kontoeinstellungen.

9 Klicken Sie erneut auf *Senden*, wenn der Fehler behoben ist. Die Nachricht steht anschließend im Ordner *Gesendete Elemente*.

Posteingang und Postausgang heißen die Ordner, in denen die Nachrichten gespeichert werden. Und was nicht mehr gebraucht wird, landet in „Gelöschte Elemente".

WISSEN

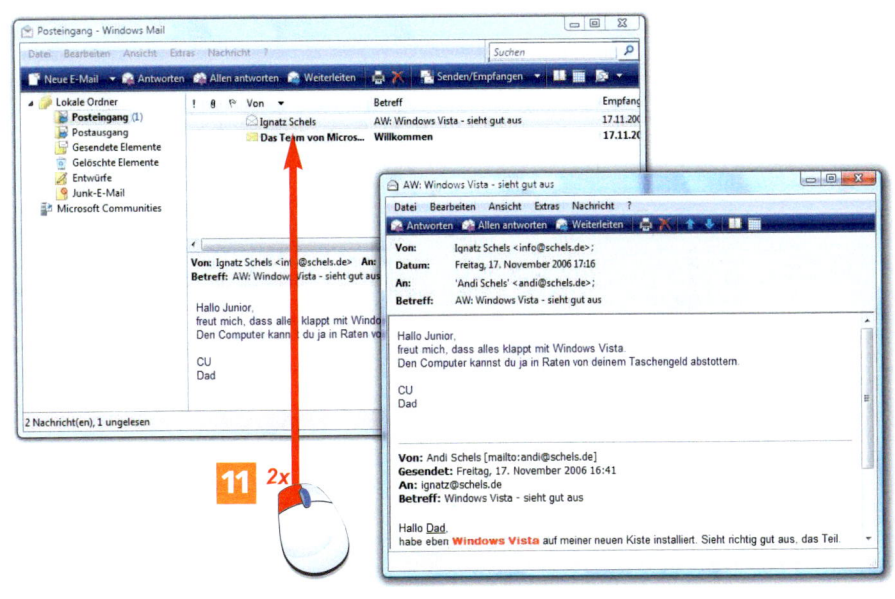

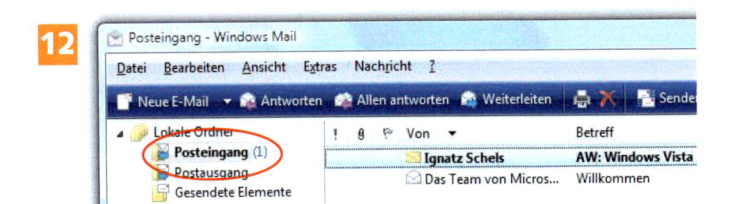

10 Empfangene Nachrichten landen im Ordner *Posteingang*. Klicken Sie die Nachricht an, sehen Sie den Text im Vorschaufenster.

11 Ein Doppelklick auf die Nachricht öffnet sie in einem separaten Fenster.

12 Die Ziffer rechts am Ordner zeigt, wie viele Mails noch ungelesen sind.

Spams registrieren Sie im Nachrichtenmenü als Junk-E-Mail.

HINWEIS

Mit dem Symbol *Antworten* können Sie eine Nachricht gleich beantworten, der Absender wird automatisch zum Empfänger.

HINWEIS

Mit dem Symbol *Weiterleiten* schicken Sie die Nachricht an eine neue Adresse. Im Betreff weist das Kürzel „WG" auf die Weiterleitung hin.

HINWEIS

206 Windows Mail – Bilder und Dateien versenden

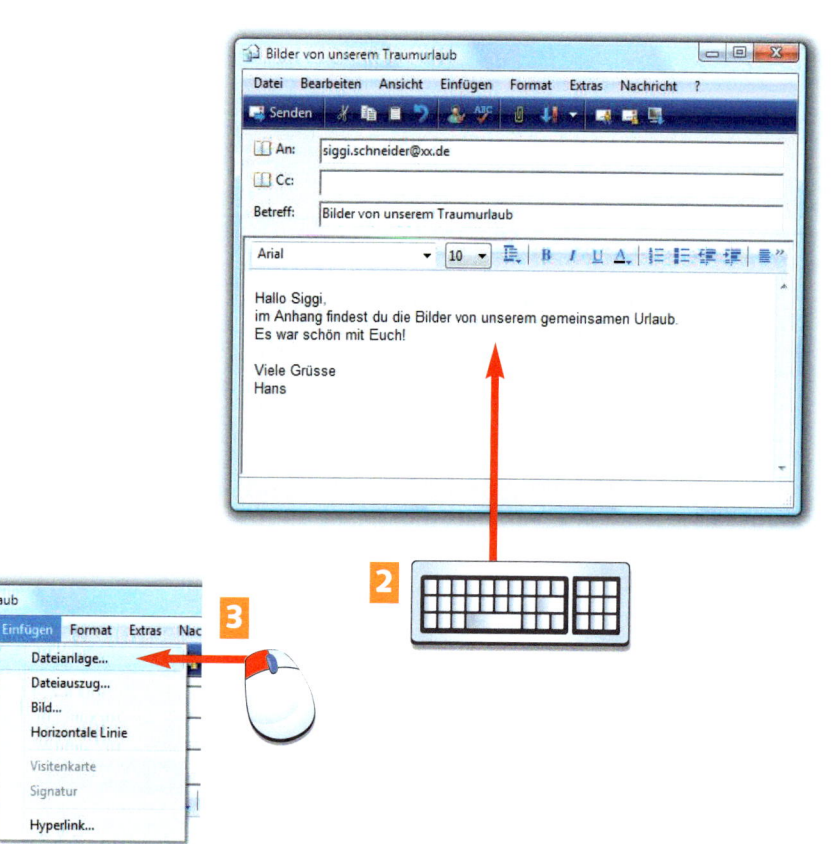

Start

1 Versenden Sie mit der nächsten Nachricht Dateien von Ihrer Festplatte. Klicken Sie auf *Neue E-Mail*, …

2 … schreiben Sie die Nachricht und vergessen Sie nicht, Empfänger und Betreff einzutragen.

3 Wählen Sie *Einfügen/Bild* oder *Einfügen/Dateianlage*.

WISSEN

Bilder, Texte, Tabellen und andere Dateien können Sie mit Windows Mail problemlos versenden. Seien Sie aber vorsichtig, wenn Sie einen Mailanhang öffnen, er könnte ein Virus enthalten.

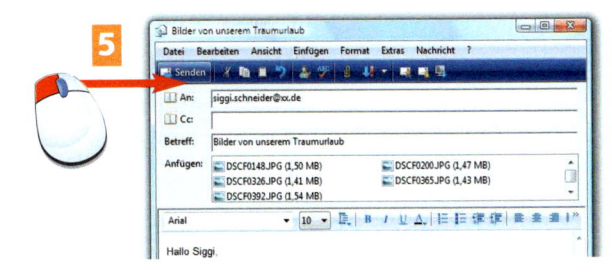

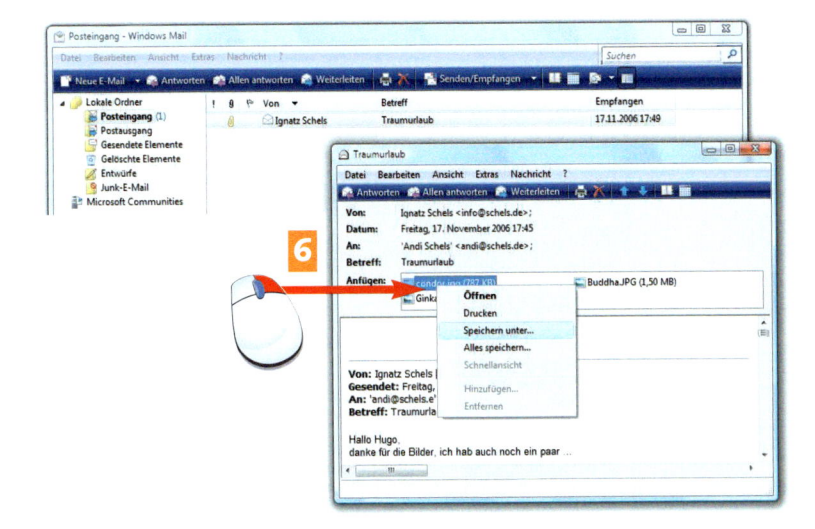

4 Suchen Sie den Ordner, in dem die Dateien gespeichert sind, und markieren Sie alle Dateien mit der ⇧-Taste. Klicken Sie auf *Öffnen*.

5 In der Zeile *Einfügen* sehen Sie die Anhänge noch einmal, klicken Sie auf *Senden*, um die E-Mail mit Anhängen abzuschicken.

6 Anhänge in der Mail sind mit einem Büroklammersymbol gekennzeichnet. Klicken Sie mit der rechten Maustaste auf eine Datei, um sie zu speichern.

Ende

TIPP

Verpacken Sie Ihre Dateien immer in ZIP-Archive, damit sie kleiner werden und der Zielserver sie akzeptiert, und versenden Sie keine ausführbaren Programme.

TIPP

Öffnen Sie grundsätzlich keine Anhänge, die Sie nicht kennen, auch wenn der Mailtext noch so harmlos oder verlockend klingt.

208 Windows Mail – E-Mails verwalten

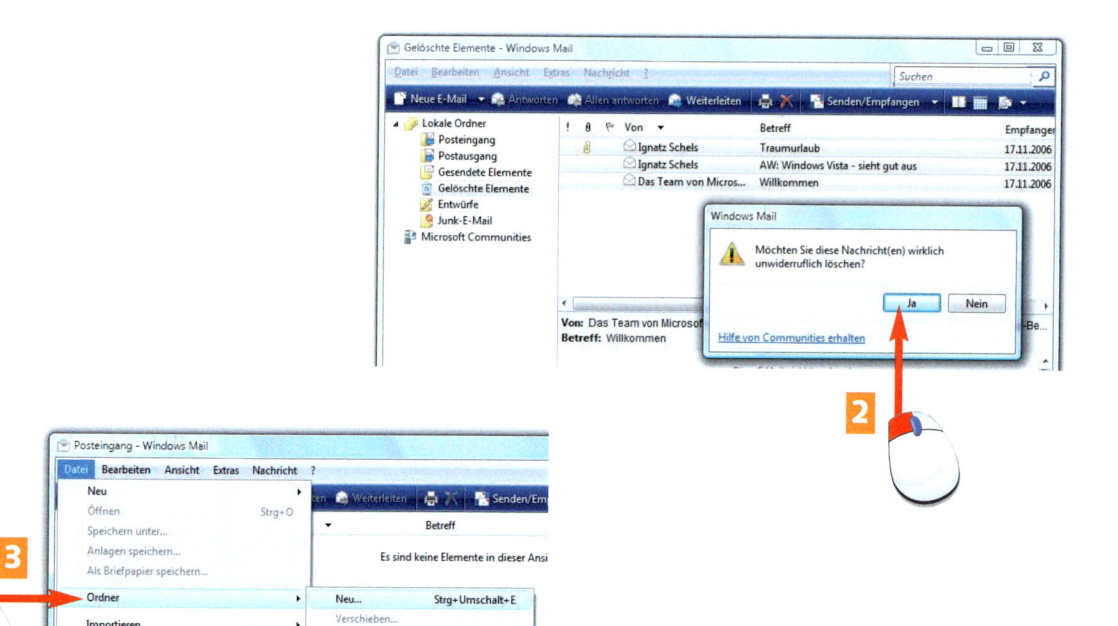

Start

1 Halten Sie den Posteingang so frei wie möglich. Klicken Sie auf *Löschen*, um eine markierte Mail zu löschen.

2 Die Mail landet im Ordner *Gelöschte Elemente*. Um sie ganz zu vernichten, löschen Sie sie hier noch einmal.

3 Legen Sie mit *Datei/Neu/Ordner* neue Ordner für Ihre Mails an.

Mit der Zeit wird's eng im Posteingang. Räumen Sie rechtzeitig auf, löschen Sie Mails und archivieren Sie nur Wichtiges in eigenen Ordnern. Legen Sie sich dazu eine Ordnerstruktur an.

WISSEN

11 E-Mail 209

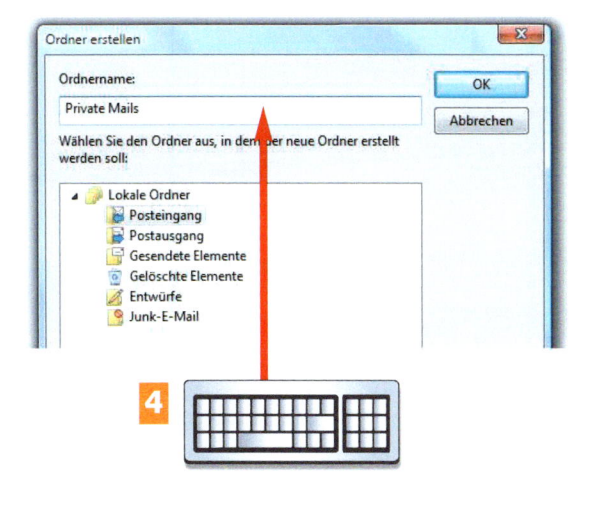

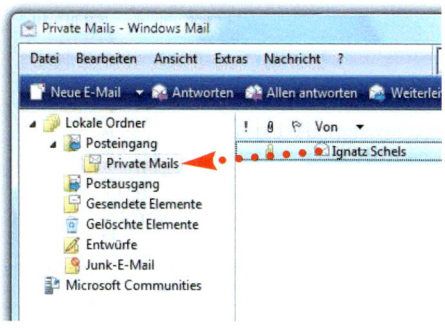

4 Geben Sie dem Ordner einen Namen …

5 … und ziehen Sie alle Mails, die Sie archivieren wollen, einfach mit gedrückter Maustaste in den Ordner.

6 Spam machen Sie gar nicht erst auf und beantworten sie auf keinen Fall. Drücken Sie ⇧ + Entf, um sie sofort zu löschen.

Ende

TIPP

Unter *Ansicht/Aktuelle Ansicht* können Sie bereits gelesene Nachrichten automatisch ausblenden lassen.

TIPP

Sie können jederzeit Mails zwischen den Ordnern verschieben, ziehen Sie einen markierten Eintrag einfach mit gedrückter Maustaste von Ordner zu Ordner.

TIPP

Wenn Sie zu viele SPAMs bekommen, erkundigen Sie sich beim Provider nach einem SPAM-Filter.

Windows Mail – Newsgroups

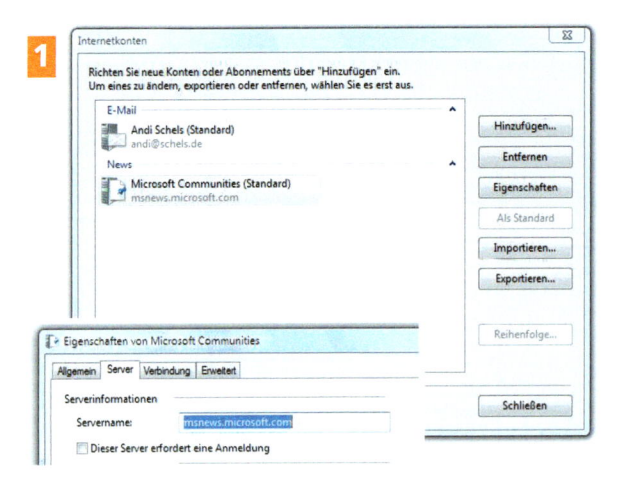

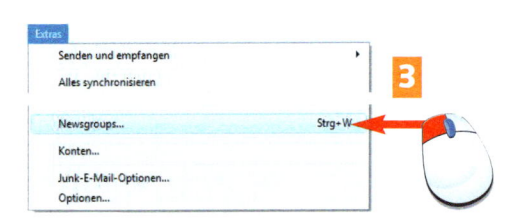

Start

1 Für den Zugang zu einem Newsserver brauchen Sie ein Mailkonto. Windows Mail bietet bereits den Server der Microsoft-Community an.

2 Sie können weitere Mailkonten einrichten und andere Server angeben. Die Newsserver werden unten in der Ordnerliste angeboten.

3 Wählen Sie *Extras/Newsgroups*, um die Newsgroups einzulesen.

WISSEN

Newsgroups sind Diskussionsforen, in denen sich Gleichgesinnte online treffen, um sich über Interessengebiete auszutauschen. Windows Mail ist ein Newsgroup-Reader, der Server der Microsoft-Community ist schon eingerichtet.

11 E-Mail

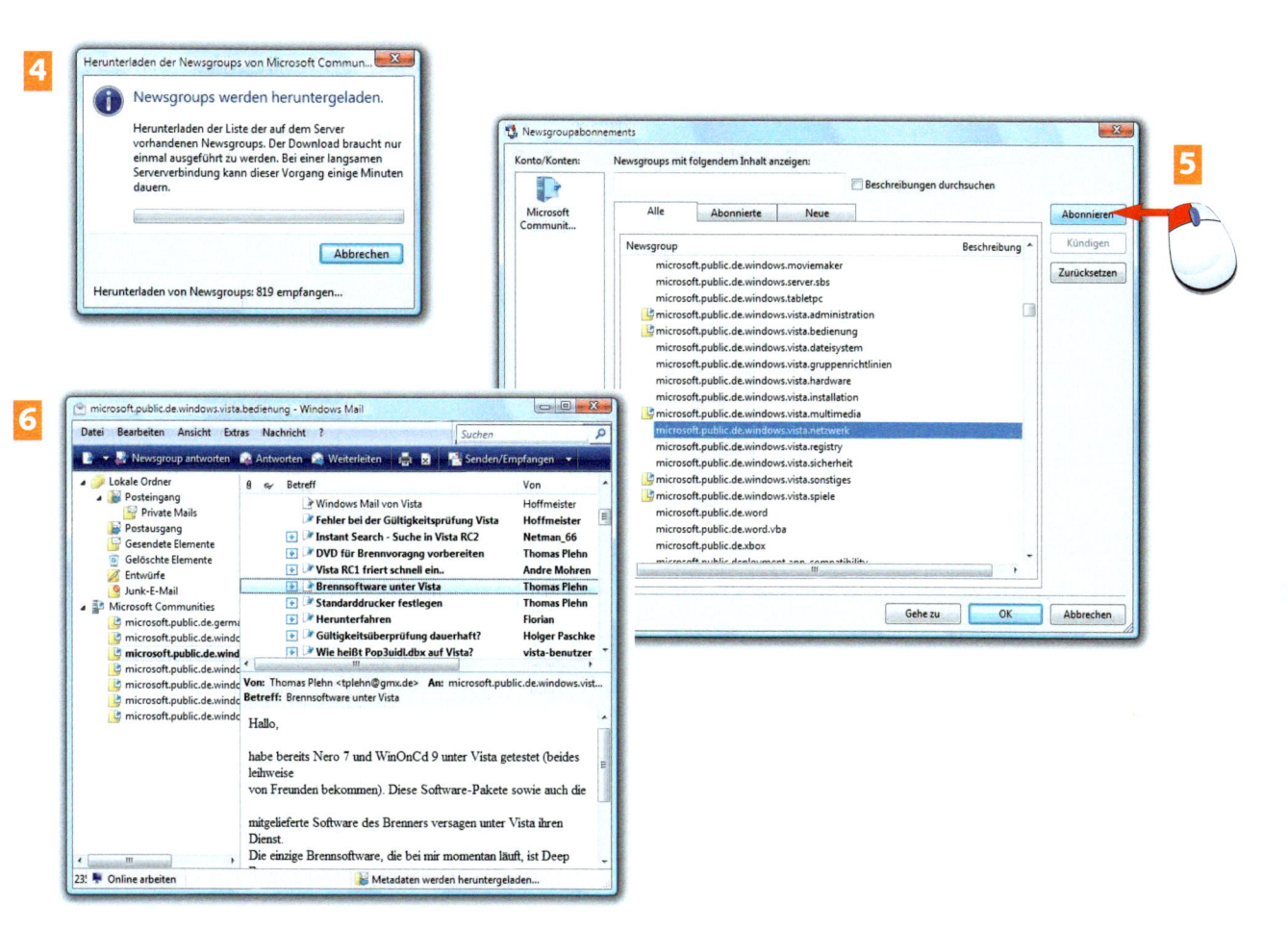

4 Jetzt werden zunächst alle Newsgroups vom Server geladen, was eine Zeit dauern kann.

5 Klicken Sie auf die Newsgroups, in denen Sie arbeiten wollen, und wählen Sie *Abonnieren*.

6 Die Newsgroups stehen in der Ordnerliste, Sie können Nachrichten lesen und selbst Nachrichten (Threads) verfassen.

TIPP

Wichtige Verhaltensregeln in Newsgroups:
– Nicht großschreiben (= schreien)
– Beschimpfungen (flames) vermeiden
– Höflich bleiben
– Emoticons und Abkürzungen sind erlaubt

FACHWORT

Newsserver: Anbieter von Newsgroups.
Thread: Ein Beitrag oder die Antwort darauf.
MVP: Most Valued Professionals. Helfer in Newsgroups, die von Microsoft unterstützt werden.

12

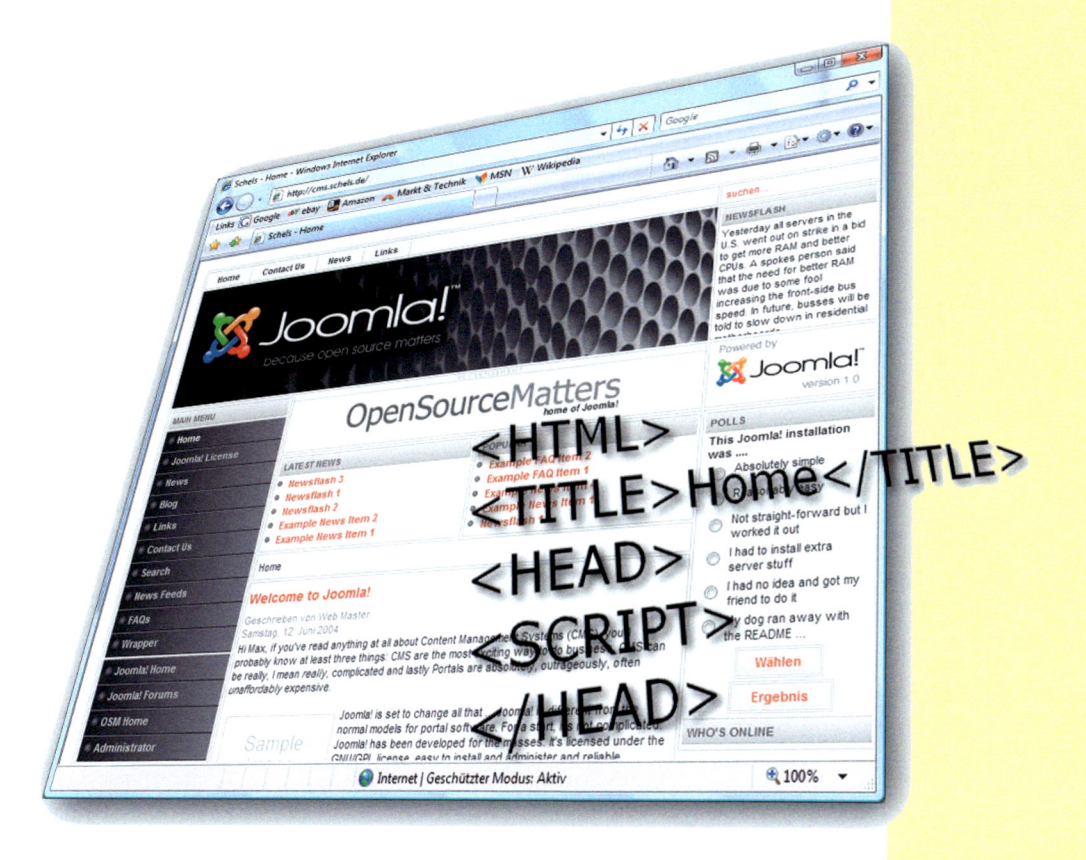

Die eigene Homepage

214 Präsent im Internet

Start

1 Die eigene Homepage im Internet ist das wichtigste Aushängeschild für Personen und Unternehmer …

2 … und eine ideale Plattform, um Dienstleistungen und Produkte im richtigen Licht zu präsentieren.

3 Ganze Unternehmenszweige haben sich bereits komplett ins Internet verlagert und nutzen das Netz als Plattform für E-Business und E-Commerce.

Im Internet präsent zu sein ist für Unternehmer und Freiberufler (über)lebenswichtig geworden. Aber auch Behörden, Organisationen, Vereine und Privatpersonen nutzen das Weltnetz zur Präsentation ihrer Dienste oder Interessen.

WISSEN

12 Die eigene Homepage 215

4 Ämter und Regierungsstellen informieren oder bieten Service an und ersparen mit ihren Internetseiten so manchen Gang zur Behörde.

5 Vereine, Organisationen und Privatpersonen können sich im Internet mit einer Homepage optimal präsentieren.

6 Es gibt nichts, was es nicht gibt im Internet. Auch für skurrile Seiten ist Platz im Netz der Netze, das keiner Zensur unterliegt (zumindest nicht überall).

Die Zahl der Homepages im Internet ist nicht mehr zählbar, Schätzungen gehen von mehreren Milliarden aus.

Website: So wird die Gesamtheit aller Seiten eines Internetauftritts bezeichnet. Eine Webseite ist eine einzelne Seite im Internet.

HINWEIS **FACHWORT**

Die eigene Adresse, die eigene Domäne

Start

1 Wer sich im Internet präsentieren will, braucht zunächst eine eigene, unverwechselbare Adresse. Sehen Sie bei DENIC nach, …

2 … ob Ihre Wunschadresse mit der Endung .de noch frei ist. Diesen Domänencheck bieten Provider auch für andere Domänen an.

3 Gute Adressen und kurze, prägnante Begriffe sind natürlich längst besetzt. Weichen Sie auf andere Domänen oder Zusammensetzungen aus.

Sie wollen endlich auch ein Teil des weltweiten Netzes sein? Suchen Sie einen Provider, beantragen Sie eine Domäne für Ihre Wunschadresse und und schon kann es losgehen.

WISSEN

12 Die eigene Homepage 217

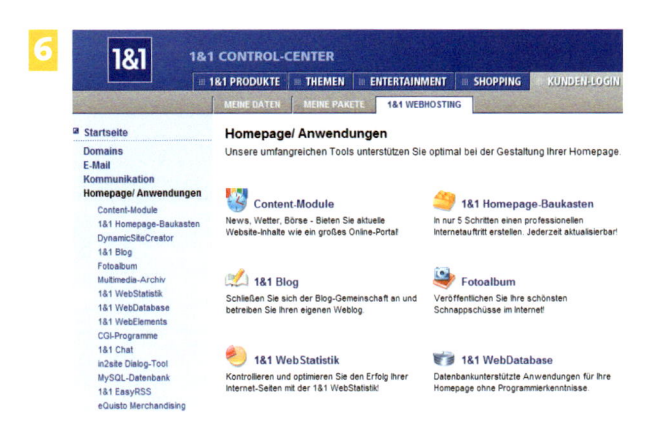

4 Suchen Sie einen guten Provider, und das ist nicht immer der billigste. Fragen Sie Ihren Berater im örtlichen Computerfachhandel.

5 Eine neue Domäne ist in wenigen Schritten beantragt. Die Gebühren werden abgebucht, und nach der Überprüfung ist die Domäne bereit für Ihre Homepage.

6 Im Control-Center bietet der Provider umfangreiche Unterstützung für Einsteiger. Hier finden Sie Tools vom Homepage-Baukasten bis zum Expertenskript.

Ende

TIPP
Bei besonders billigen Domänen müssen Sie oft Werbeeinblendungen in Kauf nehmen. Hier finden Sie Antworten auf rechtliche Fragen zu Domains: http://www.domain-recht.de

TIPP
Sehen Sie in Domänenbörsen nach, hier werden freie Domänen gehandelt:
www.sedo.de
www.domain-handel.de
www.nicit.com

TIPP
Wenn Sie mehrere Domänen brauchen, sollten Sie ein Domänenpaket kaufen. Damit können Sie weitere Domänen anmelden und nicht mehr benötigte wieder abmelden.

Private Homepages kostenlos

Start

1. Private Homepages können bei Anbietern wie Npage oder Oyla eingestellt werden.
2. Bei AOL können Sie Ihre Homepage in der Hometown veröffentlichen.
3. ARCOR-Kunden finden im Homepage-Center viele Werkzeuge für die eigene Webpräsenz.

Wer die Kosten und den (geringen) Aufwand für eine eigene Domäne sparen möchte, sollte sich nach kostenlosem Webspace umsehen. Die großen Provider bietet ihn an, viele kleine Firmen nehmen ebenfalls private Homepage-Betreiber unter ihr Dach.

WISSEN

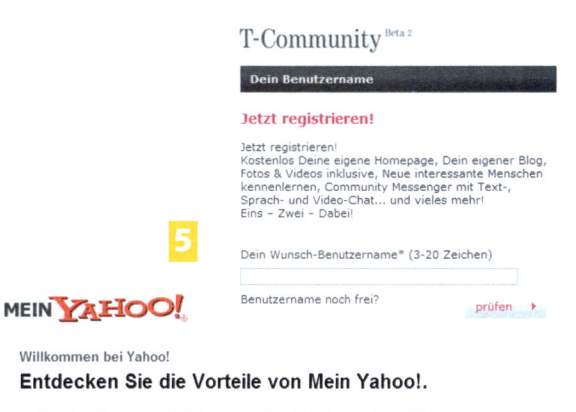

12 Die eigene Homepage 219

4 elf24.de stellt vordefinierte Designs für die Homepage-Gestaltung zur Auswahl.

5 Die großen Portale bieten ihren Communitymitgliedern freie Homepages an, damit diese Blogs, Fotos, Videos u. a. anbieten können.

6 Auf der Liste unter www.monetenfuchs.de finden Sie eine Aufstellung mit Anbietern kostenloser Homepages.

HINWEIS

Die private Homepage darf in der Regel nicht für gewerbliche Zwecke genutzt werden.

HINWEIS

Für die kostenlose Homepage steht meist weniger Platz zur Verfügung. Die Mailadresse und die URL enthalten die Domäne des Anbieters (www.meinName@npage.de).

Homepage-Gestaltung mit HTML

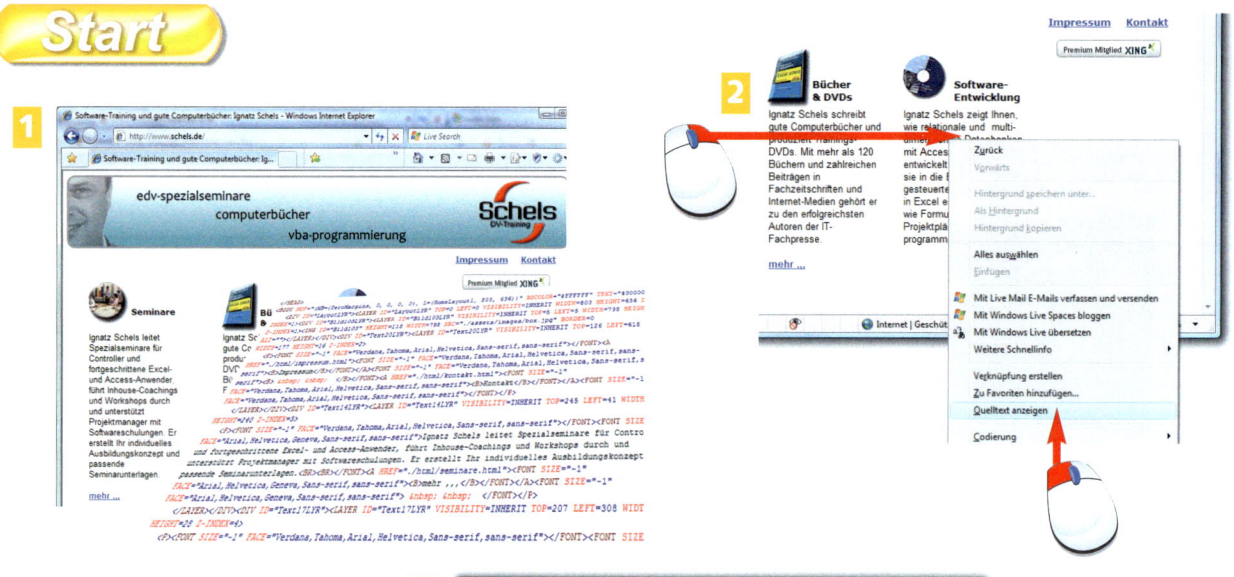

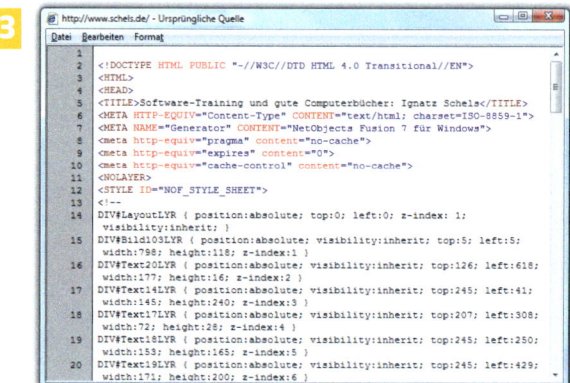

Start

1 Eine Homepage besteht meist aus mehreren HTML-Seiten. Bilder gelangen über Verweise auf Bilddateien in eine Seite, sie werden mit „Tags" in den Code eingebaut.

2 Klicken Sie mit der rechten Maustaste auf den Textbereich einer Seite und wählen Sie *Quelltext anzeigen*.

3 Jetzt sehen Sie den Quellcode der Seite in einem Texteditor-Fenster.

Webdesign ist sowohl Handwerk als auch Kunst, und beides will gelernt sein. Wenn Sie Ihre Homepage selbst gestalten wollen, sollten Sie sich zuerst mit HTML beschäftigen.

WISSEN

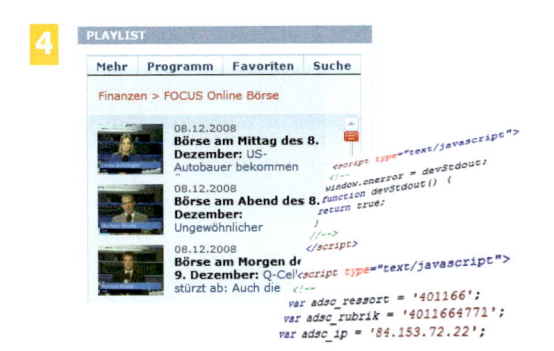

12 Die eigene Homepage 221

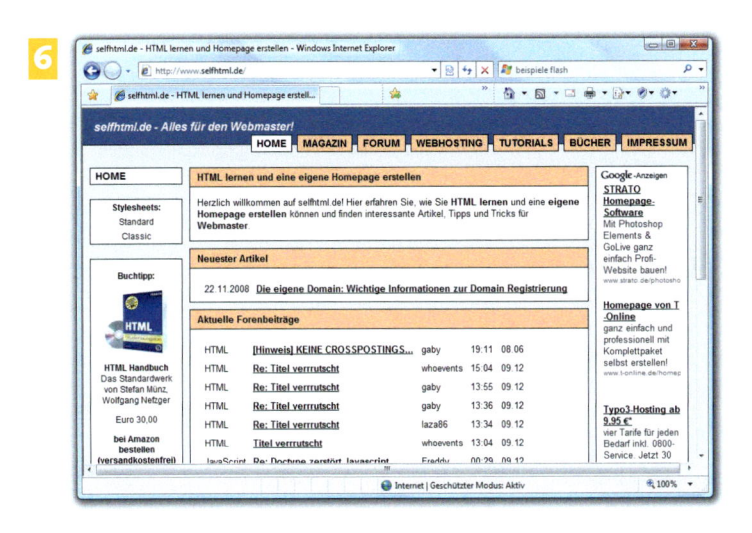

4 Auch Videos, Flash-Animationen und Java-Scripts sind Dateien, die der Besucher bekommt und die beim Laden der Seite angezeigt oder ausgeführt werden.

5 Die Menüsteuerung einer Site ist gleichzeitig die Liste der verlinkten HTML-Seiten. Die Startseite heißt immer index.html.

6 Alles zu HTML und ein großes Forum finden Sie bei SelfHTML, der anerkannt besten Webseite zu diesem Thema.

HINWEIS

Sie müssen kein perfekter Webdesigner werden, um eine gute Webseite zu machen, aber ohne Grundlagenwissen über HTML und andere Designtechniken geht es nicht.

FACHWORT

HTML: Hypertext Markup Language. Die Programmiersprache für Webseiten (Spezifikation bei www.w3c.org).

Homepage-Editoren und Webwerkzeuge

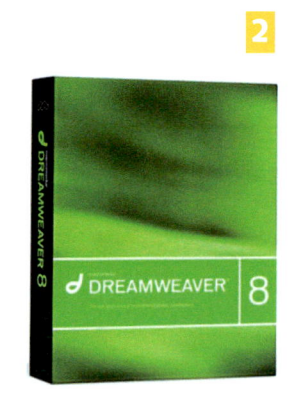

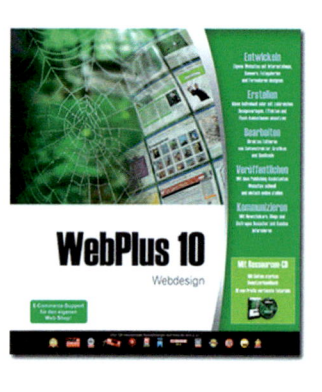

Start

1 Einfache HTML-Editoren wie CoffeeCup ermöglichen die Bearbeitung des Codes im WYSIWYG.

2 Mit dem Anspruch wächst die Qualität der Software. Macromedia Dreamweaver oder WebPlus sind HTML-Profiwerkzeuge.

3 Eine Liste mit HTML-Editoren finden Sie bei SelfHTML (www.selfhtml.de).

WISSEN

HTML-Editoren sind Programme, mit deren Hilfe auch Nichtprogrammierer gutes Webdesign herstellen können. Das Angebot reicht von einfachen Code-Editoren bis zu Profiwerkzeugen. Viele Produkte bieten auch fertige Vorlagen (templates) an.

12 Die eigene Homepage

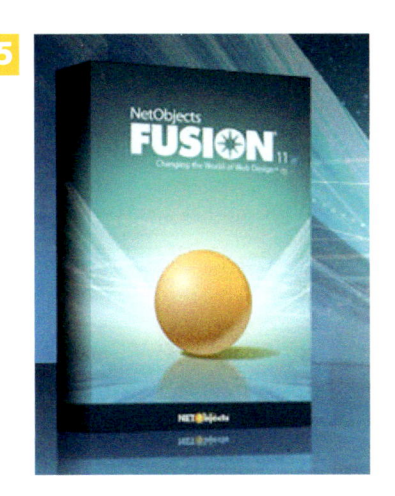

4 Microsoft hat natürlich auch einen Profi-Webeditor im Programm. Mit Expression Web (Nachfolger von FrontPage) werden Webseiten und Sharepoint-Portale erstellt.

5 Netobjects Fusion ist ein Webdesign-Werkzeug, das leicht zu erlernen und einfach zu bedienen ist.

6 Auch in der Open-Source-Welt gibt es Software für Webdesign und Homepage-Gestaltung.

Der Link zu SelftHTML:
www.selfhtml.de
Zusätzlich zum Website-Editor benutzt der Webdesigner auch ein gutes Grafikprogramm für die Bildbearbeitung (z. B. Adobe Photoshop).

Weitere HTML-Editoren:
Adobe GoLive
Amaya
KompoZer
Macromedia HomeSite

WYSIWYG: what you see is what you get – Das Ergebnis der Programmierung wird so angezeigt, wie es dann auch aussieht.

TIPP | **HINWEIS** | **FACHWORT**

224 Webdesign im Web 2.0

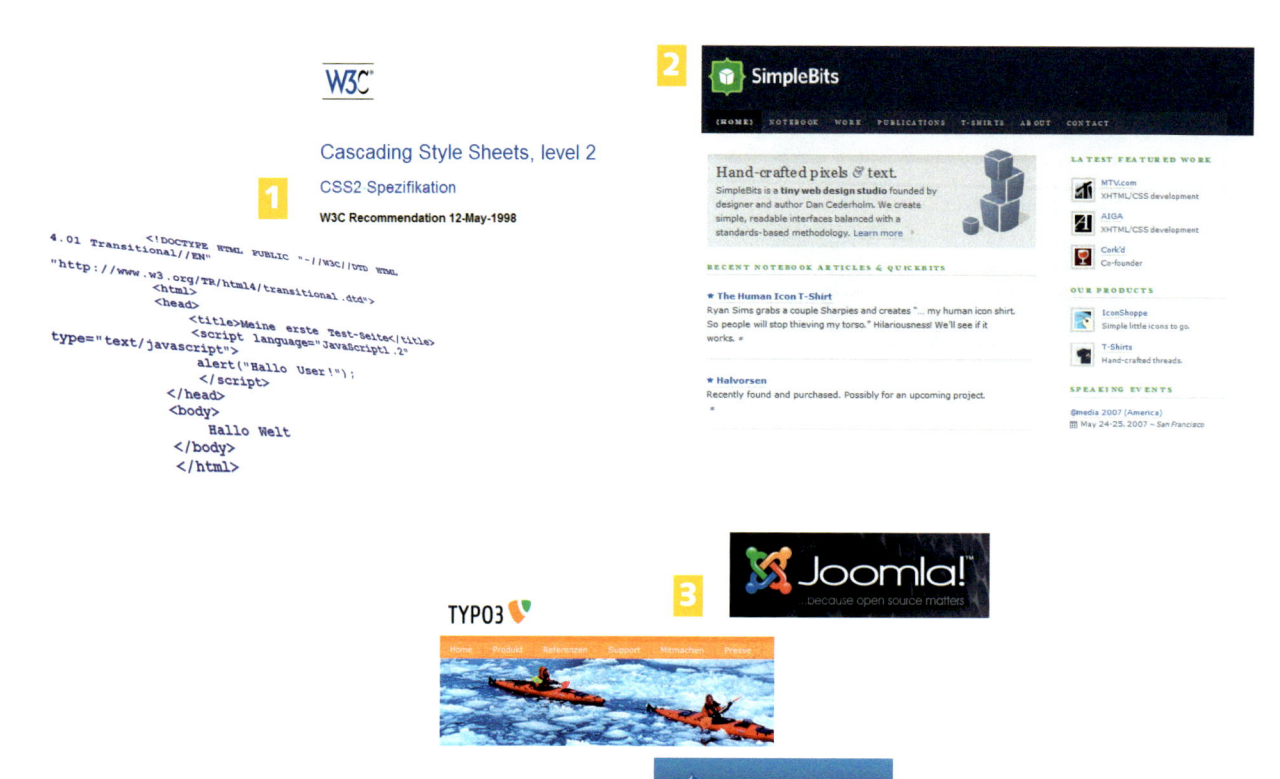

Start

1 DHTML steht für die neue HTML-Generation, die interaktive Elemente und Scripts (Java) enthält. Für die Formatierung sorgen CSS (Cascading Style Sheets).

2 Viele Elemente aus dem klassischen Webdesign sind verschwunden (z. B. Frames), die Struktur ist klarer, Bild und Text wesentlich kleiner.

3 CMS-Systeme bauen die Seiten modular auf, so dass einzelne Blöcke interaktiv bearbeitet werden können. Joomla!, Drupal und Typo3 sind Open-Source-Projekte.

Im Web 2.0 haben Internetseiten eine neue, aber in ihrem Grundaufbau und den Elementen einheitliche Form. Die Webdesign-Werkzeuge werden abgelöst von CMS-Systemen, die für die neuen Techniken (RSS, Blogs etc.) gerüstet sind.

WISSEN

12 Die eigene Homepage 225

4 WordPress ist ein Web Publishing System, das zum Aufbau von Weblogs benutzt wird.

5 Mit Ajax werden interaktive Webanwendungen programmiert. Das CMS-System Typo3 ist ebenso ein Ajax-Produkt wie Flikr, die Web 2.0-Fotocommunity.

6 Im Fontshop finden Sie die Schriften des Web 2.0 und Dr. Web bietet viele Tutorials für das neue Design des Web 2.0 an.

Hier finden Sie alles
zu Joomla!:
www.joomlaos.de

Webstandards: Vorgaben des World Wide Web Consortium (www.w3c.org).

TIPP

FACHWORT

13

Gute Seiten, schlechte Seiten

Aktuelles und Neues

1 Die großen Zeitungen sind natürlich mit ihren Online-Portalen im Internet vertreten und das Angebot ist fast immer so attraktiv wie die Papierausgaben.

2 Auch regionale Tageszeitungen sind vertreten, sie bieten oft Portale, Bürgernetze und virtuelle Marktplätze.

3 Die großen Fernsehsender locken mit Zusatzinfos zu Sendungen, Videoclips, Trailern und Downloads.

Zeitungsverlage, Nachrichtendienste und TV-Sender haben von Anfang an auf das Internet gesetzt, auch wenn keine Gebühren fließen. Aber Werbung lässt sich immer verkaufen.

13 Gute Seiten, schlechte Seiten 229

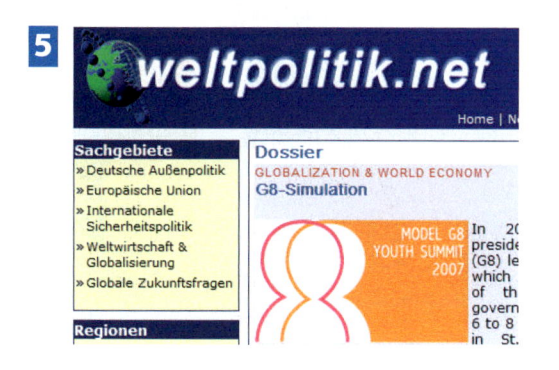

4 In der ZDF-Mediathek können Sie sich Nachrichtentrailer und Infosendungen ansehen.

5 Infos, Diskussionen und Beiträge zur Weltpolitik finden Sie auf www.weltpolitik.net.

6 Auch die großen amerikanischen Medienkonzerne sind mit allen ihren Sendern online.

Nachrichten stets aktuell:
www.nachrichtenmann.de
www.google.de/news

Das Nachrichtenportal für Redaktionen und Pressestellen:
www.news-ticker.org

Deutsche Nachrichtensender:
www.n-tv.de
www.n24.de
www.tagesschau.de

TIPP   **TIPP**   **HINWEIS**

230 Business und Finanzen

Start

1 Das Portal der Deutschen Wirtschaft listet die wichtigsten Links zu den einzelnen Branchen und Unternehmenszweigen.

2 Bei Computerwoche und ZDNet dreht sich alles um die IT. Hier finden Sie die wichtigsten Wirtschaftsnachrichten aus der Computerbranche.

3 Die besten Blogs rund um Wirtschaft und Branchen finden Sie unter www.top100-business-blogs.de.

Ob Handwerker, Freelancer oder Unternehmer – das Internet ist als Informationsquelle für Wirtschaftsnachrichten unentbehrlich geworden.

WISSEN

13 Gute Seiten, schlechte Seiten 231

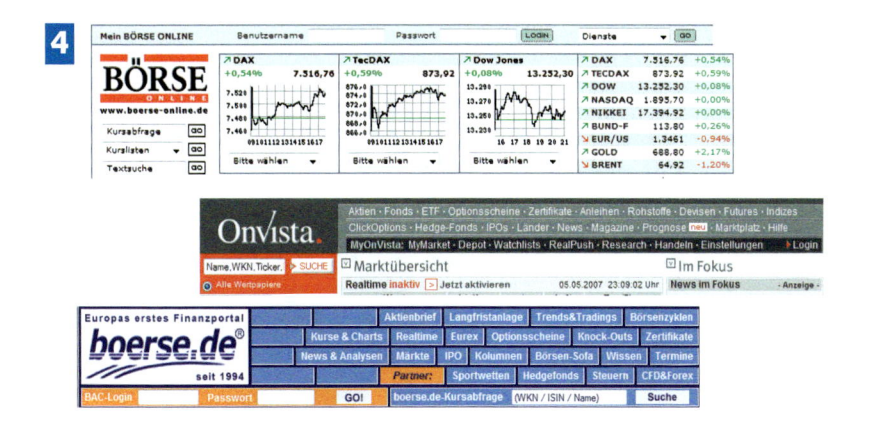

4 Die letzten News, die neuesten Ticker: Börsenseiten bieten Rundumservice für Finanzdienstleistungen.

5 Die RSS-Nachrichten liefern News, Kurse und Börsenbriefe per RSS-Feed.

6 Der Klassiker unter den Wirtschaftsmagazinen ist das Handelsblatt. Im Portal der Wirtschaft sind über 24.000 Pressemitteilungen von Firmen zu finden.

TIPP

Die Deutsche Internet-Bibliothek:
www.internetbibliothek.de

HINWEIS

Die Finanz- und Börsendienste rüsten auf die neue Internetwelt um und liefern ihre Informationen als RSS, Blogs und für mobile Geräte.

232 Sport im Internet

Start

1 Es gibt keine Sportart, die nicht im Internet vertreten ist, und ebenso vielfältig ist auch die Anzahl der Sportseiten im Netz.

2 Zu jedem großen Sportereignis sind topaktuelle Seiten im Internet.

3 Die Sportverbände präsentieren sich mit aufwändigen Seiten, viele bieten auch Intranets an.

Die schönste Nebensache der Welt soll ja immer noch der Sport sein. Daran hat sich auch mit dem Internet nichts geändert, im Gegenteil: Sportseiten bieten Infos pur vom Bundesliga-Tor bis zum Live-Schachturnier.

WISSEN

13 Gute Seiten, schlechte Seiten 233

4 Umfangreiche Informationen rund um den Sport liefert Sportgate (www.sportgate.de).

5 Bei Sport-News können Vereine ihre eigenen Nachrichten publizieren und aktiv Mitglieder werben.

6 Suchen Sie gezielt nach Sportseiten im Internet, es ist für jeden was dabei.

TIPP
Eine Liste der bekanntesten Sportvereine aus aller Welt hat Sportgate in seinem Lexikon: www.sportgate.de

TIPP
Golf.de ist das Intranet für alle deutschen Golfclubs, hier können die Golfer Turniere buchen und Handicaps abfragen.

TIPP
Alle Sportarten, viele Statistiken: www.sport-komplett.de

234 Wissenschaft, Forschung, Technik

Start

1. Das große Wissenschaftsportal www.wissenschaft.de bietet Einblicke in Wissensgebiete von Kultur bis Umwelt.

2. Auf den Seiten der Fachzeitschriften finden Sie interessante Beiträge und Informationen.

3. Informativ und lehrreich: Wissenschafts- und Technikseiten im Internet.

Mit dem Internet sind Informationen und Projekte aus Wissenschaft und Technik weltweit zugänglich. Viele Seiten laden zum Mitmachen ein.

WISSEN

13 Gute Seiten, schlechte Seiten   235

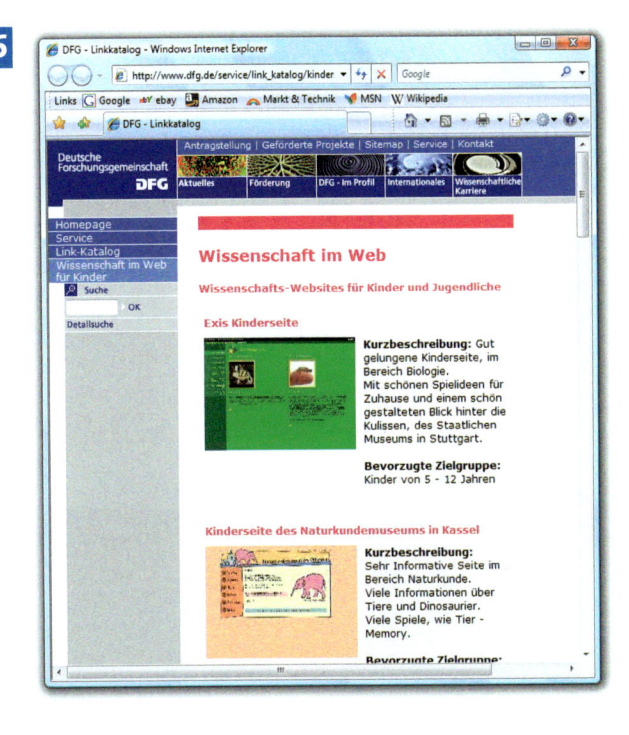

4 Peter Moosleitners Magazin liefert Wissenschaft in populärer Form und sammelt Blogs von Experten: www.pm-magazin.de.

5 Der forschenden Jugend gehört die Zukunft und das Internet leistet seinen Beitrag dazu.

6 Bei der Deutschen Forschungsgemeinschaft (www.dfg.de) gibt es eine Übersicht über Wissenschaftsseiten für Kinder und Jugendliche.

Wussten Sie, dass ein Airbag schneller ist als ein Wimpernschlag? Lesen Sie und staunen Sie: www.wissenschaft-im-dialog.de

TIPP

Tausende von Links zu allen Fachgebieten der Wissenschaft bietet diese Datenbank: www.wissenschaft-online.de

TIPP

Die Zeitschrift GEO ist auch im Internet spannend: www.geo.de
Magazin für Wissenschaft und Kultur: www.morgenwelt.de

TIPP

236 Literatur, Klassik und Kunst

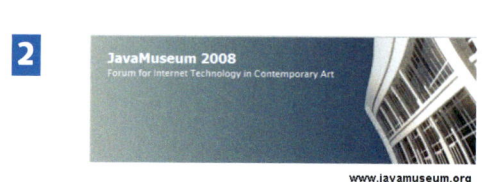

Start

1 Die klassischen Künste sind im Internet reichlich vertreten.

2 Moderne Projekte der Kunstwelt können sich anschaulich präsentieren.

3 Bei onlinekunst.de treffen sich namhafte Künstler und junge Talente.

WISSEN

Für Kunstliebhaber ist das Internet ein großer Katalog, der alle Stilrichtungen von der Klassik bis zur Moderne abdeckt. Kunstmagazine, Museen und Galerien sind ebenso vertreten wie Musikportale und virtuelle Bibliotheken.

13 Gute Seiten, schlechte Seiten 237

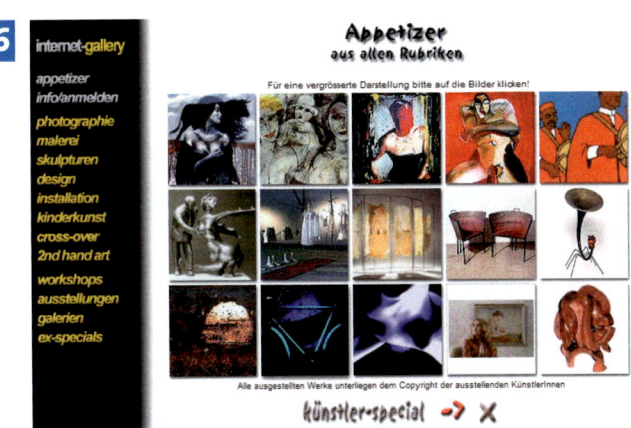

4 Klassiker der Weltliteratur stehen hier neben digitalen Projekten der Gegenwart.

5 Im Projekt Gutenberg stellt der Spiegel Literatur von der Antike bis zur Neuzeit ins Internet.

6 Ein großes Portal mit und für Künstler: www.internet-gallery.de.

TIPP

Die Erlanger Liste ist eine Fundgrube für Germanisten: www.erlangerliste.de
Moderne Literatur im futuristischen Lesesalon: www.stuttgart.de/stadtbuecherei

TIPP

Am Projekt Gutenberg (täglich 300.000 Leser) kann mitmachen, wer will. Unter www.gaga.net stehen die Seiten zum Korrekturlesen.

Internet für Kinder

Start

1 www.internet-abc.de

2 www.mininetz.de

3

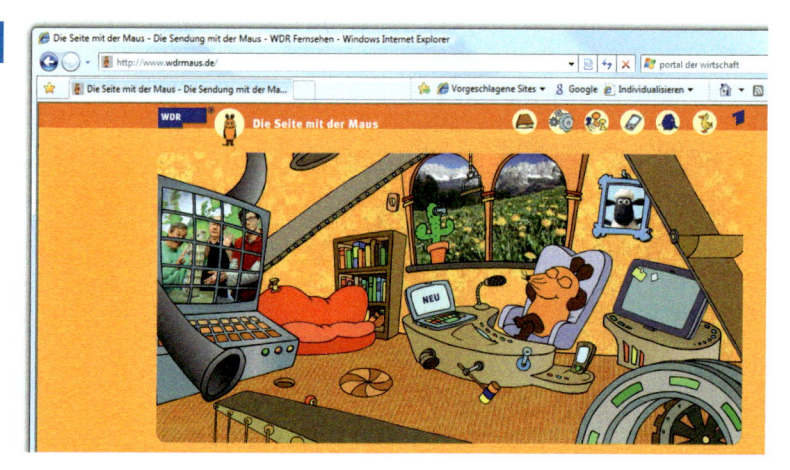

1 Im Internet ABC finden Kinder und Eltern interessante Infos und tolle Spiele. Es gibt eine Kinder- und eine Elternseite.

2 Mininetz ist eine Suchmaschine, die nur Seiten listet, die für Kinder von 6 bis 12 Jahren geeignet sind.

3 Die Maus und ihre Freunde sind natürlich auch im Internet zu Hause.

Kinder lieben das Internet, es ist knallbunt und lebendig, bietet Spaß und Spiel. Auch Pädagogisches kann spannend und interessant gemacht sein.

WISSEN

13 Gute Seiten, schlechte Seiten — 239

4 Blinde Kuh
www.blinde-kuh.de

5 Familie online — Willkommen bei Familie-Online, dem Familientreff im Internet.

6 sowieso — Die online-Zeitung für junge Leser
www.sowieso.de

schekker ::: das jugendmagazin!
schekker.de

Juppidu — Das Jugendmagazin
www.juppidu.de

chezoo.de — Dein Jugendmagazin
www.chezoo.de

4 Der Klassiker: Blinde Kuh ist eine zuverlässige Suchmaschine für Kinderseiten im Internet.

5 Bei Familie Online treffen sich Kinder und Eltern zur Ferienplanung. Hier finden Sie Sprachreisen, Familienreisen und Urlaubsorte für kinderreiche Familien.

6 Es muss nicht immer Bravo sein: Jugendmagazine im Internet. Schekker ist von der Bundesregierung.

Ende

TIPP
Bärige Seiten:
www.bears-winniepooh.de
Käpt'n Blaubär:
www.wdr.de/tv/blaubaer

TIPP
Reiseführer zu den schönsten Kinderseiten:
www.familie-hauenstein.de

TIPP
Lernen mit Spaß:
www.addyjunior.de
Das Portal für Kinder:
www.kinderportal.de

240 Internet für Senioren

1 Senioren sind längst keine Minderheit mehr im Internet. Entsprechend groß ist das Angebot an Websites für diese Zielgruppe.

2 Im SeniorenNet sind regionale Webseiten aus dem ganzen Bundesgebiet zusammengefasst.

3 Viele Portale bieten Partnersuche, Unterhaltung und Chats für Senioren an.

WISSEN

Längst hat sich das Internet auch auf Surfer eingestellt, die sich in der zweiten Lebenshälfte befinden, Seniorenportale bieten Informationen, Lebenshilfe und Gesundheitstipps, der Fachhandel rüstet sich mit Seniorenartikeln und die Reisebranche lockt mit speziellen Angeboten.

13 Gute Seiten, schlechte Seiten

SENIOREN-LERNEN-ONLINE
DIE ONLINE-LERN-SEITE
www.senioren-lernen-online.de

4 Senioren OnLine — Das KompetenzNetzwerk
Finden Mitmachen Fragen
www.senioren-online.net

5 gebraucht-werden.de
www.gebraucht-werden.de

6 seniorenwohl.de
Der Onlineshop für den Seniorenbedarf
einfach + schnell + sicher
www.seniorenwohl.de

4 Online-Kurse speziell für Senioren vermitteln Computerwissen und arbeiten mit den neuesten Internettechniken wie Podcasts und Blogs.

5 Eine gute Idee: Senioren bieten ihr Können und ihre Erfahrung an, Firmen und Privatpersonen suchen rüstige Rentner.

6 Der Online-Shop seniorenwohl.de hat ein gut sortiertes Angebot mit Spezialartikeln für betagte Kunden.

Ende

TIPP

Senioren-Computerclubs:
Frankfurt: www.scc-ffm.de
Berlin: www.dscc-bln.de
Hamburg: www.dscc-hamburg.de

TIPP

Das bayerische Seniorennetz-Forum: www.bsnf.de
Seniorenpflege online mit Jobbörse für Pflegeberufe: www.geroweb.de
Spezialartikel für Senioren: www.senioren-fachhandel.de

242 Internet für Männer und Frauen

Start

1 Endlich erbarmt sich jemand auch des schwachen starken Geschlechts und zeigt den Männern im Internet, worauf es ankommt.

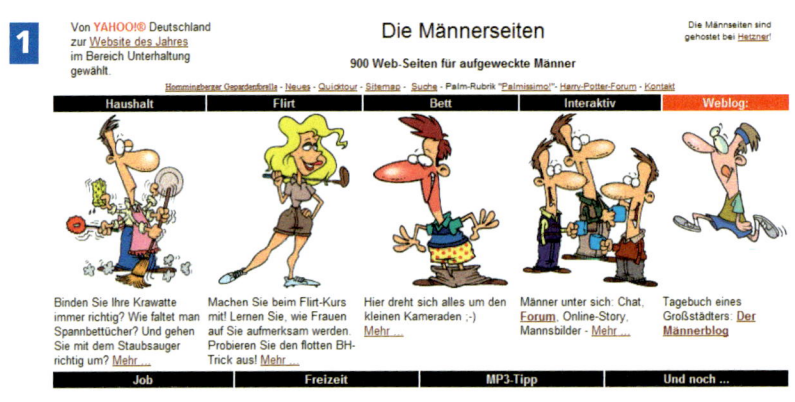

2 Witziges und Kurioses zum ewigen Kampf der Geschlechter findet sich auch auf der Chauviseite oder bei MannLinker.

3 Männerseiten liefern ausschließlich Dinge, die Männer interessieren.

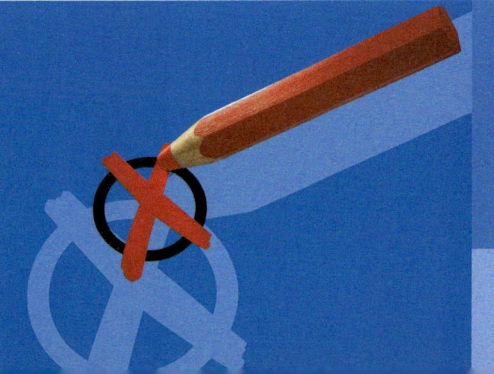

Der Geschlechterkampf wird digital und virtuell: Männerseiten und Frauenseiten im Internet zeigen dem jeweils angesprochenen Geschlecht, was es über das jeweils andere noch nicht weiß.

WISSEN

13 Gute Seiten, schlechte Seiten

4 Das Internetangebot „nur für Frauen" liefert weniger Klamauk, sondern echt brauchbare Informationen für das weibliche Geschlecht.

5 PowerCat ist ein Webkatalog mit Links zu Frauenseiten.

6 Unter www.woman.de findet sich eine Suchmaschine mit zahlreichen Links von Frau zu Frau.

Das Gesundheitszentrum:
www.almeda.de
Vorsprung durch Technik:
www.frauen-computer-schulen.de

Die meisten Männerseiten sind etwas veraltet, aber das ist das Thema ja auch …

Das Internet kennt keine Tabus:
www.wechseljahre-des-mannes.de
www.vasektomie.de

TIPP **HINWEIS** **HINWEIS**

244 Wikipedia – das Online-Lexikon

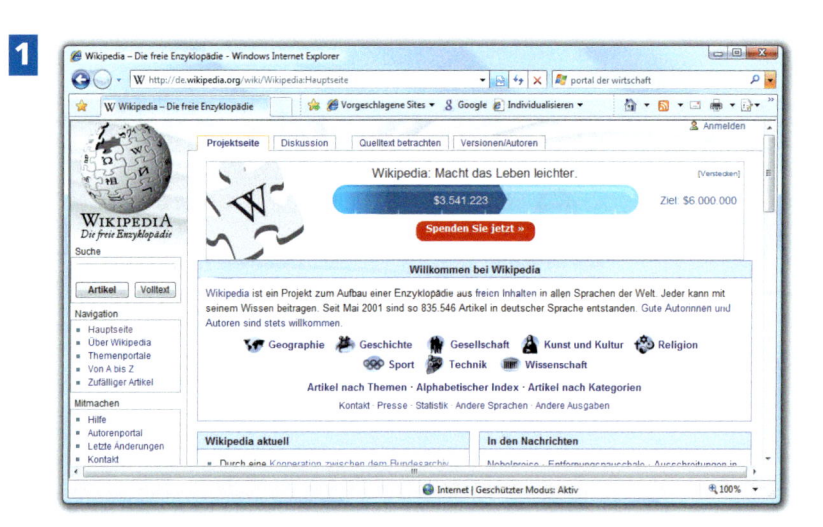

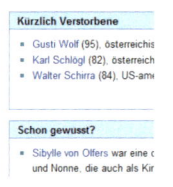

Start

1 Starten Sie Wikipedia über die Hauptseite mit dem Aufruf www.wikipedia.de. Die Originaladresse lautet: http://de.wikipedia.org/wiki/Hauptseite.

2 Auf der Hauptseite finden Sie Rubriken, die täglich aktualisiert werden, darunter „Was geschah am …" und „Artikel des Tages".

3 Hier finden Sie die Themenportale von Wikipedia. Klicken Sie auf ein Portal und suchen Sie in den Kategorien nach dem Wissensgebiet, das Sie interessiert.

Zu den großen Erfolgen der Internetgeschichte zählt das Online-Lexikon Wikipedia. Es wird von vielen freiwilligen Autoren fortgeschrieben, die Artikel und Bilder sind frei und dürfen beliebig kopiert werden. Die größte Enzyklopädie der Welt – das Internet macht es möglich.

WISSEN

13 Gute Seiten, schlechte Seiten   245

4 Für die Suche nach einem bestimmten Begriff oder Stichwort geben Sie dieses in das Suchfeld ein. Klicken Sie auf Artikel für die Artikelübersicht.

5 Wollen Sie mitmachen bei Wikipedia? Sehen Sie sich unter Hilfe an, was es zu beachten gibt, und melden Sie ein Autorenkonto an.

6 In der Community können Sie Fragen stellen und Kontakt mit anderen Wikipedianern aufnehmen.

TIPP

Wikipedia auf Boarisch?
Do schaugst:
http://bar.wikipedia.org/wiki/Hauptseitn

HINWEIS

Wikipedia gibt es seit 2001, die englischsprachige Ausgabe enthält fast 2 Millionen Artikel, die deutsche Ausgabe ist die zweitgrößte mit ca. 600.000. Wikipedias gibt es fast in allen Sprachen der Welt.

HINWEIS

Damit das Niveau der Wikipedia-Artikel hoch bleibt, werden neue Autoren erst einmal auf die Spielwiese geschickt.

Schlechte Seiten

1 Viele Seiten locken Kinder und Jugendliche mit zweifelhaften Angeboten, die nicht selten hohe Kosten verursachen. Schützen Sie Ihre Kinder davor.

2 Gewinnspiele, Lebens- und Alterstests sind meist Kostenfallen. Was das tolle Angebot kostet, steht ganz unten im Kleingedruckten.

3 Wer auf die Abzockerseiten der Erotikbranche hereinfällt, ist selbst schuld. Das Vergnügen gibt es weitaus billiger.

Sex, Gewalt, Rassismus und Kriminalität: Das Internet hat auch für die dunkle Seite eine Menge Platz. Jeder ist für sein Tun verantwortlich, aber Kinder und Jugendliche sollten vor Schund und Schmutz geschützt werden.

WISSEN

13 Gute Seiten, schlechte Seiten | 247

4 Extremisten von links und rechts dürfen im Internet ihren Hass öffentlich machen. Mit Meinungsfreiheit hat das meist nichts zu tun.

5 Hacker, Cracker und illegare Warez-Seiten faszinieren besonders Jugendliche, aber das Einzige, was es hier umsonst gibt, sind Viren und Trojaner.

6 Auf diesen Seiten finden Sie aktuelle Informationen zu gefährlichen Abzocker- und Betrügerseiten im Internet und ein Forum mit Erfahrungsberichten.

Der beste Schutz vor Schädlingen ist ein Antivirenprogramm und eine Firewall. ZoneAlarm ist ein anerkannt gutes Sicherheitstool (www.zonealarm.de).

Dialer, automatische Einwählprogramme, sind seit DSL nicht mehr aktiv, dafür aber immer mehr Betrügerseiten mit versteckten Kosten.

TIPP

HINWEIS

Desktop		Die Oberfläche von Windows XP mit der Taskleiste und weiteren Symbolen (Papierkorb, Arbeitsplatz etc.).
DFÜ		Abkürzung für Datenfernübertragung. Alles, was digital über Telefon oder Internet übertragen wird.
Dialer		Software, die auf dem PC des Anwenders installiert wird und die Verbindung zu einer teuren Service-Nummer herstellt.

Lexikon

Lexikon

Acrobat Reader — Zusatzprogramm für Windows von der Firma Adobe (www.adobe.de), mit dem PDF-Dateien angezeigt werden können.

ADSL — Asymmetric Digital Subscriber Line. Digitale Datenübertragung über Telefonleitungen mit hohen Transferraten (Daten senden mit 640 KBit/s, Daten empfangen mit bis zu 6 MB/sec).

AltaVista — Eine bekannte Suchmaschine (www.altavista.de).

Animated GIF — Eine Grafik im GIF-Format, die durch Überlagerung mehrerer Bilder als Animation abgespielt wird.

Anonymous FTP — Dateitransfer von Internet-Servern, die bei der Anmeldung keine persönlichen Daten verlangen.

AVI — Älteres Dateiformat für Videodateien.

Backbone — Großes, leistungsfähiges Leitungsnetz, Verteiler im Internet.

Lexikon 251

Banner — Firmenwerbung in Form einer Grafik auf einer Internetseite mit einem Link auf den Werbeträger.

Blog — Abkürzung für Weblog. Eine Mischung aus Tagebuch und Zeitungsartikel. Blogger sind Schreiber, die in Weblogs Artikel verfassen.

Bookmark — Lesezeichen, das ein Internet-Anwender an einen Bookmarkingdienst sendet, um eine interessante Seite für die Community bekanntzumachen.

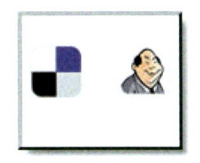

Bookmarklet — Symbol auf einer Webseite, mit dem diese automatisch als Lesezeichen an einem Bookmarking-Dienst gemeldet wird.

Browser — Programm, das die Anzeige von Internetseiten ermöglicht. Basiert auf HTTP und FTP.

Bug — engl.: Wanze. Bezeichnung für einen Programmfehler oder Fehler auf einer Internetseite.

Chat — (engl. to chat = plaudern, schwätzen). Die direkte Kommunikation im Internet von Bildschirm zu Bildschirm.

Community	Eine virtuelle Gemeinde im Internet oder eine bestimmte Gruppe, die ein gemeinsames Thema hat.
Compuserve	Der erste weltweite Online-Dienst, gehört seit 1997 zu AOL.
Cookies	Kleine Textdateien, die Anbieter von Webseiten auf die Festplatte des Besuchers schreiben, um Zeit und Zweck des Besuchs festzuhalten. Lassen sich über die Internetoptionen entfernen oder sperren.
Counter	Ein Besucherzähler auf einer Internet-Seite, der anzeigt, wie oft eine Seite schon besucht wurde.
Cracker	Bösartiger Hacker, dringt in fremde Computer ein, stiehlt Daten und richtet Schaden an.
Cyberspace	Kunstwort für das Internet und die gesamte Online-Welt.

Lexikon 253

Datei
Alle Daten, die von einem Programm erzeugt und gespeichert werden, aber auch Programme, Treiber und Programmzusätze. Zur Anzeige und Bearbeitung wird der Arbeitsplatz oder der Windows Explorer gestartet.

DENIC
Deutsches Network Information Center. Vereinigung der deutschen Provider, verwaltet die Top-Level-Domäne .de.

Desktop
Die Oberfläche von Windows XP mit der Taskleiste und weiteren Symbolen (Papierkorb, Arbeitsplatz etc.).

DFÜ
Abkürzung für Datenfernübertragung. Alles, was digital über Telefon oder Internet übertragen wird.

Dialer
Software, die auf dem PC des Anwenders installiert wird und die Verbindung zu einer teuren Service-Nummer herstellt.

DNS
Abkürzung für Domain Name System. Das DNS regelt die Verbindung zwischen IP-Adressen und Namen im Internet.

Domäne

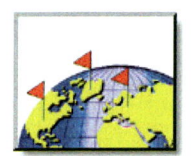

1. In großen Netzwerken eine Gruppe von Computern und Druckern.
2. Eine nationale oder internationale Internetadresse.
3. Teil der E-Mail-Adresse nach dem @-Zeichen.
4. Die Länderkennzeichnung einer Internetadresse.

Download

Beim Download werden Daten von einem Computer auf einen anderen übertragen, meist von einem (Internet-)Server auf einen Client.

DSL

Abk. für Digital Subscriber Line. Eine sehr schnelle Übertragungstechnik für digitale Daten. ADSL und HDSL sind Varianten, TDSL ist der Produktname der Telekom.

E-Business

Der Begriff für alle Aktivitäten der Geschäftsabwicklung über elektronische Medien.

E-Commerce

Die Vermarktung von Waren und Dienstleistungen über elektronische Medien.

E-Mail

Elektronische Post, Briefe werden per Computer versendet, Bilder und andere Dateien können als Anhänge mitverschickt werden.

Lexikon 255

Emoticon Ein Symbol, das in E-Mails oder Newsgroup-Beiträgen verwendet wird, um Gefühle auszudrücken. Beispiele: :-) (freundlich), :-((traurig).

Explorer 1. Windows Explorer: Für Dateien und Ordner auf den Datenträgern (Festplatte, CD, DVD, Diskette).
2. Internet Explorer: Browser zur Anzeige von Internetseiten.

Favoriten Im Internet Explorer können Links besuchter Seiten als Lesezeichen abgespeichert werden.

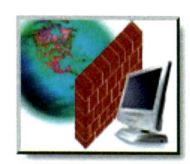

Firewall Ein Programm, das den Computer vor Zugriff von außen schützt. Es blockiert die „Ports", die Schnittstellen des Rechners, über die Daten transportiert werden.

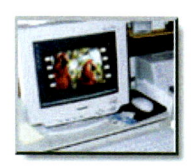

Flash Software von Macromedia zur Erstellung von Animationen. Das Abspielprogramm Flash Player gibt es kostenlos.

Flatrate Pauschaltarif eines Providers für zeitlich unbegrenzten Internetzugang.

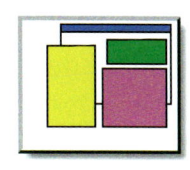

Frame Eine Internet-Seite kann in mehrere, voneinander unabhängige Seiten (Frames) unterteilt werden.

Lexikon

Freeware — Software, für die kein Verkaufspreis und keine Lizenzgebühr bezahlt werden muss.

FTP — File Transfer Protocol. Ein Standard für die Übertragung von Dateien im Internet.

Gateway — Computer, der für die Verbindung von Netzwerken zuständig ist.

GIF — Graphical Interchange Format. Format für Grafikdateien mit geringer Qualität und Speicherkapazität im Internet, von Compuserve entwickelt.

Google — Amerikanische Suchmaschine, sehr schnell und treffsicher. Bewertet gesuchte Seiten auch danach, wie oft sie verlinkt werden.

Hacker — Eine Person, die sich illegal Zugriff in fremde Computersysteme verschafft.

HBCI — Home Banking Computer Interface. Standard der deutschen Banken für sichere Datenübertragung.

Lexikon 257

Hoax — Eine falsche Virenwarnung, die im Internet oder per E-Mail verbreitet wird.

Homebanking — Bankgeschäfte, zum Beispiel Überweisungen oder Kontoauskünfte mit dem Computer.

Homepage — Die Startseite eines Internetauftritts, häufig auch der gesamte Auftritt.

HTML — Die Programmiersprache, mit der Internetseiten erstellt werden.

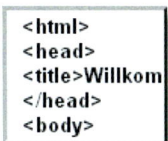

HTTP — Hypertext Transfer Protocol. Ein Standard zur Übermittlung von HTML-Seiten im Internet.

Hub — Ein Gerät, das die Zugriffe auf ein Netzwerk oder eine Internet-Verbindung regelt.

Hyperlink — siehe Link.

Lexikon

ICQ — Programm für den direkten Austausch von Nachrichten (Instant Messenger) mit Chat und Dateiübertragung. Kostenlose Freeware bei www.icq.de.

i-mode — Japanischer Service für die Übertragung von Internet-Seiten auf Mobiltelefone. Wird in Deutschland von E-plus angeboten.

Impressum — Nach dem Teledienstgesetz erforderliche Angaben auf der Webseite zu Name, Adresse und Steuernummer des Betreibers.

Instant Messenger — Software, über die mehrere Internet-Anwender gleichzeitig direkt miteinander kommunizieren können.

Internet — Interconnecting Network. Das weltweite Netz, das viele Netze untereinander verbindet. Wurde in den 60er Jahren aus einem Universitäts- und Militärnetz entwickelt, hat keine Eigentümer und keine zentrale Verwaltung.

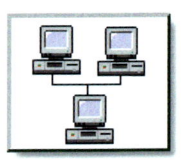

Intranet — Ein Netzwerk innerhalb eines Unternehmens, das auf Internet-Techniken basiert.

Lexikon 259

IP-Adresse — IP ist die Abkürzung für Internet Protocol. Die IP-Adresse ist die eindeutige Kennzeichnung eines Computers im Internet, bestehend aus vier Zahlenblöcken zwischen 0 und 255.

IRC — Internet Relay Chat. Ein Dienst zur Übertragung direkter Kommunikation (Chats).

ISDN — Integrated Services Digital Network. Digitale Verbindung für Telefon und Datenübertragung. Vorgänger von DSL.

Isidor — Der Schutzpatron des Internet, vom Vatikan abgesegnet (www.heiliger-isidor.net).

ISOC — Internet Society. Eine nichtstattliche Organisation mit Mitgliedern aus 170 Ländern, die das Internet pflegt und verwaltet.

Java — Programmiersprache der Firma Sun (www.sun.com) zur Gestaltung von aktiven Elementen auf Internet-Seiten.

260 Lexikon

JPEG — Joint Photographic Experts Group Format. Standardformat für Fotos im Internet. Komprimiert Grafiken bei geringem Qualitätsverlust. Wird auch von Digitalkameras verwendet.

Junk-Mail — Müll-Post, unerwünschte Werbepost, die den persönlichen Briefkasten verstopft und das gesamte Netz stark belastet.

Klammeraffe — Deutscher Ausdruck für das at-Zeichen (@), das zwischen Name und Dienstanbieter in der E-Mail-Adresse steht.

LAN — Local Area Network. Ein räumlich begrenztes Netzwerk in einem Privathaus oder Unternehmen, auch Heimnetzwerk genannt.

Link — Internet-Seiten bieten Links an, die der Benutzer anklickt, um auf eine andere Seite zu schalten, eine Mailadresse abzurufen oder eine Datei auf seinen Computer zu laden.

Linux — Ein Betriebssystem, Konkurrent zu Windows, hauptsächlich auf Servern im Einsatz. Kann kostenlos im Internet kopiert werden. Der Internet-Browser für Linux heißt Konqueror.

Mac OS — Das Betriebssystem für die Computer von Apple (Mac, i-Mac u.a.).

Lexikon 261

Mashup — (engl. Vermanschung) Internetseite, die durch Kombination bereits bestehender Inhalte entsteht.

Media Player — Das Mulitmedia-Programm in Windows zum Abspielen von Musikdateien (MP3), Internet Radio und Videos.

Modem — Modulator/Demodulator. Gerät, das analoge Daten im Telefonnetz in digitale verwandelt und umgekehrt.

Mozilla — Sammelbegriff für die Internet-Browser der Mozilla-Foundation (u.a. Firefox).

MP3 — Ein Kompressionsverfahren und gleichzeitig das Standardformat für digitalisierte Sounds, vom Fraunhofer-Institut entwickelt (www.iis.fraunhofer.de). MP3 braucht ca. 1 Mbyte für eine Minute Musik.

MP3-Player — Gerät oder Software zum Abspielen von MP3-Dateien.

MPEG	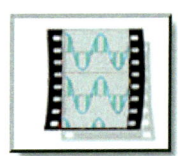	Abkürzung für Motion Pictures Expert Group. Ein Komprimierung/Dekomprimierungsverfahren und gleichzeitig das Standard-Dateiformat für Videodaten.
MSN		Microsoft Network. Online-Dienst und Provider von Microsoft mit Hotmail als E-Maildienst und MSN-Messenger.
Multimedia		Bezeichnung für digitale Sounds, Videos und Grafik auf Computersystemen.
Netiquette		Verhaltensregeln für das Internet, speziell in Newsgroups.
NetMeeting		Konferenz-Programm in Windows, Instant Messenger mit Live-Cam.
Newsgroups, Newsserver		Diskussionsforen im Internet, in denen Interessengruppen Beiträge zu bestimmten Themen verfassen.
NewsReader		Programm zum Erstellen, Lesen und Beantworten von News in Newsgroups.

Lexikon 263

Office — Der Name des Softwarepakets von Microsoft mit der Textverarbeitung Word, dem Kalkulationsprogramm Excel, dem Datenbankprogramm Access sowie Outlook, PowerPoint u.a.

Online-Dienst — Firmen, die kostenlose Mail-Adressen und Internet-Zugänge ermöglichen. Meist werden auch Nachrichten und andere Informationen angeboten.

Open Source — Software, deren Quellcode im Internet öffentlich zugänglich ist und kostenlos verteilt und verwendet werden darf. Linux ist ein Open-Source-Projekt.

Opera — Norwegischer Web-Browser, Alternative zu Internet Explorer und Mozilla.

Outlook — Das Mailprogramm aus dem Microsoft Office-Paket zum Schreiben, Senden, Empfangen und Verwalten elektronischer Post. Voraussetzung ist ein Zugang zu einem Mailanbieter über einen Online-Dienst (siehe dort).

Passport — Authentifizierungs-System von Microsoft. Gilt u.a. für MSN, Windows Live und Hotmail.

Lexikon

PDF — Internet-Dateiformat für Text- und Bilddaten (ähnlich einem eingescannten Dokument), von Adobe entwickelt. Zur Anzeige von PDF-Dateien wird der kostenlos verfügbare Acrobat Reader von Adobe verwendet.

PGP — Pretty Good Privacy. Software zur Verschlüsselung von E-Mails (www.pgpi.org).

Phishing — Kunstwort aus „password" und „fishing". Der Versuch, persönliche Daten für Homebanking auszuspähen, zum Beispiel durch Abfrage per E-Mail oder mit gefälschten Bank-Homepages.

Plug & Play — Geräte (Drucker, Scanner etc.), die Windows automatisch erkennt und für die passende Treibersoftware ohne Zutun des Anwenders installiert wird, gehören zum Plug&Play-Standard.

Plug-In — Software, die zusätzlich zum Browser geladen sein muss, um Angebote auf Internet-Seiten nutzen zu können (z.B. Acrobat Reader, Flash).

POP3 — Post Office Protocol Version 3. Ein Protokoll zum Empfangen von E-Mails. Wird von den meisten Mailservern verwendet.

Lexikon 265

Pop-Up — (engl. „aufspringen"). Browserfenster, das automatisch mit den Laden oder Schließen einer Seite eingeblendet wird. Pop-Up-Blocker verhindern diese Pop-Ups.

Provider — Firma, die gegen Gebühr einen Zugang zum Internet ermöglicht.

QuickTime — Standard der Firma Apple zur Übertragung von Videodateien. Gleichzeitig Name der (kostenlosen) Software, die zum Abspielen erforderlich ist.

RealPlayer — Wird zum Abspielen von RealAudio-Daten benötigt. Die Software gibt es kostenlos bei www.real.com.

RSS — Real Simple Syndication. Elektronisches Nachrichtenformat, mit dem das Abonnieren eines Webseiteninhalts ermöglicht wird.

Server — Der zentrale Computer in einem großen Netzwerk, der alle anderen Computer steuert. Im Internet ist ein Server auch der Computer, der Internetseiten speichert und Dateien zum Download bereitstellt.

Lexikon

Shareware — (engl. to share = teilen). Software, die kostenlos zur Probe verteilt wird. Wenn der Anwender sie nutzen will, wird eine Registrierungsgebühr fällig.

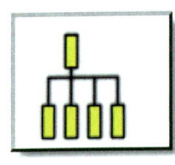

Sitemap — Ein Element oder eine einzelne Seite auf einer Internet-Homepage mit dem Inhaltsverzeichnis des gesamten Angebots.

Skype — Internettelefonie-Dienst und Software für Internettelefonie (www.skype.com).

Smiley — Das erste und berühmteste „Emoticon" :-)

SMTP — Simple Mail Transfer Protocol. Das Protokoll, das vom Mailserver zum Versenden von E-Mails verwendet wird.

SPAM — Spiced Pork And Ham. Frühstücksfleisch in Dosen. Das Synonym für Massen-E-Mails. Der Begriff kam ins Internet, als das Thema in Newsgroups diskutiert wurde. Dabei wurde ein Monty-Python-Sketch zitiert, in dem das Wort SPAM über 100 Mal vorkam.

Lexikon 267

Streaming Audio — Audio-Daten, die gleich bei der Übertragung wiedergegeben werden, zum Beispiel im Internet Radio.

Tag — Ein Steuerelement im HTML-Text, zum Beispiel für die Überschrift (<HEAD>) oder ein Bild (<IMG>).

TCP/IP — Transmission Control Protocol/Internet Protocol. Das Netzwerkprotokoll des Internet, mit dem Daten in Paketen verschickt werden.

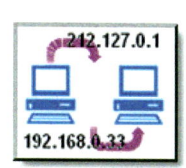

Top-Level-Domain — Die höchste Domäne im Internet, der Teil einer Internet-Adresse nach dem Punkt, zum Beispiel de für Deutschland, com für Kommerziell, edu für Erziehung (Education).

URL — Abkürzung für Uniform Resource Locator, bezeichnet eine Internet-Adresse oder einen Anbieter im Internet. Wird in die Adresszeile im Internet Explorer zum Aufruf einer Seite eingegeben.

USB — Abkürzung für Universal Serial Bus. Früher gab es die serielle Schnittstelle, heute ist USB der Standardstecker für Drucker, Scanner, externe Speicher, Digitalkameras und viele andere Geräte.

Lexikon

Usenet — Netzwerk, in dem in Diskussionsforen (Newsgroups) Nachrichten (News) ausgetauscht werden.

W3C — Das World Wide Web Konsortium, das die Standards im Internet (HTML) koordiniert.

WAV — Älteres Dateiformat für Sounddateien, wird vom Audiorecorder und Windows Media Player unterstützt.

Web 2.0 — Überbegriff über Internet-Projekte der neuen Generation (ab ca. 2004) wie Socal Bookmarking, Weblogs, Video- und Fotosharing.

Weblog — siehe Blog.

Wikipedia — Das Internet-Lexikon, das jeder Surfer mitgestalten und erweitern kann (www.wikipedia.de).

Lexikon 269

Windows Vista — Das Betriebssystem von Microsoft, das 2006 als Nachfolger von Windows XP auf den Markt kam.

WLAN — Wireless Local Area Network. Ein kabelloses Netzwerk, das Daten in begrenzter Reichweite (30 bis 100 m) per Funk überträgt.

Wurm — Ein bösartiges Viren-Programm, das sich ein Programm als „Wirt" sucht, um sich zu vermehren und Schaden anzurichten.

WWW — World Wide Web. Der größte Teil des Internet, 1993 erfunden von Tim Berner Lee, im CERN entwickelt.

Yahoo — Yet Another Hierarchical Officious Oracle. Eine der ersten Internet-Suchmaschinen mit großem und gut gepflegtem Link-Katalog.

ZIP — Verfahren zur Komprimierung von Dateien und Dateiendung von Dateiarchiven. Kompatibel mit den komprimierten Ordnern von Windows.

Stichwortverzeichnis

@-Zeichen 191

A
Aktuelle Informationen 228
Amazon 166
ARPANET 12

B
Backbone 15
Bloggen 84
Bookmarking 88
Browser 26
Bücher, CD, DVD 166
Business 230

C
Chatrooms 103
Communitys 100
Cookies 72

D
DENIC 21
DNS 15
Downloaden Musik 135
Drahtlosverbindung 35
DSL 25, 30

E
eBay
    anmelden bei 178
    das Auktionsprinzip 176
    kaufen bei 180
    kennenlernen 174
    verkaufen bei 184
E-Mail 12, 190
    Software für 193

F
Finanzen 230
Firefox 27
Flatrate 29
Flickr 114
Fotos 110
Frauenseiten 243
FTP 13

G
Geräte-Manager, Windows 7 34
Google 152

H
Handy 38
Homebanking 170
Homepage 214
    Gestaltung 220
    privat 218

I
ICANN 21
InPrivate 56
Instant Messaging 90
Internet Explorer 26
    Adressen 50
    Datenmüll 60
    Favoriten 54
    Links 52
    Register 48
    Sicherheit 70
    starten 44
    Startseite 46
    suchen in 51
    Suchmaschine 150
    updaten 45
Internet, Geburt des 12
Internetadresse 216
Internet Service Provider 16, 28
Internetshop einrichten 168
Internetshopping 164
Internettelefonie 92
Internet-TV 120
Internet-Verbindung 30
IP-Adresse 18, 36
ISOC 20
iTunes 131

K
Kinder- und Jugendschutz 76
Kinderseiten 238
Klassik 236
Kompatibilitätsansicht 50
Kunst 236

L
LAN-Adapter 24
Last.fm 140
Literatur 236

M
Mailprogramm 27
Männerseiten 242
Mashups 126
Mobil im Internet 38
MP3 130
Musik 132
Musikbörsen 134
mySpace 106

N
Network Information Center 21
Netzwerkcenter, Windows 7 33
Newsgroups 95
Newsreader 96

O
Online 35

P
PDA 39
Phishing 74
Podcasting 144
Popups 72
Protokoll 13

R
Radiosendungen 142
Router 15, 25
Router konfigurieren 30
RSS-Feeds 53, 86

S
Schnellinfo 53
Sicherheitseinstellungen, Vista 68
Senioren 240
Smartscreen-Filter 75
Sport 232
Suchdienst 150

T
TCP 13
Trojaner 65
Twitter 104

U
USENET 15, 94

V
Videokonferenz 118
Videos 116
Viren 64
Vorgeschlagene Sites 50

W
Web 2.0 80
Webcam 118
Webdesign 224
Weblog 84
Webmail 192
Webportale 156
Webradio 138
WebSlice 53
Wikipedia 244
Windows Mail
    Einstellungen 200
    Mailkonto 196
    Mail schreiben 202
    Mails verwalten 208
    Newsgroups 210
Wissenschaft 234
WLAN 24
World Wide Web (WWW) 15
Würmer 65

Y
YouTube 122

informit.de, Partner von Markt+Technik, bietet aktuelles Fachwissen rund um die Uhr.

www.informit.de

In Zusammenarbeit mit den Top-Autoren von Markt+Technik, absoluten Spezialisten ihres Fachgebiets, bieten wir Ihnen ständig hochinteressante, brandaktuelle deutsch- und englischsprachige Bücher, Softwareprodukte, Video-Trainings sowie eBooks.

wenn Sie mehr wissen wollen ...

www.informit.de